上图 / 学生时期的姚绍福

下图 / 姚绍福 1956 年在莫斯科红场留影

上图 / 姚绍福1965年在天安门广场留影
下图 / 姚绍福20世纪60年代初期肖像照

上图 / 姚绍福向时任总参谋长杨得志介绍型号产品

下图 / 姚绍福（左）与三院原院长易生（中）、党委书记许祖凯（右）在一起交谈

上图 / 姚绍福（右）向梁守槃（左）汇报科研生产情况

下图 / 姚绍福（左二）、许祖凯（右二）迎接中央军委副主席曹刚川莅临三院视察指导工作

上图 / 姚绍福（前排左）向国防科工委主任丁衡高（前排右）等领导介绍产品
下图 / 姚绍福（前排右三）与院党委书记许祖凯（前排右五）为院庆30周年剪彩

上图 / 姚绍福（前排左）与原航天工业部部长张钧（前排右）一起交流

下图 / 姚绍福（前排右一）向航天老领导林宗棠（前排左一）、程连昌（前排右二）介绍工作情况

上图 / 姚绍福参加新型飞航导弹技术发展规划研讨会时留影

下图 / 姚绍福（前排中）与黄瑞松（前排右）、蔡淑华（前排左）参加某型号技术协调会

上图 / 姚绍福全家福

中图 / 姚绍福和爱人生活照

姚绍福院士传记

Academician Yao Shaofu's Biography

《中国航天院士传记丛书》总编委会 组织编写

曲臣 徐春雁 著

中国宇航出版社

·北京·

图书在版编目(CIP)数据

姚绍福院士传记 / 曲臣，徐春雁著 ；《中国航天院士传记丛书》总编委会组织编写. -- 北京 ：中国宇航出版社，2016.8

(中国航天院士传记丛书)

ISBN 978-7-5159-1163-2

Ⅰ. ①姚… Ⅱ. ①曲… ②徐… ③中… Ⅲ. ①姚绍福—传记 Ⅳ. ①K826.16

中国版本图书馆 CIP 数据核字(2016)第 198789 号

责任编辑 黄 莘

责任校对 王 妍 马 喆 **装帧设计** 宇星文化

出版 发行 中国宇航出版社

社 址 北京市阜成路 8 号 **邮 编** 100830

(010)60286808 (010)68768548

网 址 www.caphbook.com

经 销 新华书店

发行部 (010)60286888 (010)68371900

(010)60286887 (010)60286804(传真)

零售店 读者服务部

(010)68371105

承 印 三河市君旺印务有限公司

版 次 2016 年 8 月第 1 版

2016 年 8 月第 1 次印刷

规 格 787×960

开 本 1/16

印 张 21 **彩 插** 8 面

字 数 282 千字

书 号 ISBN 978-7-5159-1163-2

定 价 68.00 元

《中国航天院士传记丛书》总编委会名单

《姚绍福院士传记》
编审委员会名单

序　一
Preface I

中国航天事业自1956年创建以来，已经走过50多年的发展历程。在党中央、国务院、中央军委的亲切关怀和英明领导下，中国航天人团结一心、顽强拼搏、勇于创新、无私奉献，不仅取得了以“两弹一星”、载人航天工程和月球探测工程为代表的辉煌成就，孕育形成了航天传统精神、“两弹一星”精神和载人航天精神，也造就了一支技术精湛、作风优良的航天人才队伍。

航天系统的中国科学院院士和中国工程院院士就是这支队伍的杰出代表。中国航天科技集团公司和中国航天科工集团公司先后有50多位科学家和航天工程专家当选为两院院士。其中，有7位院士获得过“两弹一星”功勋奖章，2位院士获得过国家最高科学技术奖。他们不仅是航天成就的主要创造者，也是航天精神的重要孕育者和忠实践行者。

中国航天事业是在新中国成立不久，工业实力、科技实力、综合国力都很薄弱，帝国主义严密封锁，苏联撕毁协定、撤走专家的情况下发展起来的。以航天院士为代表的中国航天人，自力更生，艰苦奋斗，奋发图强，顽强拼搏，在一穷二白的基础上，独立自主地创建起了中国的航天事业。

航天型号研制是复杂的系统工程，涉及很多领域，需要众人参与，必须大力协同、集智攻关才能完成。以航天院士为代表的中国航天人，在航天工程研制实践中，齐心协力，密切配合，实现了一次又一次技术突破，铸造了一项又一项辉煌成就。他们为祖国的航天事业作出了巨大贡献，却淡泊名利，不计得失，将个人利益置之度外。

航天事业属于尖端技术领域，难度大、风险高、技术复杂，在发展历程中碰到过很多难题，经历过各种坎坷，甚至遭受过重大失利。以航天院士为代表的中国航天人，在困难和失败面前不动摇、不退缩，树立百折不挠、锲而不舍、脚踏实地、严谨务实的工作作风，不断攻坚克难、勇攀高峰，取得了一个又一个胜利，树立了一座又一座丰碑。

今天，在由航天大国向航天强国迈进的征程中，航天院士的科学思想、创新意识、坚定信念和爱国情怀是全体航天人宝贵的精神财富。中国航天科技集团公司和中国航天科工集团公司决定出版《中国航天院士传记丛书》，不仅是为了宣传航天院士的科研成就，总结航天院士的成长规律，更是为了传承航天院士的宝贵精神，使之生生不息、薪火相传，为“续航天梦、筑强军梦、圆中国梦”的伟大实践提供精神动力和思想源泉。

许达哲

2014 年 1 月

序　二

Preface Ⅱ

中国航天事业创建半个多世纪以来，培养和塑造了一大批功勋卓著、德高望重的中国科学院院士和中国工程院院士。他们具有坚定的理想信念和强烈的爱国情怀，理论功底深厚，技术水平高超，善于引领科学发展和技术创新，在中国航天事业发展的关键时期发挥了重要作用，为中国航天事业取得辉煌成就、孕育航天精神作出了突出贡献。

为了全面、系统地总结航天院士的成长规律，把航天院士的科学思想和创新方法记录下来、传承下去，为中国航天事业积累精神财富，为航天强国建设提供有益借鉴，中国航天科技集团公司和中国航天科工集团公司研究决定，组织编写一套《中国航天院士传记丛书》（以下简称《丛书》）。

党的十八大描绘了坚持中国特色社会主义道路、全面建成小康社会、实现中华民族伟大复兴的宏伟蓝图，同时也为加强国防和军队现代化建设、推进我国由航天大国向航天强国迈进指明了方向。在中国航天事业“续航天梦、筑强军梦、圆中国梦”的新形势下，出版这套《丛书》，具有重大的现实意义和深远的历史意义。

记载航天历史。航天院士是中国航天事业的宝贵财富，他们的成长历程反映了航天事业的发展轨迹。这套《丛书》不仅是航天院士个人的传记，也从不同侧面记载了中国航天从技术到管理、从思想到精神的真实历史。

弘扬航天文化。宣传航天院士，就是站在科学的高度，向社会各界全面宣传航天事业，弘扬航天文化，使其成为中华民族文化宝库的重要组成部分，增强中华民族的自信心、自豪感和凝聚力，提升国家的软实力。

传承航天精神。航天精神是包括航天院士在内的几代航天人，在中国航天事业发展历程中，不断积累、提炼、传承而逐渐形成的，是民族精神、时代精神与航天实践相结合的产物，是中国航天事业之魂。《丛书》全面反映了航天院士的学术成就、科学作风和思想品格，有助于航天精神薪火相传。

培育航天人才。中国航天事业已经完成了新老交替，一代航天新人正在茁壮成长。《丛书》是泽被后世的人才工程，对于培育航天人才、发展航天事业、铸造新的辉煌将产生积极的促进作用。

总之，《丛书》是一套具有航天特色的爱国主义教材，是不可多得的精神食粮。相信这套《丛书》的出版发行，必将吸引更多的年轻人热爱航天、投身航天、奉献航天，以饱满的热情和昂扬的斗志再攀高峰，使中国航天事业后继有人，蓬勃发展，续写辉煌。

高红卫

2014 年 1 月

目　录
Contents

第七章　海阔任凭蛟龙跃

第八章　谱写锐意创新篇

第九章　喜结连理并蒂花

第一章

少年立志当自强

父母善良温厚、做事细腻、坚韧不拔、朴实无华的品格，潜移默化地影响着姚绍福，振聋发聩的《少年中国说》使他受到了人生的启蒙。

1. 桃源天下名

湖南，因自古就有“秋风万里芙蓉国”之名句，故有“芙蓉国”之美誉。自唐代宗广德二年在衡州置湖南观察使开始，中国行政区域划分史上便有了“湖南”之名；五代十国时期建立楚国，国都为长沙。近代以来，形成了“天下不可一日无湖南”的传统，湖湘文化的基本精神可以概括为“淳朴重义”“勇敢尚武”“经世致用”“自强不息”和“湘人不倒，华夏不倾”。

湖南人聪明果决，敢任大事，以天下兴亡为己任。有人曾说：“如果没有湘籍人士，一部中国近代史、半部中国现代史便无从下笔。”从清朝以来，有魏源、曾国藩、左宗棠、刘坤一、谭嗣同、黄兴、蔡锷、宋教仁等人；现代以来，有毛泽东、刘少奇、任弼时、彭德怀、贺龙、罗荣桓、粟裕、陈赓、陶铸、王震、宋任穷、胡耀邦等人；现代文化名士有齐白石、沈从文、田汉、丁玲、周立波、张天翼等人。这一茬又一茬的人才群体在中国近现代社会舞台上扮演了各自的角色，湖南可谓“灿若群星，辉映神州”。

隶属湖南省的桃源县，历来被誉为“世外仙境”。此地名，皆因东晋大诗人陶渊明所作的脍炙人口、流传千古的散文《桃花源记》而传扬于世，至今已有

1600 多年的历史。其山水之秀，其田园之广，其诗词之丰，举世闻名。

西汉时，桃源县为武陵郡临沅县的一部分，自公元 963 年（宋太祖干德元年）之后，桃源独立成县。其地域内生活的 99%是汉族，还有苗族、回族、维吾尔族、土家族、满族、侗族、壮族、瑶族等 13 个民族，在这块“仙源乐土”上和睦相处，繁衍生息，世代相传。

桃源县位于湖南省常德市西南部，地处沅水中下游。县域东西宽约 75 千米，南北长约 118 千米，面积为 4441 平方千米，在湖南省各县（市）中居第 4 位。在所属的区域地貌中，河湖冲积平原占 13.4%，低丘岗山地占 49.3%，丘陵山地占 36.0%。在这块到处是稻谷、翠竹、桑蚕、山林的天地间，不仅风景优美，物华天宝，更是人才荟萃，自东晋诗人陶渊明的《桃花源记》问世以后，孕育出了一大批知名人物和社会贤达。

桃源这个地方，在近现代以来，产生了很多著名人士：中国民主宪政之父、国民党代理理事长的宋教仁；同盟会元老、历任国民党中央执行委员、代理中央宣传部长、立法院代理院长的覃振；国民革命军第 29 军军长、国民党二级上将刘戡。

在中国共产党领导的伟大革命斗争中，桃源曾先后涌现出了许多著名人物：红四军秘书长陈协平，中国第一位经济学博士、上海中央分局宣传部长董维键，原新四军第一师政委、苏中军区政委刘炎，原西藏军区副政委、中共西藏自治区委书记王其梅，原北京大学副校长、著名的马克思主义史学家翦伯赞，第一任中央人民政府情报总署副署长、政务院副秘书长兼周恩来总理办公室主任张唯一，我国汽车工业的奠基人孟少农，多次受到毛泽东、周恩来等党和国家领导人接见的农业专家、著名劳动模范李光庆，饮誉世界的语言学家和辞书专家王同亿，以及一代文学巨匠沈从文和丁玲等。

在桃源璀璨的群星之中，还有一位为中国的飞航导弹事业奉献了一生的飞航武器系统总体设计专家，他就是飞航事业的优秀组织者、卓越领导者和杰出学术技术带头人，中国工程院院士、飞航技术研究院院长、中国航天科工集团公司科技委副主任姚绍福。

2. 祈福顺一生

位于桃源县城西北部的黄甲铺乡，境内地势自西南向东北倾斜，背倚群山，苍松翠竹，丘陵起伏，遍布山峪和小盆地，土壤肥沃，盛产稻谷、苎麻、柑橘等，属于富庶地带。全乡下属 15 个行政村，总人口在一两万人之间，姚家世代耕作、生活的铁甲村就是其中的一个不大的村落。

1932 年，亦即民国 21 年，林森任南京国民政府主席，汪精卫任行政院院长，蒋介石任军事委员会委员长。对于民国来说，正值内忧外患之时，中国经济更是萎靡不振，金融和工商业动荡，农村哀鸿遍野。虽然是兵荒马乱的军阀混战时期，桃源这个山水相间的一隅，正如陶渊明词中描述的那样“相命肆农耕，日入从所憩”，鸡犬相闻，倒也显得自然安宁。

已是中秋的桃源县黄甲铺乡铁甲村，苍翠的绿色植物覆盖的山间，漂浮着一团团深灰色的云雾，低低地压着大地。村落后丘陵山地林子里那一望无际的各种树叶在悄悄地开始泛黄，老樟树、冷杉、银杏、香果树等树木阴郁地站着，褐色的青苔掩住老树根上的皱纹。天空中发出柔和的光，洒在大地上，叽叽喳喳的麻雀展开翅膀，成群结队地在飞翔。柑橘树上的叶子开始飘飘零零地落了，可黄澄澄的柑橘还挂在枝头，像一个个橘黄的灯笼。

在铁甲村偏僻的山坡下，有一座用黄土干打垒建起、稻草铺顶的屋子，住着一户普通的农民，祖祖辈辈以农耕为生，过着日出而作、日落而息的平静生活。1932 年 10 月 13 日，这个山坳坳里传出了一个男婴强劲而有力的哇哇啼哭声，姚家又一个新生命诞生了。

姚家，是祖祖辈辈靠耕作土地生活的人家。父亲姚鼎甲和母亲马春桃都是老实巴交的农民，没有上过学，也不认识字。这个男孩在家排行老五，上面有一个哥哥和三个姐姐，哥哥叫姚宏彩，大姐叫姚全城，二姐叫姚芝仙，三姐叫姚桂仙。小男孩长着一张圆圆润润、白白净净的小脸，很是可爱。父母看到这个男孩，心里喜欢得不得了。平日里少言寡语的姚鼎甲抱着这个小儿子，满心高兴地对媳妇说："这娃啊，一脸富贵相，以后能给姚家带来福气。"于是请来一位有文化的老先生帮着起名字。老先生的鼻梁上架着一副黑框眼镜，俨然一副算命先生的样子，上一眼、下一眼地仔细打量着这个虎头虎脑的孩子，捏捏指头，左算算"八字"，右查查古籍和字典，最后给这孩子起了个很有寓意的名字：绍福。"绍"字的意思是连续，继承；"福"字的意思是一切顺利，幸运。从名字里就可以看出家人对这个小生命未来的祝福与期望。这个名字不仅给他自己带来了顺利与幸运，同时也为未来中国的飞航导弹事业带来了福音。

在姚家的几个孩子里，姚绍福是最小的，大哥比他大十岁，很多家务活和农活，父母都是分派大哥和几个姐姐去干，对这个小儿子却偏爱有加。哥哥和姐姐们也都很喜欢这个可爱的小绍福，每当闲下来，都会轮流抱一抱这个小男孩，或者是领着他四处转一转，有什么好吃的都优先让着这个弟弟吃。姚绍福在父母、哥姐的关爱下，健康幸福地成长着。

在姚绍福六七岁时，他的大哥体质越来越差，时常得病，所以大量的农活都落在了父亲的肩上。生活在“世外桃源”偏僻山村的农民们，在几千年封建意识的影响下很迷信，家里有灾有难常常是用求助于迷信的方法解决。于是姚鼎甲就找来了算命大师，希望大师可以为大儿子医治好身体。大师在姚家屋前门后转来转去，天上地下四处巡视，像是在寻找什么，又掐掐手指，最后给出了结论：是因为家里小儿子姚绍福的八字太旺，所以老大才会出现这样的状况。家里人商议了一下，决定把姚绍福过继给叔祖父，送到亲戚家寄养一段时间再接回来。有一次，姚绍福的大哥姚宏彩回到家里去看望父母，当他路过弟弟被过继的那个村子时，发现弟弟小绍福一个人孤苦伶仃地坐在村头，圆圆的小脸上充满了忧郁和伤感，眼神呆滞地遥望着远处，一副无奈的样子。这一切让哥哥看了着实心疼，心里挺不是滋味。哥哥也是读过几年书的人，不太相信“算命先生”那一套东西，他回到家后，经过与父母据理力争，终于把小绍福接回了父母身边。姚绍福从小对学习就有别样的兴致，既好学、又勤奋，从来风雨无阻，就连打摆子时，也让哥哥背着他去学校听课。上中学时，他背着行李步行了几十里崎岖的山路赶到了县城里的学校。哥哥和姚绍福这对亲兄弟的感情一直很好，哥哥姚宏彩现在已经 95 岁，身体硬朗，精神矍铄，每当提起弟弟姚绍福小时候的事，依然记忆犹新。虽然被寄养的时间不是很长，但是姚绍福却一直铭记于心。在 1953 年 12 月 17 日填报《出国人员审查登记表》时，21 岁的姚绍福还依然记忆犹新地提起了六七岁时的这件事，他说：“我小时候父母曾将我过继给叔祖父，在进初小之前曾在那里住了十几天。”

父亲姚鼎甲，是一位沉默寡言、温良敦厚、勤劳质朴、吃苦耐劳、很传统的中国男人。为了支撑起这个家，并使家里的日子蒸蒸日上，他日复一日，年复一年，周而复始，每天天不亮就走出家门，晚上日落才会拖着一身疲惫回到家里，终年奔波忙碌着，或是去地里忙农活，或是上山砍柴，中午时常都是母亲去地里给父亲送饭送菜。

母亲马春桃，是一位为人平和、善良俭朴、细腻勤勉、忍辱负重的贤妻良母。在她柔弱的身体里，深深地藏着对丈夫、对孩子的情和爱。她不仅要打理全家人的日常衣食起居，负责养猪、养鸡和纺纱等家务活，还要经常帮助丈夫干一些农活。马春桃对姚绍福这个“老疙瘩”疼爱有加，为了不让孩子受委屈，她时常把一些零用钱藏在自己鞋里，悄悄地给塞给姚绍福，让他买些零食或是自己喜欢的东西。因为丈夫姚鼎甲喜欢喝点小酒，如果他知道了就会把钱要去买酒喝。

尽管父母都没有上过学，但是他们为人善良温厚、生活俭朴、做事细腻、坚韧不拔、朴实无华的品格，却在无形中潜移默化地影响和熏陶着姚绍福，浸透在他幼小的心灵里。

虽然是兵荒马乱的年月，姚绍福却在这个温暖的家庭中过了几年无忧无虑的生活。

3. 心中有理想

在姚绍福很小的时候，姚家几个兄弟开始分家过日子。因为家里人口多，又欠了别人很多债务，所以在分家时，父亲姚鼎甲只分得 2.5 亩地，还要分担一些债务。为了维持全家人的温饱，姚鼎甲就从地主家租了十几亩地耕种，冬天天冷了，就和几个弟弟一起上山打猎，弄些肉类的食物改善生活。由于省吃俭用，勤进俭出，后来就买了些土地耕种。

直到解放前，姚家在苦心经营下有了 30 亩地，每年的粮食产量平均在 300 斤左右，一块山地能产 10 斤左右的菜油。可是，在地里劳作主要是靠父亲姚鼎甲和哥哥姚宏彩，但哥哥时常为躲避抓壮丁而东躲西藏，导致家里的农活大部分都压在父亲身上，几个姐姐也只能干些辅助性的农活，因此，经济收入只能勉强维持日常的温饱。

光阴荏苒，岁月蹉跎，一眨眼，姚绍福七岁了。父母看到大儿子几次被抓壮丁，为了逃避抓壮丁而常常四处躲避，生怕小绍福长大后也和哥哥姚宏彩的命运一样，被国民党军队抓壮丁，父母亲就合计着：为了躲避被抓壮丁的厄运，将来也别再像老一辈人那样，靠卖苦力在地里扒食过日子，还是让这个孩子上学吧，只有念了书，将来才能有出息。于是在 1939 年，父母把他送到了姚氏宗祠小学读书。

姚绍福不是家里唯一读过书的，他的哥哥也曾读过 4 年初级小学。由于地里的活重，家里缺少劳动力，哥哥上了 4 年初小后，就不得不放弃读书，在家里帮助父母忙各种农活。

姚绍福在姚氏宗祠小学上学期间，寄宿在学校。小绍福人虽小，却很明事理，他知道家里父母和大哥要在风吹日晒中付出极为艰辛的劳动，哥哥姐姐们省吃俭用省出钱来供自己交学费和住宿费，自己只有好好学习，才对得起爷爷、父母的抚育和哥哥姐姐的关爱。小绍福在课堂上严守纪律，认真听讲，每天晚上都会在昏暗的桐油灯下把课堂上老师留下来的作业仔仔细细地完成，学习条件虽然很差，但是姚绍福却一丝不苟。

二年级的上半学期，正是农村收割稻子的时节，家里人手少，小绍福就停学在家，帮助家里放牛，干些辅助的农活，帮助妈妈干些家务零杂活。姚绍福知道上学其实也是件很艰苦的事，需要用心用脑，但他却很喜欢读书学习。家务活闲下来，他就会拿出书本，复习以前曾经学过的东西，温故知新。父亲姚鼎甲和母亲马春桃每当看到自己心爱的小儿子依依不舍地学习时，心里就有一种由衷的喜悦："这孩子是个读书的料呀，还是让他继续上学吧！"父母很希望他可以继续读书，哥哥和姐姐们也都很佩服小绍福那股子爱读书的劲头，家里的活也尽量抢着干，给小弟弟腾出时间看书学习。

父母并没有奢望姚绍福能光宗耀祖，他们的愿望很简单，一是希望他不被抓壮丁，二是希望他可以通过学习知识改变命运，离开这片苦不堪言、靠天吃饭的土地。

后来，姚绍福继续读小学，在姚氏宗祠小学一直读到四年级。1943 年下半学期到 1945 年间，他转到了桃源县的灵岩中心小学，直到小学毕业。

桃源的灵岩，位于桃源县西北麓的黄甲铺乡。这里风景秀丽，空气好，天蓝水清，一条杂草丛生的山路，直通灵岩洞。老远就能看到一个长满了青苔的断崖，断崖上依稀刻有"灵岩古洞"四个大字。踏着水中的青石板进入灵岩洞，洞内有一些钟乳石，有二龙戏珠，有钟乳石结成的佛像，等等。钟乳石结成的佛像叫"佛石点头"。这是黄甲铺乡村民常来祈福的地方，佛前空地上还留有很多燃尽的香蜡。灵岩山上植被繁茂，怪石嶙峋，古木参天，有十几棵树龄超过几百年的老樟树。这个地方，也是中心小学的学生们经常爬山、捉迷藏和玩耍的地方。姚绍福与同学时常会来到这里，找个僻静的地方，玩游戏或是开展一些活动。

1945 年 9 月，姚绍福考入桃源县的平阳中学，从此结束了桐油灯下学习的历史，可以在煤油灯下学习了。平阳中学是个私立学校，无论是在环境上，还是师资上都比较差。但是，学生们对国文课还是有些兴趣的，因为国文老师是个念过私塾的老先生，说起话来虽然总是满口的之乎者也，但是他的知识很渊博。按照同学们的说法，是饱读经书，学富五车，满腹经纶，古今中外无所不知的那一类。有一天上国文课，这堂课是专门给学生们讲如何欣赏和写作散文的。这堂课上，老师给他们念了一篇光绪举人梁启超的散文，题目是《少年中国说》。文中表达了梁启超对中国青年一代的赞美和所寄予的希望，梁启超说："惟思将来也，故生希望心；惟希望也，故进取；惟进取也，故日新；惟思将来也，事事皆其所未经者，故常敢破格；惟盛气也，故豪壮；惟豪壮也，故冒险；惟冒险也，故能造世界；少年人如春前之草；少年人如长江之初发源……天地大矣，前途辽矣，美哉，我少年中国乎！使举国之少年而果为少年也，则吾中国为未来之国，其进步未可量也，故今日之责任，不在他人，而全在我少年""少年智则国智，少年富则国富，少年强则国强，少年独立则国独立，少年自由则国自由，少年进步则国进步，少年胜于欧洲则国胜于欧洲，少年雄于地球则国雄于地球。"老师结合原文，又做了白话文的解释，最后语重心长地对同学们说："你们在座的每一个人都是我大中华的美哉少年啊，但愿你们要有大志，前途似海，来日方长！"这堂课，是姚绍福从小到大第一次接受思考人生为谁活、怎么活着的启蒙课，从此他开始思考未来的人生。

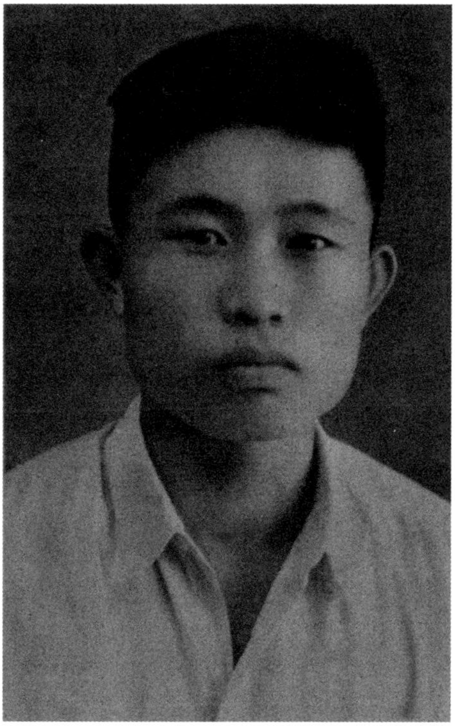

学生时期的姚绍福

1948 年初中毕业后，姚绍福直接考入湖南省立第四中学学习（现在的常德第一中学，是湖南省首批 8 所重点中学之一）。能从一个私立学校考到这么有名的公立学校，与姚绍福的努力以及他对知识的渴求是分不开的。

姚绍福对湖南省立第四中学感到好奇：新的学科知识，有名望的老师，宽大的教室。好奇之余，更增加了他求知的渴望。

1948 年至 1951 年的 3 年里，姚绍福在湖南省立第四中学度过了他充实而有意义的高中时代。他是一个很守规矩、对人彬彬有礼的学生。在大多数情况下，他总是默默地、静静地在那里温习功课、写作业，或是在思考着什么。他天资聪慧，悟性很高，记忆力好，对事物的分析和理解能力很强，加上读书又很用功，因而学习成绩总是排在班级前几名。

在这个青春勃发的黄金时期，他不仅成长为一个大小伙子，有着一副强健的体魄，更重要的是他开始思考人生的奋斗目标，寻找未来能展翅飞翔的翅膀。

高中期间，学校设立了政治课程。通过学习时事政治，姚绍福接受了一些新思想，看到了未来将会大有作为的新中国。在一次政治课上，老师讲到列宁的一句名言“共产主义等于苏维埃加上电气化”。当时幼稚的他以为电气化离人类理想很近的，他在后来的《自传》中曾坦诚地表达过“我上初中的时候一直在想：什么时候农村的孩子能在明亮的电灯下读书，那该有多好啊！这一天在我们这一代的努力下一定能实现”。于是在他的心中就有了一个奇妙的憧憬——“希望为实现电气化贡献自己的青春”“从高中到大学毕业，我一直梦想着当一名电气工程师”。这就是姚绍福年轻时的理想和追求。

1949 年 7 月 29 日，湖南常德解放了，湖南省立第四中学的第二学期也即将开学，老父亲却说：“解放了，天下太平了，日子就会慢慢变好了，也不会再有国民党抓壮丁的事了，你还是回家帮父母种地吧！”当父亲提出这个问题时，姚绍福感到极为惊讶，因为他对学习已经产生了浓厚的兴趣。面对“有田不耕仓廪虚，有书不读子孙愚”的两难抉择，他内心也很矛盾。一方面是父母劳累了半辈子，辛辛苦苦供他读书不容易，如今他们老了，是该陪在父母身边尽孝，好好替家里多承担些农活了。另一方面，他又不愿就此罢休，感到自己还有着很强烈的继续学习的愿望，有着“当一名电气工程师”的理想。经过激烈的思想斗争，最后他想了一个巧妙的办法，告诉父母说：“我出去一下，去学校办理休学手续。”他找到一个同学，向他诉说起了自己的苦恼，那个同学听了他的话后，说：“解放了，以后可以好好安心念书了，将来的社会还是要靠有文化的人，有文化知识才能改变自己的命运，反正我是一定要继续上学的。”同学的一席话，使姚绍福心里的天平倒向了一边：继续学习！这个决定，对姚绍福的一生产生了决定性的意义。

理想是人生的导航仪，她可以带你飞跃重重山峦，而不迷失方向；理想是人生的引擎，她可以助你在人生的竞技场上一路奔腾，直达成功的彼岸。

历史的经验告诉了人类一个带有普遍性的规律：目标 + 动力 + 努力 + 机遇 = 成功。胸怀理想和壮志的姚绍福，按照自己的人生设想，于 1949 年 12 月递交了入团申请书，1950 年 1 月 17 日获得批准，经过为期三个月的团组织考察，4 月 17 日转正，成为了一名合格的团员。在团组织里，他积极参加活动，热心集体工作，先后被选举为团小组长、团支部书记和团总支书记。

姚绍福

姚绍福院士传记

Academician Yao Shaofu's Biography

第二章

如愿以偿入湖大

在湖南大学的两年，对姚绍福一生产生了极为重要的影响，使他不仅增长了自然科学知识，也开阔了胸襟和眼界，培养了勤奋敬业、永不言败的品格。

1. 人生转折点

1951 年，对姚绍福来讲，是有生以来最令人振奋和难忘的年份。这一年，姚绍福有幸走进了梦寐以求的湖南大学，这是对他前 12 年努力学习的考核与总结，又是他走向更加光明前程的一个新台阶，更是他人生的一个重大转折点。

湖南大学是一所历史悠久、声誉斐然的著名大学，学校起源于中国古代四大书院之一——创建于公元 976 年的岳麓书院。历经宋、元、明、清等朝代更迭，始终保持着文化教育的连续性，历时千年，学声不绝。1903 年，书院改制为湖南高等学堂，1949 年正式定名为湖南大学。先后经历了湖南高等学堂、省立湖南大学、国立湖南大学、湖南大学、中南土木建筑学院等时期，沧桑砺洗、春华秋实，深刻反映了中国教育制度的变迁，成为中国高等教育发展史的一个缩影，被誉为“千年学府，百年名校”。

在湖南人看来，能进岳麓书院读书，不仅是进入了增长知识、提高品性修养、重塑人生的一个大熔炉，更是一个家庭的荣耀，因此成为很多学子和家庭的梦想以及人生的一个重要追求目标。姚绍福的父亲姚鼎甲也不例外，他多么希望自己的小儿子有朝一日也能登堂入室、坐在书院里学知识呀!

报考湖南大学的学生，大都是全国各地中学优秀的高才生。湖南大学的门槛实在是太高了，所出的考题在规定时间内通常是做不完的，一般学生应付考试确实感到吃力。姚绍福虽然实力雄厚，却也不敢稍有怠慢，手和脑都在快速地运动。在招生考试那几天，正值盛夏，考场内外都很闷热，加之考试的人心情都很紧张，姚绍福也不例外，他也是挥汗如雨。考场内很安静，只听见笔尖摩擦纸张的沙沙声。两天考毕，考试之后的姚绍福一身轻松。他回到家后，尽情地放松了一把。他知道，如果被录取了，将会在新的学习高度上开始四年的攀登。应借此空闲待命期间，好好帮助父母干农活、操持家务，多陪陪家人，以报答家人对他这些年学习的付出和倾力支持。

有一天，乡里的邮递员骑着自行车，离姚家还有几十米时，就对着正在屋外喂猪的马春桃大声喊："姚妈，你家老五中考了……姚妈，你家老五中考了。"当姚绍福母亲接过录取通知书时，顿时悲喜交加，喜的是：老儿子为姚家争了气、争了光，今后有了好前程；悲的是：孩子越走越远，有个头疼脑热的没人照顾了。当姚绍福和父亲中午回家吃午饭时，母亲把通知书交给了他。此时的姚绍福内心也是悲喜交加，喜的是：上大学是他多年的梦想，十多年的努力终成正果，人生将可以向新的高峰攀登；悲的是：他真的要离开家了，离开生他养他的已是年过半百的父母，虽然姚绍福从高小到高中一直住校，但是每个周末还是可以回家的。湖南大学在长沙，长沙距离桃源近 190 千米，要与家人见一次面很不容易，只能在寒暑假的时候才可以回家看看。上大学，是姚绍福的人生追求，今天得以如愿以偿，让他对自己的前途充满了希望。

2. 孜孜求新知

1951 年秋，姚绍福依依不舍地告别了家乡，告别了父母，来到了湖南大学电机系，开始了他的大学生活。

从一入学起，姚绍福就开始不知疲倦地在知识的海洋中尽情游弋。他恨不得调动全身的每一个细胞，最大限度地汲取各种有益的营养。

虽然新中国已经成立，但是学生住宿条件依然很不宽裕，一间宿舍要住十几个人，十分拥挤。晚上做作业或是复习功课，只能是早早地跑到图书馆“抢”座位，致使图书馆里人头攒动，同学们只能各找出路。为了能够争取更多有效时间，并且在比较安静的环境下复习，姚绍福在仔细观察分析了学生们的复习规律后，决定采取与众不同的学习方法：白天上课，吃完晚饭趁同学们都外出活动并且天还没黑的时候抓紧时间学习，晚上8点左右上床睡觉到凌晨两点，再爬起床来继续学习到清晨5点左右，然后再补两个小时的觉，以保证精神饱满地开始新的一天。

大学的生活紧张而又有序。开始学习时，姚绍福感到很是吃力，他所在电机系的专业课，理论深奥，内容抽象，而且考试严格。学习尽管很紧张，但是姚绍福却十分珍惜自己难得的学习机会，他把学习知识当做是一件其乐无穷的事。想起父母、哥哥、姐姐和家乡那些面朝黄土背朝天的农民，他就一点也不觉得辛苦，这些根本不算什么。所以他学习时，不论是听老师讲课，还是安排自学，他始终保持着对学习饱满的情绪和盎然的兴趣，能够自觉地享受学习带来的乐趣，除了个人强烈的求知欲和浓郁的学习兴趣之外，姚绍福还觉得该校教学有自己独到的特色，这些教学特色包括：重视培养学生的人格、动手能力，把难点真正讲透，学生有自主选学课程的权力，举办多种活跃的讲座活动等。同时，教授们具有渊博精湛的学识和授业解惑的高超技巧，甚至富有感召力的个人人格魅力等。

湖南大学的教学特色，在姚绍福的心中刻下了深深的印记，即便是参加工作多年后，他还时常津津乐道地谈起，甚至对他一生都产生了重大影响。譬如：重视动手能力；具有技术民主的作风，从不严厉批评别人；充分尊重别人的想法；听取多种意见，兼听则明；思考问题透彻等。

电机系在教学上素有既注重理论教学，又重视实验课的特点。理论课程占的比重大，约占全部课程的一半以上，贯穿于四年的学习始终，而且内容深，难度大。大学一、二年级注重基础学科物理、数学的学习，考试也较为频繁，如物理课一学期大小考试可达 20 多次。二年级开始有许多电机原理和电信、电力理论课程，电机工程课程理论深，难度较大，除了规定的教材外，教授在讲授时，还会另外附加一些辅导性的学习材料，学生在上课前，要用许多时间进行预习。除了做习题以外，一个学期小考就有三四次。当时的学习条件虽然十分艰苦，但大多数同学仍然保持长期以来形成的良好学习风气，努力学习，遵守纪律，互帮互学，生活朴素。

重视实验课，培养学生的动手能力，是湖南大学在教学中逐步形成的一个特色。全校只有一个简易的实验室，所以他们常常要等到别人的空档或是放学以后才能进入实验室，一做就是一个晚上。老师带试验课时，要同学们去吃晚饭，他自己留在实验室里啃干粮，这种献身教育事业的精神，也给姚绍福留下了深刻的印象。

针对难点环节，老师总是反复地讲解。在校时，老师们除了上课与同学们见面外，其余的时间很少有接触，但是老师的谆谆教诲还是让姚绍福终生难忘。印象较为深刻的是一位数学老师。当时在讲解函数的变化，老师反复讲解，起码不下十几遍，当每个同学都熟练以后，老师才会讲授下一课，这样不用费太大的劲，学生就能听懂、弄明白之后的内容。后来姚绍福才体会到，必须讲透重点，不平铺直叙，不平均使用力量，主要重点内容讲透后，让学生们自己去学，做到事半功倍。

学校贯彻了学生选课自由的特色。让姚绍福喜出望外的是，只要规定的必修课成绩合格，就可以选修自己感兴趣的任何课程，完全不受院系的限制。由于各科都实行宽松的旁听制度，选修不会受到干涉，选此修彼，一概悉听尊便。

充分满足学生们不同兴趣和需求的特色。学校里的教授多，课也开得多，课外还时常举办学术讲座，完全能够充分满足不同知识需求和不同兴趣学生的需求。校园里丰富多彩的文化活动也对姚绍福产生了巨大的吸引力。认真对待必修课和选修课之外，只要时间能排得开，学生社团组织举办的时事报告和学术讲座，他也都不愿意放过。在姚绍福看来，听才高八斗、学富五车的教授们作报告或讲座，既可以开启心智，补充学识，又能把它作为了解社会的一个窗口，还是轻松惬意的精神享受，那些风趣幽默的话语常令人忍俊不禁。

除基础课和专业课以外，湖南大学还很重视品格育人，教育学生如何做人。岳麓书院千百年来倡导做人、做事、育人"实事求是""忠孝廉节"的校训，强调"立德树人，润泽天下""成就人才，传道济民""办学兴道，利国利民"的办学宗旨。学校把这些文化理念贯穿于对每个学生学习精进、品德素养、行为表现、考核评价的方方面面，将其明文写在《学生守则》《纪律管理规定》《学籍管理规定》等校训校规管理制度之中。

姚绍福参加工作后，无论是从事型号设计员的技术论证工作，还是履行总师职责或是领导职务，常常对科技人员和领导干部讲起"实事求是"的这段故事，

大学时期的姚绍福

不仅以此来要求自己，也倡导每个科研人员、领导干部去践行这一思想。他记得刚入湖南大学时，老师讲的第一课就是“实事求是”的故事。

“实事求是”这个典故，最早出现在1900多年前东汉史学家班固撰写的《汉书·河间献王传》中，书中班固高度评价汉朝的献王刘德“修学好古，实事求是”。刘德是汉景帝刘启的儿子、汉武帝刘彻的异母哥哥，被汉景帝封为河间王（所管辖的就是今天的河北省献县境内）。刘德生活的时代是一个儒学复兴的朝代，他在所管辖的地方建造了日华宫，广招天下儒学名士，广泛搜揽遗留散落在民间的各种古籍，每遇到真本，或出高价收购，或以锦衣绸缎换取。刘德整理古籍的态度极为严谨认真，对所得书籍，组织人员对不同版本相互校正，去伪存真，校实取正，如果书籍残缺不全，字异文非，则组织群儒研讨辨解，纳精取华，究明原委，勘误补缺，整理成册。刘德为中国儒学文化的传承花费了大量心血，做出了巨大贡献。今天我们耳熟能详的《左传》《礼记》《孟子》《考工记》《孝经》《老子》等一大批经典古籍，就是经刘德收集整理后而得以流传至今的版本。岳麓书院建立后，其院训就是“实事求是”。

"实事求是"一词，毛泽东第一次在党内提出是在1938年10月党的六届六中全会上，1941年5月，毛泽东在《改造我们的学习》中对"实事求是"作了深入科学的解释。实事求是，后来成为毛泽东思想的科学世界观与方法论的基础和根本点，贯穿于毛泽东思想的各个组成部分，是毛泽东倡导的马克思主义思想路线，是共产党从事一切工作必须遵循的根本原则，是对全党所有党员和领导干部做人做事的基本要求。

姚绍福虽然只在湖南大学读到大二，但是学校严格规范的校风对他耳濡目染的熏陶，名师硕儒们的耳提面命和言传身教，都对他的一生产生了极为重要的影响，为他奠定了一生忠诚祖国、服务人民、报效家国的思想基础，为他奠定了一生科学求实、严谨细致、实事求是的作风基础。在湖南大学的两年，使他不仅增长了自然科学的知识，也开阔了胸襟和眼界，培养了勤奋敬业、不屈不挠、永不言败的品格。

在湖南大学读书期间，由于家庭经济困难，姚绍福无法获得家里的经济支持。湖南大学是国立大学，无需缴纳学费和住宿费，贫困学生还可以申请公费资助。在同学们的帮助下，姚绍福获得了全公费资助，以此维持生活。尽管如此，生活费仍是一项很重的负担。

随着课程的日渐深入，在听了教授们讲了大量电气基础原理和列举国内外大量的应用案例后，姚绍福有一段时间突然开始意识和思考一个问题：能源在科学技术和工农业发展中的基础性作用。他觉得，要改变新中国的落后面貌，必须大力发展工业，而发展工业的基础就是要有足够的能源，能源是工业动力的血液，没有动力的工业就是一堆废铁，没有动力，再先进的机器也无法正常运转。此时他的理想和奋斗目标，就是使湖南的能源供应得到改善。他暗下决心，毕业以后先到动力厂工作，争取机会到国外系统地学习动力工程，一旦条件具备了，一定要用学到的技术，为建设一个繁荣的新中国、为建设一个新湖南做出成绩来，争取为湖南建立一座规模相当大的发电厂，让家乡的父老乡亲和桃源千家万户的农民不再依赖昏暗摇曳的桐油灯、煤油灯驱除黑暗，让学生们晚上可以在明亮的灯光下读书、写字、学习。

3. 土改受锻炼

1951 年，根据上级部署和要求，湖南大学需要抽调一部分品质好、有觉悟、有文化的学生骨干参加土改工作队，下乡帮助搞土改运动。

土地改革运动，是中国革命运动的重要一环，土地所有权的改革，是消灭封建剥削的重要一环。中国共产党在 1927 年至 1937 年间，就曾实行过这种废除封建基础的土地改革，即强制没收地主的土地，分配给没有土地和缺乏土地的农民。抗日战争爆发以后，在 1937 年 9 月 22 日，中国共产党为了团结一切力量抵抗日本帝国主义，停止了强制没收地主土地的政策，代之以实行减租减息的办法。人民解放战争开始后，中国共产党于 1947 年召开全国土地会议，制定了土地法大纲，又再度有计划地实行废除封建剥削制度的土地改革。

在新中国成立后，有三亿多人口的新解放区还没有进行土地改革，广大农民迫切要求进行土地改革，获得土地。对此，1950 年 6 月 30 日，中央人民政府正式公布《中华人民共和国土地改革法》。中共中央决定，从1950年冬季开始，用两年半或三年左右的时间，根据各地区的不同情况，在全国分期分批完成土地改革。土地改革运动将地主阶级的土地没收后，分配给无地或少地的农民，同时也分给地主应得的一份，让他们自己耕种，自食其力。到1952年年底，除了部分少数民族地区外，全国大部分地区基本上完成了土地改革。近三亿无地、少地的农民，分到了七亿亩土地和大量的农具、牲畜和房屋等，还免除了每年向地主缴纳的约三百五十亿公斤粮食的地租。从此，中国的农民获得了真正的解放，在经济上翻了身，成了土地的主人；在政治上当家作主，积极参与国家建设和管理；在中国存在两千多年的封建剥削制度被彻底废除；农村生产力获得了解放，农业生产迅速发展，为国家的工业化准备了条件；摧毁了官僚资本主义和地主阶级的经济基础，巩固了工农联盟，进一步巩固了人民民主专政政权，为社会主义改造创造了条件。

面对这项社会工作，学校开始动员后，姚绍福反复思忖着是否要报名参加这项工作。他认为，自己是学生，按道理说应该好好地安心学习，如果参加土改工作，就会耽误自己的功课，况且自己出生在农村，与农民打成一片是没有问题的。他又换了个角度考虑，觉得自己虽然出生于农村，但和无产阶级的感情还是有差距的，参加这样的社会活动也是自己政治上锻炼的好机会，自己也需要在这项工作中加强世界观和人生观的改造，尤其自己还是共青团员，是班级里的团小组长，是党的助手和后备军，更应该积极带头响应党和政府的号召。于是，1951 年 11 月，姚绍福报名参加了湖南慈利县（1988 年成立大庸地级市，辖慈利、桑植两县和永定、武陵源两个区）土地改革的培训学习。

姚绍福毅然决然地暂停了刚刚开始的大学生活，1951 年 12 月至 1952 年 4 月，参加了这次土改工作，并担任了乡工作组副组长。

姚绍福和其他土改队的队员，一起来到了湖南省慈利县。工作队首先召开了小组会议，研究和布置工作，姚绍福被分配到一个比较偏远而贫困的村子。按照土改工作部署，要在农民中进行思想教育和党的土地政策宣传，他和其他土改队队员先后召开农民大会，向农民们宣传土改的目的和重要意义，号召全村贫雇农行动起来，积极投身土改运动。然后开展乡情民情调查，入住“扎根”。通过调查走访，摸清情况，找出苦大仇深的贫雇农，然后住到他家去，叫做“扎根”。这一户贫雇农叫做“根子”。土改队队员与“根子”实行“三同”（同吃、同住、同劳动）。姚绍福住扎的这户“根子”十分贫穷，全家住在一间破草房里，没有床，自编的草席铺在地上当床用；吃的是地瓜、南瓜，逢年过节才有一顿米饭。

姚绍福每天和这户人家一样，睡在地上，起床后挑水或煮饭，然后同他们一起出外劳动，上山砍柴，下地犁田，无一样活儿不干，感动了这户“根子”。通过慢慢的接触、交谈、感情融汇，姚绍福和这户“根子”相处得如同一家人。姚绍福向他们宣传共产党的土改政策，经过三番五次的教育，姚绍福说服了这户农民，并使其提高了阶级觉悟。后来，这户“根子”主动向姚绍福介绍村里的情况、通报信息。

摸清了村里的基本情况后，姚绍福按照土改的部署安排，开始广泛发动群众。引导“根子”去发动其他贫雇农（这叫做“串连”），动员他们，要团结起来，与地主做斗争。哪一天动员了几个贫雇农、名字叫什么，姚绍福都要登记在工作笔记本上。晚上，再通过“根子”把那些贫雇农邀请来，他给这些农民上思想教育课，主要是宣传党的土改方针政策。姚绍福说：“农民长年劳动，为什么吃不饱穿不暖，到头来还是穷？地主凭什么不出工劳动，吃好穿好有钱财？”“共产党搞土改就是为了推翻地主阶级的剥削和压迫，就是要让贫雇农们‘耕者有其田’，有自己的土地、有饭吃、有钱花、过上好日子，做国家的主人。”通过深入细致的思想教育和启发，这些贫雇农提高了认识和阶级觉悟，认清了农民受穷的根源。这些贫雇农大胆行动起来，又去动员另一批贫雇农。串连工作分步骤分片进行，首先串连贫雇农，接着又去串连中农，团结中农，组织一支稳定的阶级队伍。当时对待富农是采取中立的政策，既不去串连，也不打击，这叫做“中立富农”。

“扎根”“串连”这些工作任务完成后，土改工作组又组织召开诉苦大会。首先是分片进行，各片主持召开诉苦会，让贫雇农诉出自己的苦与恨，选出苦大仇深的典型，再参加全村全乡的诉苦大会。工作队精心布置和安排诉苦大会，派专人记录。在诉苦大会上，主持会议的同志抓住时机问群众：“那么，是谁给我们带来的苦？是国民党反动势力，是地主恶霸！”通过诉苦大会，激发农民对地主阶级的仇恨，提高阶级斗争观念，提高思想觉悟。

组织召开“反霸斗争大会”。先是各片组织斗争会，然后再逐级召开。揪出地主，让他们主动交代剥削压迫农民的罪行。地主要面对群众坦白交代，并交出果实。交代完毕，组织苦大仇深的贫雇农上台揭发地主的罪行：哪一年强占田地、放高利贷、夺财害命，等等，并要求地主对证认罪，地主承认的都要在会议记录材料上签名。在几次“反霸斗争大会”上，贫雇农的血泪控诉，使姚绍福受到了很强烈的震撼，他切身体会到了地主阶级的可憎可恶，深受教育。

根据中央统一政策，按照五个等级划分阶级成份（即地主、富农、中农、贫农和雇农），之后便是按照成份分配土地，土改工作初告一个段落。接着进行土改复查，复查结束。至此，全县土地改革任务全部圆满完成。湖南在土改后，农民的生产积极性大大提高，他们早出晚归，积肥、修堤、添置耕牛和农具。据统计，动工建水塘 98000 多个，修堤坝 22000 多座，修沟渠 4000 多千米，受益田地 750 万亩。

在这次土改工作中，姚绍福以高度的热情投入其中，不仅得到了社会实践的锻炼，同时也充分展示了团结群众、宣传群众、组织群众的才能；不仅在工作中教育启发了农民的阶级觉悟，为土改作出了贡献，也启发了自己的觉悟，使自己受到了一次深刻的阶级教育，他的表现获得了政府和学校的高度好评。在 1952 年 12 月 29 日姚绍福写的一份《自传》中，他这样描述参加这项工作的感触：“与农民阶级建立了感情，思想上克服了个人主义，从中体会到了群众的力量，认识到一切工作都要走群众路线。”

完成这项工作后，姚绍福又重新回到了湖南大学，继续他的学业。经历了土改锻炼的姚绍福，回到湖南大学后，人生观、世界观和价值观都发生了很大变化，学习更努力，集体的事情也更热心，与同学的关系更紧密，使自己获得了全面提升。他先后被电机系第二团支部选举为团小组长、团支部组织委员和团支部书记。第二团支部1953年7月份对姚绍福的评议和鉴定结论认为："刚来湖南大学时不爱劳动，但担任团支部组织委员后，有了进步；学习上能循序渐进，踏实且富有钻研精神；能帮助同学，且能全面发展；工作积极，作风正派，且能联系群众，组织性强，遵守爱国公约。"

4. 斩将过"三关"

创立于1949年10月的北京俄文专修学校，是国内唯一一所培养俄语人才的学校，曾任毛泽东首席俄语翻译的师哲任校长。1950年，《中苏友好同盟互助条约》签订，国内迅速掀起全面学习苏联的高潮。中国希望借助苏联力量培养出我国自己的科学技术人才。

1951年12月，在林伯渠的建议下，周恩来亲自批准成立的留苏预备学校，设立在北京俄文专修学校内。1952年6月，俄专二部正式更名为留苏预备部，直到1959年中苏关系渐冷，留苏预备部合并到北京俄语学院。

1952年，是一个具有划时代意义的年份。在这一年，国家首次举行了全国范围内的高等院校统一考试和录取，无数青年学子走入了期待已久的大学校门。也正是在这一年，留苏预备部开始了第一次招生。留苏预备学校的创立，让一批批满怀报国之志的青年，由祖国的四面八方涌向北京，走向苏联。

能够进入留苏预备部，并被批准去苏联留学，那是一件极其不容易的事情，必须是经过严格筛选和审查过关的人，因为他们将是国家重点培养的社会主义未来建设的栋梁。

1953 年，姚绍福经过湖南大学审查，被推荐为留苏预备部学员。1953 年 7 月份，在湖南省填报的《留学预备生审查登记表》中，湖南大学对姚绍福的审查意见是："填表真实，政治历史清白，该学生踏实肯干，学习上肯钻研，工作中积极，作风正派，品质还好。审查结论：政治上可靠，以后加强教育，有培养前途，拟予保送。"湖南省长沙市人事局经审查后签署了"同意保送单位意见"。

连姚绍福自己都不会想到，也就是掌握了为数不多的俄语单词，竟成为他进入留苏预备部的基本条件之一。当家人听说姚绍福被学校推荐到北京去学习时，父母、兄长和姐姐都为他高兴，为他自豪，全家人竭尽所能，东凑西借地为他筹措了不到 100 元钱。进入留苏预备部对姚绍福来说，将是他人生旅程的又一个新起点。

1953 年 9 月，姚绍福前往北京俄文专修学校留苏预备部专修俄语，为 1954 年前往苏联留学做准备。

来到北京时，已经是秋高气爽的季节了。下了火车，姚绍福感觉一切都是那么的新奇。他还特意来到了盼望已久的天安门，站在广场上，仿佛又回到了 1949 年 10 月 1 日。想到毛泽东主席在北京天安门城楼上庄严地向全世界宣告"中华人民共和国成立了！中国人民站起来了！"的动人情景，想到中国人民解放军伴随着嘹亮的军歌，迈着雄壮的步伐，在天安门广场接受检阅的威武军姿，这个血气方刚的年轻人心里泛起了一阵阵激动的波澜。

第一次到北京，第一次经历北方的冬天，气候寒冷刺骨，姚绍福手上生了冻疮，不得已，他赶紧购置过冬的棉衣，姚绍福家里的劳动力少，生活本已十分困难，在他离家时，姚绍福用家里筹的钱给自己买了一件棉衣，也买了一些学习必需品。

来到预备部，姚绍福被分在第38班。预备部开设了4门主要必学课程，即俄语默写课、记录课、听力及语法课和政治课。其中的政治课主要是学习中国革命史、马列主义基础、政治经济学、辩证唯物主义与历史唯物主义的内容，同时还要学习时事政治，学习苏联人的生活习惯和日常礼仪常识等知识。

凡是要到苏联留学的人，都必须要在这里通过俄语关、政审关和身体体检关的严格考核。这一做法不仅能有效地保障选拔学生的质量，也使得国家花费巨额投入培养出来的技术人员，能在新中国未来的建设中，政治上和体质上具有完全可靠性。

当时，留苏预备部的任务主要有三项：预备生进行业务学习与考核；组织严格的政治审查；保证学生的身体健康。留苏预备生们称之为“过三关”。

姚绍福无论在中学还是大学，所学的都是英语。俄语繁杂的语法、多样的变格、饶舌的发音，令初学者头晕目眩，俄罗斯的名字也是九曲十八弯，说明了自己的名和姓之后，还要把祖上那长长的名字再绕进去，真是难读难记。

从1953年7月至1954年8月这一年里，姚绍福便开始进入了被全面审查的程序。在政审方面是极为严格的，其中，在预备生中开展了“忠诚老实运动”，在这项运动中，每个预备生都必须把个人、家庭和亲属的历史、政治表现、财产和组织关系等情况，以书面形式如实地向组织说得一清二楚。这个期间，姚绍福和其他预备生一样，先后填报了《留学预备生审查登记表》《出国人员审查登记表》和个人书面《自传》，并附有各级政府组织或其他人旁证的材料和内查外调的证明材料等。

通过一系列的审查，要确保审查对象思想进步，道德品质优秀，政治上可靠，而且其三代家庭成员和主要的社会关系在政治上必须清白，凡是地主、资产阶级、富农出身的一律不要，有海外关系的一律不要，身体不合格的一律不要。在预备部的一年里，每个学员都经过了严格的审查。

1953年12月份，在姚绍福的《出国学习人员审查登记表》中，对自己的家庭、社会关系、经历等各种情况做了介绍后，在“是否自愿留学、选择专业意见”一栏中表示：“本人自愿留学，决心为祖国社会主义建设事业而忠诚服务，忠诚于党和人民事业，服从祖国需要，同意分配到任何科系。”经学校审查的结论是“姚绍福同志可以改学机密科系”。

根据中央对留苏预备部学员“学习好、纪律好、身体好”的要求，在预备部的一年里，要保证学员的健康。让这些在饥寒交迫的旧社会中成长起来的年轻人永世难忘的是，国家给予这些将要出国的学子们以格外的照顾。由于我国处于建国初期，国家还很穷，人民生活水平还很低，很多学生省吃俭用，营养不良。为了保证学员们的身体健康，党和国家特别关心留苏预备部学员的生活，为此，周恩来总理亲自指示：“出国留学生不能搞得面黄肌瘦，国家再穷，也要保证他们的健康。”在党中央、国务院的直接关怀下，预备班的学员每天早餐吃的是烧饼、花卷、油条、油炸花生米、棒子面粥、小米粥或大米稀饭；午餐和晚餐都有四个菜，其中至少一个是荤菜，有时还有海鲜品，主食是热腾腾的大米饭或面食。留苏预备部的伙食清单至今被一些当年的留苏生津津乐道。

为了让学员们出国穿戴体面，展现国家的良好形象，出发前，国家给学员们每人定制配发了统一的粗呢子面料的丝绵大衣、浅灰色薄呢子面料的夹大衣、两套西服、一件粗线毛衣、一顶棉帽子、6双鞋子、4件布衬衣、4条内裤、4双短袜套、一床深米黄色中等厚度的羊毛毯和一件浅米黄色的雨衣。男生每人有几条领带，女生每人有一小瓶香水和面油等。每人配备了一个当时很时髦的牛皮行李箱和上课用的牛皮文件包。

姚绍福和预备班的学员们做梦也没有想到，国家在还处于一穷二白的情况下，居然花这么大的本钱培养他们学习科学技术知识。他们体会到了祖国和人民所赋予的重托和深情厚爱，也感到了自己肩上未来将要担起国家强盛大梁的千斤重任。

1954年6月，留苏预备部的学员经过近一年学习，学员要对个人一年来的表现，做出全面总结和鉴定，姚绍福在《学员鉴定表》的“自我鉴定”一栏中，对个人在俄语专修班一年来思想、学习、工作和生活等方面的情况作了自我评价，他认为：一年来在党的教育下，思想觉悟上有了提高；在学习上取得了一些成绩，学习上踏实认真，掌握知识比较牢固；

工作中认真踏实，比较细致；能遵守生活纪律。他所在的俄专二部第十三党支部的鉴定认为：“该同志忠诚踏实，一贯靠近组织，政治上要求进步，能严格要求自己。”学校的意见是“同意党支部意见”。

姚绍福经过努力，在 1954 年结业考试中，俄语默写课、记录课、听力及语法课和政治课，均获得 5 分的成绩，并通过了各项政治审查和身体考核，满怀信心地准备赴苏联留学。

姚绍福

姚绍福院士传记

Academician Yao Shaofu's Biography

第三章

留学苏联学电气

近五年的留学寒窗，姚绍福刻苦学习，帮助同学，以全优成绩毕业。毛泽东主席与学子们的会见和嘱托，使年轻的留学生们受到了巨大鼓舞。

1. 奔赴莫斯科

砸碎了一个半封建半殖民地的旧世界，就要建起一个国家富强、社会和谐、人民幸福的社会主义新世界。

新中国面临的首要任务，就是恢复千疮百孔的国民经济，迅速建立起自己的工业体系，尤其是重工业体系。此时，在国内艰苦战争环境下培养出来的工农干部，无论是知识结构还是专业技术方面，都难以满足发展中国工业经济的需要。而另一方面，旧中国重文轻理的高等教育体系，也无法培养出国家迫切需要的大量工程技术人员。

在这种背景之下，毛泽东主席把眼光投向了“苏联老大哥”。“以苏为首，以俄为师”成为了新中国成立之初的一股热流，“苏联的今天就是我们的明天”这样的口号响遍全国，新生的人民政权，决心以苏联的社会制度和经济体系为范本，来勾勒出一幅崭新的中国蓝图。

一时间，在图书馆里人们争相阅读的是俄文翻译出来的政治、经济、文化类的各种书籍；唱苏联歌曲、跳苏联舞蹈成为一种雅兴；社会上读苏联小说，讲保尔、卓娅和高尔基的故事，看苏联电影也变成了一种时尚；穿列宁装成了人

姚绍福留学时的照片

们衣着打扮的新潮；年轻的父母可能会给孩子们取好听的苏联名字；同时，成批的青年才俊被国家有组织地选拔公派到苏联留学，成为 20 世纪 50 年代一种社会殊荣和标志。

一批批踌躇满志、品质优良、学习能力强的青年，从祖国的四面八方涌向北京，走向苏联。1954 年 9 月，北京城格外的凉爽，姚绍福踏上了开往莫斯科的火车。呼啸的列车，穿过广袤的西伯利亚平原，满载着黑头发、黑眼睛、黄皮肤的青年与他们求索的渴望、奋斗的激情，从北京驶向他们心中的无产阶级革命圣地——莫斯科。

一过国境线，就有人来接他们，把他们换乘到苏联的火车上。苏联火车和中国火车的构造基本上是一样的，列车上有一节车厢是餐车，有苏联方面提供的食品，三顿饭安排得还可以，不过对于吃惯了中国饭的姚绍福，苏联食品的味道还是有些不习惯。

一路上的风景是那么的新奇。白天，每当列车抵达某个大车站的时候，火车停的时间都会稍微长一点。大家趁此机会赶紧下车透透气、吹吹风。站台上有一些苏联人，大部分是中老年妇女，很少看到有男人，她们提着小篮子卖鸡蛋和蘸盐的土豆等一类的东西。姚绍福他们身上也带了一点零用钱，就买一点品尝一下，那味道还是很可口的。这些苏联妇女遭受了战争的创伤，丈夫和儿子上了前线，也许没有复员，也许在战争中牺牲了。她们的生活很普通，穿着也十分朴素。姚绍福虽然在出国前进行了俄语培训，但口语还不是很好，况且直接接触的是母语国家的人，对起话来有些困难，常常说出来的话让苏联人听不懂。有的同学和她们进行简单的交谈，也是口语加手势才能弄懂大概的意思。其中有一位苏联妇女告诉他们，在她们的村庄还有一些中国人，也是男的参加红军，家里只剩下妇女。不少中国人作战很勇敢，受到嘉奖，还获得了勋章。

火车行驶得十分缓慢，经过七天七夜的长途旅行，姚绍福和同学们终于到达了莫斯科。虽然在出国前，一些老师或是老同志向他们介绍过苏联的社会主义建设和人文情况，但当他们踏进了真实的苏联时，却是另一种感觉：从市政到城建，从公路到房屋，从工厂到商品琳琅满目的百货商店，处处井然有序，处处繁华气派。克里姆林宫，这座曾是莫斯科公国和 18 世纪以前的沙皇皇宫，由许多教堂、宫殿、钟楼、花园和多层塔组成，东南与红场相连，构成了一组无比美丽而雄伟的艺术建筑群，它是俄

姚绍福（前排左一）留苏期间和同学合影留念

姚绍福（左四）留苏期间和同学聚会照

罗斯国家的象征，是历史瑰宝、文化和艺术古迹的宝库。

在宽阔的红场下面，距离地面 30 多米深处有地铁，上下三层的地铁站像迷宫一样纵横交错，虽然是在地下，但依然是灯火辉煌，一辆辆精致干净的列车像一条条地下长龙呼啸而过。

有一次，姚绍福和几个同学第一次坐地铁。地铁站台的墙壁上色彩斑斓的壁画，令人赏心悦目，他们在站台上边看边等车，一辆列车迅疾来到他们眼前。

车厢大门在他们面前"刷"地一声打开了，几个人互相谦让着上了车，还没等他们醒过神来，车厢门"咔"地一下便关上了，列车风驰电掣般地驶出站台。他们后来才知道，车厢门是自动开关的。20 世纪 50 年代，苏联就已经有了自动开关门的技术，这怎么能不让他们这些初来乍到的中国留学生感到科学技术的神奇呢?

眼前这一切，让姚绍福感到十分震惊，他想：我们国家还很落后，我们现在只有好好学习科学技术知识，才能在将来把新中国建设成现代化强国。

在苏联留学期间，姚绍福一直刻苦学习各门课程，如饥似渴地汲取知识的营养，一心想着回国后要成为一名合格的电气工程师。刚到苏联的时候，生活饮食等不是很习惯。姚绍福第一次喝酸奶也是在莫斯科，那个时候别说酸奶，就连牛奶都很少见，所以他刚喝到的时候还以为是牛奶放坏了呢，差点没吐出来。慢慢习惯以后，自己还会偶尔制作酸奶。

苏联的冬天很冷，能达到零下 40 多摄氏度。而且冬天很漫长，春天的到来会比北京晚很多。这么寒冷的冬天让姚绍福这个从小在南方长大的年轻人很不适应，第一年的冬天还是很艰难地熬过去了。在那么低的温度下你会发现，无论穿得有多么厚重，只要出门遇到刮风，瞬间就会感到寒冷刺骨，所以苏联人为了御寒都比较喜欢喝酒，这样可以让自己的身体稍微暖和一些。姚绍福不喜欢也不会喝酒，对他来说，冬天只能尽量猫在家里，多穿些，少出去。

学校经常会组织舞会，姚绍福善静不好动，更不会跳舞，只是在边上边吃东西，边欣赏别人的舞姿。

2. 寒窗锥刺股

在 53 级预备部学员告别和赴苏留学动员会上，校长在作充满激情和重托的动员报告时，特地传达了周恩来总理曾对留苏学生说的一段话。这段话让姚绍福和他的同学们记忆了一生。一次，周恩来总理在接见留学生时语重心长地说："你们每一个人出去学习，国内要花培养25个大学生的钱，因此你们一定要好好学习。争取考5分，如果考4分，在党支部要受批评，考3分的话，自己背着铺盖卷回来。"总理的这段话，多少年来一直都在姚绍福耳边响起。

到达苏联后，他被分配在莫斯科动力学院。他觉得能来到这个苏联首屈一指的世界名校深造，是莫大的荣耀，也是他学习的巨大动力。

莫斯科动力学院是苏联最著名的大学之一，成立于1930年，位于莫斯科市中心，该校是世界大学组织之一，在俄罗斯是最重要的动力、电能、电子和信息学大学，从1946年开始，为外国培养工程技术人员。莫斯科动力学院拥有现代化的教学大楼、实验室、宿舍、试验基地和试验工厂。

姚绍福暗自下定决心：国家花了那么大的本钱培养我们，一寸光阴一寸金，趁自己年轻要发奋努力，利用这个机会尽可能多地学些科学技术知识，一定要考出最好的成绩，为国争光，为父母争气，将来为祖国千万个乡村实现电气化，大显身手！

姚绍福留学期间留影

心灵的激奋过后，学习中的实际问题接踵而来，最大的困难还是语言关。虽然在北京留苏预备部学习的俄语经过了考试，并取得了优异成绩，但实际进入俄语的语言环境，在听力和理解转换能力方面，以及对话应用方面还有很大差距。

为了尽快突破语言关，姚绍福总是不断地给自己加码。每天除了白天上课，晚上基本都在做练习，巩固当天学习的知识、预习明天的功课，直到第二天凌晨一两点钟。

为了尽快提高中国留学生的俄语水平，莫斯科动力学院也为中国留学生想了很多办法。比如在住宿方面，校方专门安排一个学生宿舍里既有中国学生，也有苏联学生。姚绍福的宿舍里共住了 4 位同学，除了姚绍福和一名中国同学外，还有两名苏联同学。校方安排两名苏联同学与中国同学同住，是为了尽快提高中国学生的俄语应用能力，也便于他们熟悉苏联人的生活习惯，同时两位中国同学也可以互帮互促。他们住在同一个宿舍里，常常通过日常接触进行语言对话，提高对俄语的理解和口语对话水平。在语言氛围上，校方在每个学生宿舍的墙壁上挂了一个小有线喇叭，从早上 6 点一直到晚上 10 点，不停地广播苏联中央广播电台的新闻类和娱乐类节目。这个广播使姚绍福他们不仅学习到了大量日常俄语知识，同时也获得了很多国际和国内的时事新闻。校方要求，同学之间平时来往交流时，尽可能地都要用俄语对话。这些措施，对姚绍福和他的同学们提高俄语水平起到了快速催化的作用。

教工程力学课的老师是位俄罗斯教授，长得非常高大健硕，肚子微微隆起，鼻梁上架着一副很绅士的眼镜。同学们觉得他的俄语发音很纯正，吐字比较清晰，课讲得非常好，很注意与学生同步互动。为了照顾姚绍福，让他能够记录下所讲的课程笔记，老师特地把语速放得非常缓慢。后来这位老师教给姚绍福一个做笔记的方法：可以只记字根，不记字头字尾，使得记录起来比较快速准确。这个教授的时间观念很强，每当讲完应学的内容时，下课的铃声便响了，这也充分说明了工程力学老师对所讲的专业非常熟悉，并且进行了充分的备课。

莫斯科动力学院分为上半学期和下半学期两次考试，寒假的日期和中国差不多。考试确实需要认真准备，差不多每一门功课，除了复习自己的笔记和练习题之外，还要把教科书和讲义从头到尾看一遍，往往会看到很晚。接触过姚绍福的同学和同事都说，姚绍福天生充满了想象力，具有执著不懈、安宁静默、细腻缜密和处事不惊的性格特点，对学习新知识总是抱有非常浓厚的兴趣，这些性格特点伴随了他一生。

姚绍福觉得："党和政府为了国家未来的建设，在国家经济一穷二白的情况下，拿出那么多的钱培养我们这些人，是期望我们成为国家明天的栋梁，我们只有努力学好学成，才对得起国家。"同时，他认为自己不是天资很聪慧的那一类人，但他信奉"天道酬勤""勤能补拙"这个真理，所以他总是比别人付出更多的努力。在莫斯科动力学院，起床最早的基本上都是来自中国的学生，姚绍福对自己能来到莫斯科留学更是格外珍视。自习课学到最晚的是他，熄灯最迟的还是他，伴随着他学习的灯光常常亮到深夜。

同学们都说，姚绍福思维敏捷，有较强的记忆力和理解力，这些是他的长项。尤其是他如饥似渴的学习态度和刻苦钻研的进取精神，赢得了老师的偏爱和同学的钦佩。姚绍福则认为，是学校的良好环境将他带入了知识的海洋，老师给他这块海绵注入了极为丰富的知识，是同学间的互相帮助，使自己受到了启发。姚绍福凭借着良好的记忆力，将每门功课的内容在短时间内背得滚瓜烂熟，使得他每次考试成绩都获得高分或是优秀。虽然当时姚绍福的俄语口语不是太好，但是一些理工科的课还是可以听得懂的，学校实行的是五分制，而五分在俄语中的发音有点像“白旗”，所以姚绍福每次做练习也都是“白旗”。

在学习过程中，无论是中国同学，还是苏联同学，姚绍福经常与他们互相切磋一些学习窍门和方法，互相帮助，解疑释难。有几位苏联同学，给姚绍福留下了深刻的印象。其中有一位同学是俄罗斯人，家住在莫斯科，是他们年级的全优学生，这位俄罗斯同学接受的是正规的苏联教育，所以成绩一直很突出。为了提高自己的学习能力，姚绍福和这位同学经常交流解题方法，有些难点请这位同学给予帮助，姚绍福还会找这位同学对笔记，自己做完了习题后，请这位高才生给予指正。

因为姚绍福数学基础比较好，所以他学习后面功课的难度也就小多了。数学老师经常传授给他一些好的学习方法，比如老师告诉他，为了不出错误，

姚绍福（右）与同学一起学习交流

无论是在大考还是小考，还是平常做练习题的时候，打草稿都应该非常整洁，然后再写出答案。应该说，这样做题表面上看是做了两次，花费了时间，但是事实上并非如此。由于打草稿的时候条理分明，很容易检查出错误来，没问题后再抄到作业本上去，就不会花费太多的时间了。姚绍福在数学老师的指点下，还学会了检查作业中错误的方法，比如检查一道数学题的结果是不是发生了数字运算错误，首先要看答案是不是在预计的范围之内，预计答案应该是一位数或者是负数，而答案和预计的相差太大，那就说明数字运算过程可能出现了错误。姚绍福通过做数学习题，逐步养成了做事认真、一丝不苟的习惯，无形当中培养了他一生严谨、细致、踏实、务实的思想作风和工作作风。

莫斯科动力学院对政治课也很重视，讲授的是《联共党史》。政治课老师授课极为认真，他把早已标记好的讲课教案，照本宣科地教授给学生们，绝不越雷池半步。所以每逢政治课，一般就显得呆板枯燥。虽然大家对政治课不像学专业课那样有劲头，但是谁都不敢放松对政治课的学习，因为大家都很怕政治课会不及格。因此不管你是死记硬背也好，还是运用其他方法也好，都必须达到政治课要求的分数标准。虽然姚绍福也怕上政治课，但是通过努力，仍然以优异的成绩一次次地通过了考试。

留学期间担任团总支组织委员的姚绍福，比较关心国内外大事，要求进步，积极参加各项社会活动。在开始入学阶段，他曾说："虽然留学生中不发展党员，但如果时时能按照一个党员的条件来要求自己，在那段时间进步会比较快。""在1956年春，听了周总理在中央召开的关于知识分子问题会议上所做的《关于知识分子问题的报告》很振奋，尤其是报告中提到留学生可以发展党员后，在思想上受到更大鼓舞，决心成为工人阶级的先锋战士，为共产主义事业贡献自己的一切。"于是他写了入党申请书。他利用寒假学习了毛主席的《矛盾论》《实践论》和《关于若干历史问题的决议》等，以此来提高自己的思想觉悟和政治理论水平。

1956年11月，是姚绍福终生难忘的日子。经陈鼎瑞和王贵华两位同学介绍，留学生党支部批准他成为中国共产党预备党员，1957年11月转为正式党员。由于他在各方面严格要求自己，学习成绩优异，政治上积极要求上进，积极帮助同学的学习，组织开展一些有益的活动，关心同学的冷暖，善于搞好与苏联同学之间的关系，在各项集体活动中起到了模范带头作用，在留学生中有很高的威信，后来被选举为莫斯科动力学院的团总支书记和党总支组织干事。

3.激发报国情

1957年11月，初冬的莫斯科已经寒气逼人，而在莫斯科留学的姚绍福和上千名中国留学生在这个季节里却丝毫没有感觉到寒冷。他们的内心非常激动，大家愉快地传递着毛泽东主席即将到达莫斯科的消息，这个消息让这些身在异国他乡的留学生们感到兴奋不已。他们都有一个共同的愿望：就是见到毛泽东主席。一大早，姚绍福就和同学们穿上了整齐干净的西装，打好了领带，把平时很少穿的皮鞋擦得锃亮，一起自发地赶往机场。下午3点20分，毛泽东主席乘坐的飞机抵达了苏联伏努科夫机场。

毛泽东主席一生中两次跨出国门，去的都是苏联，这是第二次。1957年11月7日，是苏联十月革命40年周年纪念日（俄历10月25日，公历11月7日）。当时的世界格局，是资本主义与社会主义两大阵营的对峙，社会主义国家需要有组织地团结起来。11月初，世界各国共产党和工人党代表聚集在了社会主义的大本营——莫斯科，毛泽东主席率中国代表团参加。毛泽东主席到达莫斯科后，很快成为了会议的主角，12个社会主义国家的共产党代表签署了《莫斯科宣言》。而会议之外，中国留学生希望见到毛泽东主席的呼声越来越高，对中国学生在外留学的情况，身为一国领袖的毛泽东主席有着太多的惦念。

1957年11月17日，这是毛泽东主席到达莫斯科后的第15天。一大早，中国驻苏联大使馆通知留苏学生们，在莫斯科大学的礼堂里集合，姚绍福和同学们猜测，一定是毛泽东主席要来看望大家。

20世纪50年代，我国在财力极为匮乏的情况下，党和国家仍然给派遣的出国留学生提供优厚的生活待遇，对此留学生们心怀十分的感激，因此他们对祖国的情感、对毛泽东主席的仰慕，比普通人更为强烈。在安排会见的过程中，大使馆对将要到来的火热场面早有准备。人越挤越多，只能容纳1000多人的大礼堂早已座无虚席，礼堂很快就爆满了，甚至连过道里也站满了人。

下午6点钟，当毛泽东主席和邓小平、彭德怀、宋庆龄等党和国家领导人出现在莫斯科大学礼堂主席台上的时候，整个大学礼堂沸腾了。毛泽东主席身穿灰色中山装，一边走一边频频挥手，向同学们问好。见到心目中爱戴的领袖毛泽东主席，姚绍福和同学们的心情难以平抑，顿时“毛主席万岁”的欢呼声充满了整个礼堂，响彻了莫斯科。接着毛泽东主席给留学生们讲话，大约40分钟，其间，他不断与台下同学对话，气氛十分活跃。

“世界是你们的，也是我们的，但是归根结底是你们的，你们青年人朝气蓬勃，正在兴旺时期，好像早晨八九点钟的太阳，希望寄托在你们身上。”毛泽东主席还教导同学们说，青年人应具备两点：一是朝气蓬勃，二是谦虚谨慎。他引经据典，纵论天下，还告诉青年："世界上怕就怕'认真'二字，共产党就最讲认真。"毛泽东主席的讲话亲切和蔼，风趣幽默。台上台下，有问有答，大厅内其乐融融。

为了满足更多同学亲睹领袖风采、聆听领袖教诲的愿望，毛泽东主席又特地从大礼堂来到学生俱乐部。当看到学生们亲切的表情，他又对早已聚集在那里的数百名留学生说："第一，青年人既要勇敢又要谦虚；第二，祝你们身体好，学习好，工作好；第三，要和苏联朋友亲密团结。"毛泽东主席近一个半小时的会见和讲话，使姚绍福和他的同学们沉浸在无比的激动和幸福之中。会场上一阵阵"为党奋斗 50 年""为祖国工作 50 年"的口号声响彻云霄。领袖的殷切希望，对年轻的留苏学子既是巨大的鼓舞，又是强有力的鞭策，毛泽东主席的话影响了整整一代人。

在激动之余，每个留苏学子也都清醒地知道，这不仅仅是毛泽东主席的鼓励，也是祖国人民的重托。姚绍福强烈意识到了自己肩负的责任，决心刻苦学习，报效祖国。

4. 获得全优生

除了专业学习外，学员的文体生活也很充实。

学校经常组织体育活动和歌咏比赛。每周末看一场电影，有时也组织舞会。有些如党史、战史等公共课结合课程进度，也组织实地参观和旅游活动。如学习期间参观过市内的冬宫、夏宫、红场、列宁墓、“阿芙洛尔号”巡洋舰以及郊外的列宁写作《国家与革命》时住过的拉兹里夫湖畔的小草棚。整个学习是紧张的，但生活又是丰富多彩的。

在中国留学生中，姚绍福与何学裘的关系比较好，他们从高中到大学一直都是同班同学，虽然何学裘比他晚两年才到苏联留学，但是他们的情谊始终很深厚。姚绍福大学还没有毕业就被公派到苏联学习，何学裘是念完大学后来到莫斯科动力学院读研究生。他回国后曾从事电弧风洞研究，从 1964 年起主要从事磁流体发电研究，是中国磁流体发电研究首次获得成功的主要参加者和组织者之一，成功地组织和领导了我国第一台短时间大功率磁流体发电实验机组的研制。在电工所一号长时间磁流体发电机组的研究中，获中科院研究成果二等奖。

1956 年，姚绍福在莫斯科红场留影

由于长时间在异国他乡求学，很是思念故乡，在得知何学裘会来苏联读研究生后，姚绍福很是兴奋了一阵。那一年的春节，也是姚绍福在苏联最为难忘的一年。正值寒假，他很早就赶到了何学裘的宿舍，大家一起准备年夜饭、包饺子，并邀请了很多苏联同学一起过春节，那一年的春节让姚绍福感觉仿佛回到了祖国一般。

姚绍福从1954年秋季进入莫斯科动力学院学习，到1959年年底毕业，共度过了5个暑期。暑假一般都是从7月至8月，把休假与实习结合在一起。其中一半的时间是到外地学习，另一半时间是参观苏联的历史名胜，体验异国风情和了解苏联的历史文化。

第一个暑期，1955年的七八月份，姚绍福是在莫斯科动力学院度过的。姚绍福是学工科的，由于平时对苏联文学作品接触得比较少，就趁这个假期好好地给自己补了一课。他专门买来了一本著名作家托尔斯泰的《战争与和平》。这是一部规模宏大的历史小说，以1812年俄法战争为中心，从1805年圣彼得堡贵族沙龙谈论拿破仑作战的事写起，中间经俄奥联军同拿破仑部队之间的奥斯特里茨会战、1812年法军对俄国的入侵、波罗金诺会战、莫斯科大火、法军全线溃退，最后写到1820年俄国十二月党人运动的酝酿为止。这是一部人民战争的英雄史诗，托尔斯泰曾经表示："在《战争与和平》里我喜欢人民的思想。"也就是说，作者力图在这部作品里表现俄国人民在反侵略战争中的爱国主义精神及其历史作用。在国家危急的严重关头，许多来自下层的俄军普通官兵同仇敌忾、浴血奋战，虽然战事一度失利，但精神上却始终占有压倒性的优势。老百姓也主动起来保家卫国，在人民群众中涌现出了一大批英雄人物。

姚绍福觉得这个暑期过得很充实，《战争与和平》这部小说表现的爱国主义精神和人民力量的思想，在他的心中产生了深深的影响。

姚绍福（右二）留学期间与同学在一起

莫斯科动力学院坚持教学与生产实践相结合的办学方针。学院和机电系先后利用几个暑假组织了中国留学生到苏联农场参加农业劳动，或是到工厂企业里进行实习活动，让学生们体验了苏联农村生活与工厂的设计和生产流程。

曾经有一年的暑期，苏联留学生会组织留学生赴伏尔加河进行旅行。学生们乘坐一艘大游轮，从莫斯科出发，在伏尔加河上航行。著名的俄罗斯歌曲《伏尔加船夫曲》，表现的就是那里古老的俄罗斯风情。船只下行顺水，逆水而上就得靠船工拉纤了，著名的油画《伏尔加河上的纤夫》，是世界级美术艺术大师列宾 19 世纪油画中的代表作。伏尔加河是欧洲最长的河流，两岸风景如画，全长 3500 多千米，流域面积达 136 万平方千米，流经森林带、森林草原带和草原带，最后注入里海。在这个流域居住着 6000 多万人，俄罗斯超过 40% 的人口都居住在伏尔加河流域。

在游览的时候，他们还下船参观了两个城市。一个城市是斯大林格勒，另一个城市是阿斯特拉罕。

姚绍福他们下船，首先参观了斯大林格勒战争的遗址，在码头上耸立着一座英雄纪念碑。斯大林格勒在内战时期叫查里津，因为斯大林保卫查里津有功，受到列宁的赞誉，因此改名为斯大林格勒。

在第二次世界大战中，斯大林格勒是德军进攻的几个重点之一。德军先是攻占了基辅，又进攻了列宁格勒。列宁格勒像一座钢铸的堡垒，德军围困了900多天也没有攻打下来。于是，德国集中了优势的兵力来攻打斯大林格勒，苏联把所有的精良武器和精锐部队都投入到了战争，发动了挽救世界、战胜法西斯的斯大林格勒战役，打垮了希特勒部队，德方总指挥保卢斯元帅在这场战役中成为俘虏。斯大林格勒战役使希特勒从此一蹶不振，苏联军队开始转入战略反攻阶段。苏联著名的作家西蒙诺夫的长篇小说《日日夜夜》，描写的就是斯大林格勒战役中军民协同作战、日日夜夜和敌人进行顽强拼搏的战斗历史。通过参观学习，年轻的学子深深体会到了苏联人民在二战中为战胜法西斯付出的巨大牺牲，从而增强了要建设一个强大中国的使命感。

同学们参观的第二个城市是阿斯特拉罕。在姚绍福的想象中，那里应该是一座非常美丽、非常繁华的城市，因为它毕竟是欧洲通向里海的出口。但是，到了那里以后，他却大失所望，城市十分破旧，街上也比较萧条。但是这里却有着苏联的轻工业、食品业、机械制造业、石油业、木材加工业和造纸业，农业是重要的经济支撑产业。

1959年8月，姚绍福（左一）与留苏同学在列宁格勒彼得宫

时间之水在不知不觉中流淌过去，承载着生命之舟在空间中悄悄地漂流而逝，5 年的留学生活很快就要结束了。1959 年下半年，姚绍福开始进入毕业设计阶段。

经过三四个月的努力，姚绍福终于完成了毕业设计，参加苏联国家考试委员会组织的答辩考试。考试时，姚绍福首先介绍了设计课题的梗概，以及特别需要注意的问题。然后，委员们向他提出了几个问题，姚绍福如同一碗平静的水，冷静而有条不紊地一一作了解答。委员们对他的毕业设计和答复的问题纷纷点头示意，最后给了他 5 分。这样，他就成为了全优生。在 1959 年年底毕业后，姚绍福获得了毕业证书和工程师学位。

从 1954 年 9 月至 1959 年年底，姚绍福经历了 5 年多的刻苦学习，怀揣着满腹的电气技术知识，在轰隆隆的火车行进声中，告别了异国的老师和同学，归心似箭地踏上了返回祖国的路程。

他深情地望着车窗外：清澈透明的湖水边，一望无际的白桦林。曾经吃过的蘑菇汤、鱼子酱、大列巴……有苏联教授循循善诱的讲学，还有苏联同学与中国同学的交流解题，帮助纠正口语……那些场景，还有宽阔的伏尔加河，克里姆林宫，斯大林格勒……如今都像一幅幅美丽的图画，定格在 1954 年 9 月至 1959 年年底的那个时间段里，更刻在了中国留学生们的心里。

很多曾经的友谊，很多曾经的温暖，很多曾经的感动，很多曾经的艰辛，都深深地印在了学有所成的中国留学生的记忆里。

祖国啊，母亲，我回来了！我终于要回到祖国母亲的怀抱了！我将要为你抹去历史的累累伤痕，将要为你描绘强国富民的最美画卷！

姚绍福

姚绍福院士传记

Academician Yao Shaofu's Biography

第四章

祖国召唤入航天

姚绍福响应祖国召唤，服从组织安排，投身到航天事业中，从原来学的电气专业转行到火箭和导弹空气动力试验测量控制专业。

1. 神秘新天地

这里，过去曾经是地域偏僻、环境冷清、人烟稀少的弹丸之地，虽居于京城一隅，却无名无望。但是，自从20世纪50年代中后期开始，这个地方开始喧闹和繁华起来，为世人所关注，并逐渐声名远扬。

这里，位于京西南，过去曾叫“盆子坑”，如今称谓“云岗”。

据老人说，解放前这个只有几十户人家，二三百人口的小乡里，因其所处位置三面环丘陵，中间低洼得像个“盆底”，老百姓就戏称它为“盆子坑”。解放后，随着人们对美好生活的向往，文人墨客便引经据典，取成语“云程发轫”“云蒸霞蔚”的一个“云”字；又因与远近闻名的镇岗古塔相邻为伴，便取一个“岗”字。所以，“云岗”一名，寄寓着未来如彩云绚丽，似山峰挺立。

纵观云岗所处的风水方位，这里有着得天独厚的地理位置。它西依山峦，倚靠纵深而又绵延跌宕的燕山山脉，就像一把隆起的太师椅背，坐西朝东，俯览中原；东有河畔，古人称谓的“漯水”宛如一条玉带般贯穿于北京南北，这就是著名的永定河，润泽京城；南临沃野千里的华北大平原，更有旧石器时期的人类遗址——北京古猿人发源地周口店。

这里，有一座始建于金代（1115年-1234年）的镇岗塔，饱经800多年沧桑，依然耸立云霄。这座塔在中国建筑史上十分著名，可与西安的大雁塔齐名，也是云岗地区的标志性文化建筑。这一古迹，历尽人间沧桑，见证了云岗地区的历史风云，1957年被公布为北京市文物保护单位，1982年被定为市级重点文物，2013年被公布为全国重点文物保护单位。

镇岗塔高21.7米，周长24米，是一座砖石结构的实心塔，浑厚古朴，雕刻精美，排列整齐的佛像共110龛。过去这个地区只有少数散居的几个村落，人烟稀少，僻壤荒凉，常会缺雨干旱、黄沙弥漫。据民间传说，人们为了风调雨顺，五谷丰登，塔址便选在了云岗东侧地势隆起的一条龙脉上，在建塔时特别在浮雕上刻有两个武士、两个文官，中间有一只大鹏，右手持锤，形似雷公。建此塔寓意以趋利避害，吉祥如意，有朝一日，鲲鹏扶云上九霄。

这里，与北京燕京八景之一的“卢沟晓月”近在咫尺。卢沟桥又是进出京城西南大道的门户，过往的咽喉要塞，古代俗称九省御路。卢沟桥和长辛店一

坐落在云岗地区的金代镇岗塔

线，不仅是商贾云集、店铺林立、过客络绎不绝、临桥水上赏月的繁闹去处，更是全国各路儒生进京考取状元前歇息片刻、温故知新、整装待考的必经之地。

这里，过去曾与中国历史上很多重大事件有着千丝万缕的联系。唐代玄宗末年至代宗初年（775年12月至763年2月），由唐朝将领安禄山和史思明向唐朝统治者发动了争夺统治权的内战，史称“安史之乱”。这是唐朝由盛而衰的转折点，“安史之乱”给人民带来了极大的灾难。与安禄山一起谋反的史思明占据了黄河以北，后来安禄山被其儿子安庆绪所杀，安庆绪又被史思明所杀。史思明的长子又谋杀了史思明，史思明死后，被葬在了云岗西南的林家坟。

后唐时期河东节度使石敬瑭，被皇帝李从珂兵围太原。石敬瑭向辽太宗耶律德光求援而割让了幽云十六州，后成为五代时期后晋开国皇帝，至此云岗地区成为辽国的领地，辽国的契丹统治者，放纵军队掠夺百姓，使百姓生活在水深火热之中。

公元960年，赵匡胤起兵建立宋朝，开始了和辽国（契丹族）的征战。杨家将在抗辽斗争中，从山西征战至幽州一带，在河北房山和良乡区域追杀辽军。据传说，云岗也曾留下了当年冷兵器厮杀的马蹄嘶鸣、刀光剑影和烽火硝烟的历史故事。

这里，1958 年 3 月之前的云岗，隶属于河北省良乡县辖的地界。现在的西大院，在 1957 年 5 月之前是马列学院二分院校址，因其过于神秘，在此一方的民间传说中，一些人认为这是“改造战犯的地方”，其实不是。

解放前这是一片荒地，后来华北军区把这里当成了训练团的所在地。1952 年，华北军区来了一大队人马，把这个地方购买下来。七三一医院原副院长张福田回忆说：“我原来是华北军区 10 军的助理军医，1952 年调过来的，刚到这儿的时候，到处是荒草、牛棚、庄稼地，我们来了以后开始搞建设。到 1953 年 11 月份，由工程兵建起了东方红礼堂、东西工字楼、食堂、卫生所、面包房、水塔、游泳池和近 2 米高的土围墙。”

高高的围墙切断了人们的视线，使这里显得神秘莫测，其实，当年这是一所河北干部学校。在此学习的学员有几千人，都是穿军装的军人。这些学员在这所学校里主要是学习马列主义理论和共产党的政策，教员多数都是由政府派出的指定人员担任。据说，这些学员都是敌方投向了共产党和解放军后被收编的人员。这些学员在参加解放军之前的身份，多数是日军起义者、战争被俘者和日本反战同盟的成员，其中还有人民解放军总参谋部敌工部送来的阎锡山旧部等。张福田证实说：“这几千名学员当时都是我们从军区带过来的，主要任务就是学习。”学校后来更名为“人民大学分校”，由中国人民大学校长吴玉章和中央统战部副部长廖承志任名誉校长，之后又改名为马列学院二分院。

1957 年 5 月，马列学院二分院最后一批学员结业后学校迁出，校址和部分人员一并正式移交给了国防部五院，作为导弹研制基地。

这里，曾经是中国导弹与航天事业的摇篮，是中国人民解放军第一支导弹部队诞生的地方。党中央、国务院和中央军委对我国的国防建设高瞻远瞩，深谋远虑，1958 年 1 月 11 日至 1959 年 7 月 24 日，在这里极其秘密地组织了我国的炮兵教导大队，原来的马列学院二分院所在的这个西大院便成为了炮兵教导大队的培训营地。教导大队当时有两发教学训练用的前苏联 P-2 液体近程弹道导弹及一套地面设备，由苏军官兵担任导弹实际操作培训教员。每期学员在这里要经过 6 个月左右的导弹理论知识学习和实际操作的训练，前后举办了三期学员的培训。炮兵教导大队就像是一部导弹与火箭知识的“播种机”，经培训的学员就像 3000 多粒“种子”，撒向祖国的四面八方，在中国航天事业和中国人民解放军导弹部队的创建与成长中，不仅盛开了灿烂夺目的鲜花，更重要的是结出了让中华民族屹立于世界民族之林的累累硕果。

经过教导大队培训的学员，除了部分留在航天部门外，其余的先后奔赴到了国防科委机关、炮兵部队、空军部队导弹试验基地，以及军工院校等单位，起到了“星星之火，燎原中华”的巨大作用。

这里，曾经是我国火箭与导弹发动机做风洞试验的地方。根据 1957 年 10 月 15 日中苏签订的《国防新技术协定》规定，1957 年 12 月 24 日夜，引进的苏制 P-2 液体近程弹道导弹全套装备和苏军承担教练任务的 102 名火箭营官兵同时抵达这里。1958 年 5 月 29 日，聂荣臻作出仿制 P-2 导弹的工作部署，计划于 1959 年 10 月 1 日前试射，因此其工程代号为“1059”。当 1958 年 8 月结束 P-2 导弹设计图纸、技术资料翻译和复制的工作时，发现竟然没有关键的发动机试车台和试车规程等技术资料。问及苏联专家时，他们的回答是：“等你们的发动机搞成了，到我们苏联去试车。”中国的导弹科技人员憋着一股劲儿，自己设计了发动机试验台。

1958 年 4 月 10 日，国防部五院在云岗西北方向山坡上建立了液体火箭发动机试验站（101 站，即现在的 101 研究所），这标志着我国航天液体动力事业从此迈开了艰苦创业和艰难探索的步伐，成为了中国航天动力的起点。

1959 年那个不平凡的夏天，在 101 站开始了对老 3 号试验台的改造建设工程。施工工人、安装调试人员、技术人员和干部，实行三班倒，工地 24 小时人来人往、机器隆隆、夜以继日，全力开展“1059”发动机试验台的大会战，直到 1960 年 3 月，3 号台经过试车后通过了验收，中国的大地上终于有了自己设计制造的大型液体火箭发动机试验台。1960 年 10 月 17 日，“1059”使用的 5D52 发动机，在 3 号台地面试车取得圆满成功。在苏联撤走最后一批专家后不到 3 个月，1960 年 11 月 5 日上午 9 时，中国第一枚仿制的导弹“1059”点火了，导弹发射成功，“1059”成为压倒西风的前锋。震耳欲聋的导弹起飞声音和落地爆炸后掀起的滚滚浓烟，回敬了傲慢自大的赫鲁晓夫集团。1964 年 6 月 29 日，在国防部五院三分院液体火箭发动机试验站经过试验的发动机以它巨大的推力，实现了三枚东风二号导弹连续发射成功。它标志着中国从此拥有了可以远程打击的导弹。

这里，是我国第一座火箭发动机试验台、第一座全箭试验台、第一座低温液氢液氧发动机试验台、第一座火箭动力系统试验台的诞生地，拥有航天系统唯一的液氢生产线，是我国第一个低温技术研究和工程应用中心、中国航天唯一的液体推进剂研究中心、中国航天唯一的液体推进剂量产单位、国际先进亚洲第一的航天器空间机动发动机试验研究中心。我国研制的多数卫星、神舟飞船、天宫实验室和嫦娥探测器等各类航天器的动力系统都在这里经受了严格的试验验证，完成了它们发射前最后一程的考验。

2. 建航天机构

说起后来姚绍福到国防部五院的空气动力研究所，还有一段历史渊源。航天事业和空气动力研究所的诞生，与我国所处的国际形势背景，与我国面临的社会主义建设任务，与我国 1956 年制定的 12 年科学技术发展规划等因素都息息相关。

自鸦片战争以来，中国人民饱尝了“落后就要挨打”的欺辱和苦难，饱尝了内忧外患、任人宰割的奴役与蹂躏。中国人民在中国共产党的领导下，经过 28 年艰苦卓绝的英勇奋斗和流血牺牲，换来的新生政权和人民当家做主的和平环境来之不易。只有建设起强大的国防，构筑起中华民族免遭战争之苦的有力安全屏障，才能捍卫和发展我们已经取得的和平环境，才能实现国家长治久安、民族独立、经济繁荣，实现领土统一和主权完整。

20 世纪 50 至 60 年代，刚刚诞生的新中国百废待兴。在国际环境方面，我国始终处于被美帝国主义为首的西方几个大国的经济封锁、政治包围和军事威胁之中，始终面临国际上严峻的核讹诈形势和军备竞争的发展前景。同时，美国的第七舰队自从 1950 年 6 月 27 日进驻台湾的高雄、基隆两个港口后，始终在台湾海峡游弋，对我大陆虎视眈眈，威胁着我们的安全、阻挠着国家的统一。蒋介石集团盘踞在台湾，一刻也没放松“反攻大陆”的叫嚣，时常对我内陆和沿海地区实施空中或是海上的骚扰破坏活动。

以毛泽东同志为核心的党中央第一代领导集体高瞻远瞩，毅然作出发展原子弹、导弹、人造地球卫星，突破国防尖端技术的战略决策。毛泽东主席作为战略家和军事家，气势磅礴地告诫国人：“在今天的世界上，我们要不受人家欺辱，就不能没有这个东西。”

在 1956 年 1 月的最高国务会议上，毛泽东主席指出：“我国人民应该有一个远大的规划，要在几十年内，努力改变我国在经济上和科学技术上的落后状况，迅速达到世界先进水平。”为此，在周恩来总理和陈毅、李富春、聂荣臻副总理的领导下，国家成立了科学规划委员会。在中央制定规划过程中，广泛听取和采纳了多方面专家的意见。尤其是 1956 年 2 月，在周恩来总理的鼓励和授意下，1955 年 10 月回国的火箭专家钱学森起草了《建立我国国防航空工业的意见书》，为我国火箭和导弹技术的创建和发展提供了极为重要的实施方案。在 1956 年 4 月的中央军委会议上，周恩来总理又请钱学森向高层党政军领导介绍了关于在我国发展导弹技术的规划设想。

在国务院组织制定的《1956-1967 年科学技术发展远景规划纲要（草案）》（简称《12 年科学规划》）中，提出了“重点发展，迎头赶上”和“以任务带科学”的方针，制定了 57 项重点任务。在这个《12 年科学规划》中，国家特别把国防现代化建设摆在了突出位置，强调要重点研制原子弹、火箭和喷气技术，并带动其他基础性技术的发展，要为防止帝国主义的侵略，为共和国铸造强大的国防盾牌而努力奋斗。

在这种背景条件下，1956 年 10 月 8 日，我国第一个导弹研究机构——国防部第五研究院正式成立，由著名科学家钱学森担任院长。国防部第五研究院在北京西郊空军 466 医院举行成立大会，大会简朴而隆重。国务院副总理、中央军委副主席、航委主任聂荣臻元帅到会祝贺并发表重要讲话，聂荣臻宣布：“同志们，中国第一个火箭与导弹研究院——国防部第五研究院今天正式成立。”聂荣臻还做了热情洋溢、激人奋进的讲话，勉励大家以自力更生、奋发图强的精神学习研究，毕生致力于我国的导弹事业。

1956 年 10 月 15 日聂荣臻在向中央呈送的报告中提出：我国的导弹研究应采取“自力更生为主，力争外援和利用资本主义国家已有的科学成果”的方针。

10 月 17 日，毛泽东主席、周恩来总理批准了这个方针。从此，这就成为了我国发展航天事业的工作方针。

为了加紧进行导弹配套技术的研究，1956 年 11 月 23 日，经聂荣臻批准，1957 年 11 月成立一分院的时候，共设立了 8 个研究室：第一研究室是总体设计室，第二研究室是结构强度研究室，第三研究室是空气动力研究室，第四研究室是火箭发动机研究室，第五研究室是冲压发动机研究室，第六研究室是化学推进剂研究室，第七研究室是材料研究室，第八研究室是测试研究室。

第二年，第一研究室改为总体设计部，第四研究室改为发动机设计部。其他的几个室也相继发生变化。1961 年，第二研究室改为强度研究所，第七研究室改为材料研究所，第八研究室改为遥测设备研究所。

在新生的空气动力研究室选址时，为了便于开展科学研究和试验，单位临时地点选在了 1952 年 10 月 25 日新组建的北京航空学院（1988 年改名为北京航空航天大学）附近。初建时期，研究室只有一台德国进口的跨声速风洞设备。

当年的老政委严文祥曾回忆说，在三室基础上，1959 年 9 月，成立了空气动力研究所（亦称 701 所），其任务是从事火箭、导弹和飞机的空气动力科学研究工作，建设代号为“8108”工程。正式地址最后确定在云岗西大院原来马列学院二分院的旧址，9 月份，单位从北京航空学院附近搬迁至云岗，开展组织建设、开始土建施工、设备设计等工作，此时的总人数近 700 人。

根据设计要求，要建风洞 11 个，建试验台 5 个。1959 年至 1960 年 8 月，空气动力研究所在苏联专家的指导下，历经一年时间基本完成了 23 号厂房的 1、2、3、4、5、8 号 6 个风洞，24 号厂房的 2、3、5 号 3 个风洞冲压发动机及其附件试车台和动力站中压部分气源的设计任务。设计工作不仅进展快，而且质量好。设计人员通过风洞设备的设计和下厂加工、安装、调试，熟悉了设备性能，初步掌握了风洞试验技术。

3. 聚天下英才

为了尽快发展我国导弹技术，组建国防部五院初期的人才队伍，周总理毅然决定：只要是国防部五院需要的技术专家和党政干部，都可以从工业部门、高等院校和军队中抽调。

国务院副总理、中央军委副主席聂荣臻受中央委托，负责主持我国航天建设与发展工作。首先把组织航天技术队伍作为战略性问题加以考虑，千方百计地从国内外诚揽人才，建立专门的研制机构。在党中央、国务院的支持下，先后从军队各大军区系统选调来了大批优秀的党政干部，从全国高等院校和企事业单位抽调来了教授、专家和技术人员，从全国各条战线的工厂选拔了六级工级别以上的技术工人。

1960 年 3 月 23 日，中共中央向全国发出了《关于迅速完成提前选调给国防部五院应届大学毕业生的通知》文件，要求各省市委组织部长亲自负责进行挑选审查，按原定数额迅速选齐。当年就有近百名技术骨干、四千多名大学生和一些 50 年代的留学生，迅速聚集于国防部五院。

28 岁的姚绍福，就是在我国航天事业处于起步阶段，急需有知识有文化的技术人才的召唤下，经国防部五院严格的政审后，与一大批新中国自己培养起来的大学生，荣幸地被遴选为中国航天事业创建初期大军中的一兵。

1960 年 5 月的一天，姚绍福和一批新毕业的大学生在新启用不久的新北京站下了火车，换乘上了一部嘎斯 69 型绿色军用敞篷汽车。

北京的 5 月，正是春暖花开的好时节，气温在 25 摄氏度左右，穿一件制服式外衣，里面穿件衬衣，不冷不热，感到很舒适。一路上映入眼帘的是有着浓郁皇城味的红墙黄瓦、金碧辉煌的天安门、高高耸立的汉白玉华表、劳动人民文化宫、正阳门、人民大会堂、历史博物馆，还有笔直宽敞、华灯高挂的东西长安街，以及络绎不绝、来来往往的行人和车辆。

1960年，姚绍福（左一）和同学合影

新改造后的天安门广场，是世界上最大的广场，东西宽500米，南北长880米，总面积达44万平方米，庄严、宏伟、宽大、敞亮、气派，使每一个炎黄子孙都感到从此有了自尊和荣耀，让中国人民感到扬眉吐气，激情壮怀，充满自豪。

可是，解放前的天安门广场没有如此壮观，也没有宽阔的东西长安街。那时的广场上，零乱荒芜，杂草丛生；广场东侧房屋低矮破旧，电线零乱不堪；广场西侧坑洼不平，积水发臭，垃圾粪便触目皆是。天安门城楼因年久失修，加上连年战火和灾难，已面目皆非。寒鸦哀鸣，野鼠乱窜，梁柱上积存的厚厚的鸽粪臭气熏天；城台上到处是破损的城砖残瓦，多年来未曾油饰的城墙斑斑驳驳，金黄色的琉璃瓦屋顶上滋生的蒿草，瘦瘦枯枯地随风摇曳着；雕花的门窗残破不全，东歪西斜；金水河里尽是淤泥污物，散发着臭味。

1958年夏，经过中共中央政治局扩大会议研究决定，大规模改建天安门广场，这也是建国10周年大庆的一份专项厚礼。毛主席特地指示：改建天安门广场，要反映出我国历史悠久、地大物博、人口众多的特点，气魄要大，要使天安门广场成为庄严宏伟、能容纳100万人集会的世界上最大的广场。周总理遵照毛主席的指示精神，多次强调，一定要体现出“人民当家做主”的主题思想和时代精神。改造后的天安门广场，以其优良的工程质量获得了国家建设部颁发的我国建筑业最高奖——中国建筑工程鲁班奖。

所经过的天安门广场和周围的这一切，大多是新落成的建筑物、新的景象，这些建筑全部都是1959年建国10周年的献礼工程。其中的“十大工程”有新落成的北京火车站、人民大会堂、中国历史博物馆和中国革命博物馆（两馆属同一建筑，即现在的中国国家博物馆）、中国人民革命军事博物馆、民族文化宫、民族饭店、钓鱼台国宾馆、华侨大厦、全国农业展览馆和北京工人体育场。

跨过了护城河，出了广安门，再迈过关厢，学生们感觉汽车的速度仿佛比在市区快了些许，那种繁华的市井景象在视线中也逐渐变得模糊了。

随之看到的就是和城区截然不同的风景了。沿街多数是红砖灰瓦的平房，远近能间歇地看到一片片绿油油的麦子或各式各样的蔬菜。一路上，还时常看到农民赶着马车慢悠悠地在水泥板公路上行走；偶尔还能见到几个农民单肩背个用藤条编制而成的粪篓走在马路一侧，一把粪铲子的一头用手扶着，另一头斜放在背篓里，当看到一堆马粪时，就躬下腰身，一转头，很熟练地把落在公路上的马粪铲起来，然后划成一个有规律的弧线状，马粪就准确地被抛进了背篓里。

汽车过了卢沟桥，在新建的水泥公路上径直向西插过去。过了虻牛河，那位接学生的军人非常热心地提示大家：“前面还有七八里路就到目的地了，因为这是保密区，所以还没有通公共汽车。”细心的姚绍福感觉到汽车开始爬过了几道丘陵似的路坡，又抬眼朝四周望去，前方的远处是隐隐约约的山脉，右侧的土山坡上长满了野草、山花和小枣树，左侧有几片居住比较集中的农家青瓦房顶的土坯房。

村庄周围东一块、西一块的田地里正蓬勃生长着一些农作物。随着北京气温一天天回暖，大片的冬小麦越发生机盎然，返青、发芽、吐穗，已经窜出来有半米多高，长长的麦穗冲着阳光伸展着腰肢，不时飘过一阵阵的麦香。远处隐隐约约可以看到几条潺潺流淌的小溪，溪边上长满了芦苇。

一路上，姚绍福看着四处的景色景物，心里有了几分不平静。他想起了湖南桃源的家乡，这个季节也应该是一池水、一座山、一凹田，满眼一片绿的光景。那是自己的故土，是曾养育自己生命的地方，那里有自己的父母兄妹，也有曾经恰同学少年的朗朗读书声和玩耍时的打闹声。

他不由得对自己的未来浮想联翩：在这个地方，或许要终生与自己所从事的专业相伴成长；或许还要在这片热土上倾注爱情，成家立业，生儿育女；或许还要废寝忘食，攻克一道道科技难关，书写对国防建设的忠诚；或许会像湖南大学老师曾说过的“能为中华之崛起，书写美妙之乐章”；或许在实现自己“技术报国”的鸿鹄之志中化茧为蝶……

军车大约经历了一个多小时的路程，终于带着具有强烈新奇感的学生们来到了他们将要工作的地方，那个有着两米多高围墙的西大院——原马列主义学院二分院的旧址院内。这些新毕业的大学生，将就职于我国航天事业的奠基者之一、中国航天空气动力学开拓者庄逢甘麾下。姚绍福被分配在空气动力研究所八室，从事空气动力试验测量控制工作，从此踏上了从事导弹事业的征程。

他们每个人，都是新中国自己培养出来的经历

原总体设计部老办公楼

了“寒窗苦读十年整”，有着扎实专业理论知识的知识分子。在他们的胸膛里，都装着一颗拥护共产党、感谢新社会的报恩的心；在他们身体里，都流淌着一腔要为新中国献出自己的知识和技术的热血。

这个面积仅有5平方千米的北京西南一隅，就是他们人生新的起跑线，就是他们播种梦想、耕耘事业和收获未来的广阔天地，就是他们实现人生价值、奉献智慧和力量的舞台。

4. 入列航天兵

一直认为“电气化是人间最理想的生活境界”，立志“电气技术报国”，要做“一名合格的电气化工程师”的姚绍福，此时此刻拿着通知书，来到国防部五院空气动力研究所报到，心里像打翻了五味瓶一样，有说不出的失落与矛盾。

记得当年上中学时，老师曾告诉他们，列宁有一句名言“共产主义等于苏维埃加上电气化”。正是革命导师列宁这句让人热血沸腾的话，使年轻的姚绍福几天没睡好觉，浮想联翩，对自己未来的人生有了种种憧憬，有了追求，有了目标。“让那些农村的孩子能在明亮的电灯下读书学习，那该多好啊！这一天在

姚绍福第一次穿上军装

我们这一代的努力下一定会实现。”于是他就下决心为实现电气化努力奋斗，为此，他特地报考了湖南大学电机系专业，留苏学习了电气技术专业。回国后，他下定决心要“成为一名合格的电气工程师”。

现在，被分配到了空气动力研究所八室，当上了一名技术员，负责航天风洞的设计和测量控制工作，这与他多年的期盼和理想，与他的专业大相径庭，使他多年追求的梦想化为了泡影。这样的变化让他的心情很复杂，既为能参加国防尖端科技研究工作感到高兴，又为梦想的破灭而沮丧。但是，作为党员必须服从组织安排，虽然原来的理想不能实现，所学专业又不完全适应工作需要，但姚绍福坚信这是国家的需要，国防建设的需要，只有义不容辞地服从。回顾当时纠结的思想和心情时，姚绍福曾在《个人自传》中说：“我当时的心情很复杂，既为能参加国防尖端科技工作感到高兴，又为梦想的破灭而倍感失落，好在随着工作的展开，这种失落感很快就烟消云散了。”不会的，可以学；只要坚持不懈、持之以恒，就没有什么艰难险阻不能克服。苏联第一代火箭导弹专家不也大都没学过火箭导弹专业吗？！姚绍福暗下决心，刻苦钻研，一定要尽快掌握

姚绍福被授予上尉军衔

过去没有接触过的专业技术知识。

国防部五院隶属国防部管辖，属于部队性质。除了技术工人之外，党政干部、技术人员都是现役军人，按照部队规章制度和条例进行管理。姚绍福 1960 年 7 月被批准入伍，正式成为了一名现役军人，被授予上尉军衔。

20 世纪 50 至 60 年代，我国的导弹研制工作是在高度保密的情况下进行的，为此，国防部五院有一套严格的保密系统。从卢沟桥桥头西侧到朱家坟铁路口东侧，竖立起了两块醒目的白色标志牌“外国人未经允许不准入内”。科研生产单位大门都有解放军把守，出入必须出示证件。任何关于个人、单位、性质、驻地和从事的工作等涉密信息，都要求“上不告父母，下不告妻儿”。见到自己的亲属、同学或是朋友，被问到工作单位的问题时，也只能是编个理由过关；在交流说话或是写信时不能谈涉及工作内容的事情，如果不小心透露出去了，要受到组织的处分。所以，当姚绍福与桃源的家人或同学通信或是来往时，多少年都没有透露过自己是在哪个单位、是干什么的，大家只是觉得他总是神神秘秘的。

反舰导弹发射瞬间

每个人都有一个保密包，单位专门做了一个绿色帆布的大包，每个人发个保密本，领本的时候要签字。保密包的封口有两根细绳，有块橡皮泥把两根绳按上。按上以后自己盖个戳，交到保密室。下班后只要离开办公区域，文件包里所有的文件都要交到保密室，保密室一天 24 小时有人值班。第二天上班的时候，要办个签字手续，才能领出包来。领包时还得看一下，昨天盖的戳有没有人动过，确认没人动过，再领出来。

在工作中，姚绍福认识了一位比他大七八岁的学长——路史光。路史光于 1938 年 6 月参军，先后在 129 师 385 旅、东北民主联军参加过百团大战和四平保卫战等，1957 年于苏联茹科夫斯基空军工程学院毕业后，任空气动力研究所室主任。因为都是留苏回来的，日常工作中接触比较多，两人性格秉性又相近，比较说得来，逐渐就成了至交。晚饭后他们常在一起看篮球赛，在一起遛弯散步，在一起

姚绍福1965年在天安门广场留影

交流工作和思想。

有一天吃过晚饭后，姚绍福和这位老学长一起散步讨论战争与武器的问题，这位学长根据自己的经验，认为第一战场是在那些看不见的、没有硝烟的军工科技战线上。“我们这些国防部五院的人，每天的工作意义就在于能与第一战场的敌人展开知识、技术、智慧与时间的较量！”

这就是思想的力量，这就是语言的魅力。一个人一番精彩的观点，或者是一句经典的语言，就会点亮一盏灯，甚至是照亮整个天空。这位老军人、老学长的一席话，无意中点燃了姚绍福“技术报国”“航天报国”的激情之火，从此这种激情再也无法抑制，再也无法停下来，他开始对导弹领域产生了浓厚的兴趣，而且在这个领域里将会走很远、很远，直至生命的最后一息。

姚绍福

姚绍福院士传记

Academician Yao Shaofu's Biography

第五章

空中利剑镇海疆

姚绍福在空舰导弹设计和研制中，历经艰难曲折，最终成功，填补了我国空舰导弹的空白。此型号获得航天工业部优质产品奖、国家科学技术进步奖一等奖。

1. 初露尖尖角

热爱是最好的老师，兴趣是自觉的动力，希望是进步的源泉。

姚绍福来到国防部五院空气动力研究所新的专业岗位不久，中苏两国的关系就达到了冰点，苏联单方面撕毁了所有合作协议，停止了一切技术支持和设备供货，1960年8月12日，撤走了援助国防部五院的最后几名专家。风洞试验留下了很多半拉子工程，有的工程项目还未开工。

太阳每天还会照样从东方升起，未来的路还要走下去。别无选择，所有这一切，只有靠中国人自己的智慧和力量，自力更生干下去。

对于苏联背信弃义的恶劣行径，姚绍福和同事们个个义愤填膺，都憋足了劲儿，“你不帮忙，我们就自己干，一样干得出来！”为了尽快吃透与本职有关的业务知识，姚绍福作为一名党员，带头适应航天风洞试验测量控制系统设计岗位的需要，像一块海绵吸水一样，利用业余时间，如饥似渴地系统学习理论力学、流体力学、热力学、空气动力学、冲压发动机、火箭发动机和控制理论专业知识。他说：“我们不蒸馒头，只想为新中国争口气。”

在实际工作中，领导在安排工作时不断地给他“加码”，实际上是为了培养他。在短时间内，姚绍福以积极的态度工作，很快在测量和控制技术中崭露头角，从一个普通的技术员，担任了研究所八室的测量控制组组长。这说明了他在工作中的突出表现和业务上的能力已经获得了单位领导和同事们的认可。

姚绍福的老领导，空气动力研究所原八室政委施耀庭，曾在评定技术等级和军衔的时候代表组织这样评价姚绍福："该同志于1960年5月份来到我室，在业务工作中表现积极努力，业务学习劲头大，提高得快，事业心强，热爱国防事业，在担任测量控制组组长过程中，有较强的组织和领导能力，工作大胆负责、计划性强，做到细心安排，在本组同志业务水平较低的情况下，领导全组圆满完成各项设计任务，在他的帮助和指导下，全组同志的业务水平提高较快。"施政委认为他："立场坚定，对党忠诚，思想意识好，不计较个人得失，个人利益服从党的利益，各项工作起模范带头作用，在群众中威信高。"

1961年9月1日，经国务院、中央军委批准，成立国防部五院三分院。直到1964年年底，三分院的科研任务主要有四个方面，当时大家都叫"四品牌"：多种导弹的空气动力研究与风洞试验、液体火箭发动机试验、冲压发动机研制与试验和非标准设备制造。在这个时期，三分院按照中国人民解放军的各种条例、条令开展工作，继承和发扬部队的光荣传统，同时结合科研单位的特点，根据中央颁发的《自然科学研究机构当前工作的十四条意见》进行领导与管理。

1964年5月1日，三分院成立非标准设计部（亦称五支队）。这个设计部是以原空气动力研究所八室和101部机动室设计组为基础组建的，主要任务是：承担研制火箭、多种导弹所需的风洞、试车台及其配套设备和发动机主要部件与系统试验设备的结构设计任务。6月，姚绍福任非标准设计部测量控制研究室技术副主任。

尽管非标准设计部存续时间只有一年多，姚绍福结合本职工作和科研生产实际，抓紧点滴时间仔细研究学习了金属材料学和各种与设计技术有关的标准

国防部五院三分院成立大会

等知识，为组织多种试验台和风洞任务打下了基础。在他的直接组织领导下，测量控制研究室克服了很多困难，结合试验需要解决了很多技术难题，为确保进度加班加点。在条件艰苦、质量严、标准高、时间紧的情况下，按照科研生产计划和上级要求，主要进行了液体火箭发动机试车台的设计，完成了“8108”工程中的 CS-01 试车台的设计，CS-02 试车台的修改设计，CS-04A 试车台的设计，FD-07 超声速风洞的设计和 FD-09 低速风洞的设计等工作任务，参加了“8103”工程中 4 号台与 3 号台的设计工作，保证了各种试验的顺利进行。

2. 发端“起家弹”

1965 年 1 月，在原国防部五院三分院基础上成立了七机部第三研究院（以下简称三院），专门从事飞航导弹研制生产，这为姚绍福搭建了展示技术才

三院老办公区大门

三院老办公楼

能的新舞台。说到航天系统管理体制划分为几个研究院，绕不开现在的三院总体部在其中发挥的历史性作用。

国防部五院建立之初，主要是以解决我国火箭和导弹的有无为主要目标，以研制火箭和中近程地地导弹为主，型号比较单一，但随着国防建设和各军兵种对导弹种类需求的增多，设计与研制生产又不配套的问题越来越突出。

1964 年 9 月 9 日，国防部五院召开了有关会议，传达了党中央和毛主席关于“注意国际形势的发展，准备打仗，在长远规划中首先搞好战略布局”的指示精神，并提出以一、二、三、四分院为基础，分别组成地地、地空、海防和固体导弹研究设计院的设想。在此基础上，当时的一分院第四总体部在1964年9月12日向上级提出了《关于建立飞航型号分院及试制基地的建议》具体方案，建议将三分院改建为飞航型号研究院。

此时，国家正在考虑和酝酿将我国分散的国防科研生产单位转变成为集中的体系化的管理体制。也恰巧赶上1964年6月，我国发射了第一枚中近程导弹，同年10月，成功地爆炸了第一颗原子弹。鉴于我国对战争危险的分析，国家对导弹技术的发展也提出了新的更高要求。

国防部五院认真分析了国家的要求和一分院第四总体部的建议，总结了前些年导弹、火箭管理中出现的设计与研制生产过于集中的矛盾和顾此失彼的突出问题，提出了按照型号类别划分成四个研究院，每个研究院按照一类型号分别负责总体设计、分系统设计、试制和试验，基本上按照型号配套，各成体系的方案。这样每个研究院集中力量负责一类型号，重点突出，有利于技术协调，有利于提高各类导弹型号设计和研制的效率。

1964年11月23日，中共中央、国务院发出了《成立七机部的通知》，全国人大三届一次会议于

12 月 26 日审议通过了成立第七机械工业部的决议，由七机部统一管理我国导弹工业的设计、试制、生产和基本建设工程。也正是在这次全国人大会议上，周总理在《政府工作报告》中第一次提出了“把我国建设成为一个具有现代农业、现代工业、现代国防和现代科学技术（即四个现代化）的社会主义强国”的宏伟目标。我国的社会主义建设开始进入一个新高潮时期。

1965 年 1 月，原国防部五院改建为第七机械工业部（简称七机部），并对其所属的一、二、三、四分院进行调整，改为七机部一、二、三、四研究院。调整后的三院为舰舰和岸舰导弹研究院。

说起三院的飞航导弹发展历史，必须要提到“起家弹”（二号导弹）的研制，这也是姚绍福亲自参与研制的第一个导弹型号。

鉴于当时的国际形势发展，1964 年我国采取了积极战备的方针，全国那时候的形势简而言之就是“要准备打仗”。当时，我国海防力量还比较薄弱，急需研制能机动作战的岸舰导弹武器系统。总参谋长罗瑞卿大将提出：“要防止敌人从海上来，在装备上提出新的问题，抗登陆的装备、导弹这几年要赶一赶。”根据中央首长的指示精神，海军提出新设计的岸舰导弹最好具有 100 公里左右的射程。

1965 年年初，三院党委在总体部论证和试验的基础上，提出了不应再仿制任何型号，决定以“544”为基础，改型设计新的岸舰导弹武器系统。1965 年 4 月 23 日，由国防工办、国防科委主持召开了著名的“4·23”会议，审定了三院提出的岸舰导弹武器系统方案。会议确定了分工，落实了研制计划。确定的方案是：增大后的射程为 70 公里，推进剂箱体采用承力式，弹上成件和地面设备按照“两弹通用”原则，尽量向某型一号导弹靠拢。1965 年 8 月，该方案被列为国家发展计划，这也是我国第一个岸舰导弹型号。

恰逢三院刚刚组建，为了通过二号导弹的研制来锻炼队伍，初步建成飞航

苏联“544导弹”

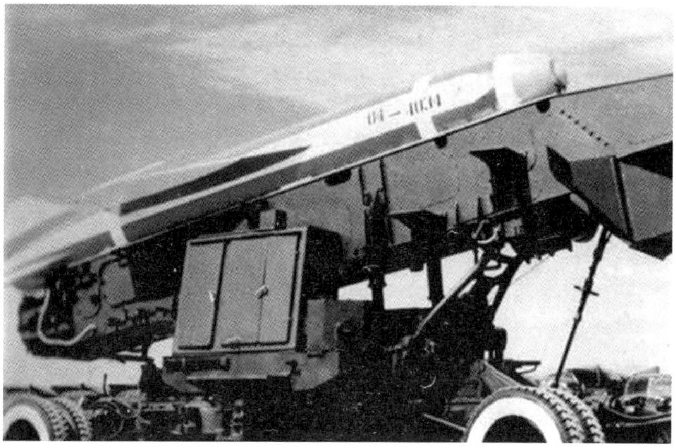

二号导弹（三院“起家弹”）

二号导弹发射离轨瞬间

导弹的设计、试制和试验基地，以任务带建设，以任务为中心来促进“出成果、出人才”。为此，三院广大干部职工就把二号导弹称之为“起家弹”，也叫“练兵弹”。

当时确定，在三院分两个主战场：一个主战场是总体部，负责突破由于加大射程而带来的一系列技术设计问题，进行研究和设计，以及各种试验；另一个主战场是总装厂，重点是解决导弹模样和工装，试制模样弹，筹建海防导弹研制与总装生产线和测试车间。

遵照中央的决定和国防工办的通知，三院自 1965 年 6 月 1 日起，现役军人集体转业，姚绍福也和所有有军籍的官兵一样，脱下了戎装。

1965 年 7 月 8 日，撤销原三分院的非标准设计部建制。8 月份，姚绍福调到三院总体部三室（控制总体室）任技术副主任，他接受的第一项任务是设计二号岸舰导弹的控制系统。对于三院来说，由于射程加大，弹上控制系统精度成为姚绍福需要深入研究的问题。

导弹的控制系统犹如人的大脑，分析处理各路信息；犹如人的双眼，辨识前进的方向和目标；犹如人的神经，传递指挥部的指令。没有控制系统的导弹

二号导弹发射状态

就如同没有大脑、没有双眼、没有神经的一副骨骼肌体。姚绍福正是承担了设计导弹控制系统的这项重任。在岸舰导弹的设计和研制中，他出色地完成了控制系统设计、回路分析、地面武器系统设计，协调审校了导弹地面雷达、红外末制导等分系统研制任务书等。

1966年9月至11月，进行了二号导弹的静力试验，弹体强度满足设计要求；1967年2月至3月，进行了2次全弹地面热试车，弹上发动机和设备工作正常。在实施了"一发弹体二次试车"后，接着总体部又把试车弹改为振动试验弹，并获得了成功。实践证明，这种"一弹多用"的方法，突破了前苏联的研制框架，这是飞航导弹研制史上的一个创举，既缩短了研制周期，又节省了经费。

静力试验和全弹地面热试车的成功为飞行试验打下了基础，结果表明，为加大射程而采取的措施是稳妥可靠的、是有效的。

1967年5月19日，中央军委正式批准研制二号岸舰导弹。9月，2发遥测弹开始进入海军东北的某靶场，准备进行研制性飞行试验。

1967年9月29日，第一发二号导弹发射命中目标。

1967年10月27日，第二发二号弹发射时，军委副主席聂荣臻亲临靶场观看了这次飞行试验。这次飞行试验获得成功。

1968年10月12日和15日，大射程的2次研制性飞行试验，又2发2中。于是，三院向海军提出了设计定型试验的申请。

1969年，因只生产了5发弹（定型需要7发弹），在8月进行了定型飞行试验，结果5发4中；1970年3月31日，进行了双发齐射，结果双双命中。最后，以7发6中的飞行试验结果，通过了设计定型试验。

岸舰导弹型号的设计和研制，不仅使姚绍福受到了实际锻炼，初步掌握了导弹全武器系统原理、分系统性能和设计特点，而且为他后来主持多个导弹装

二号导弹飞向目标

姚绍福在总体部
祝捷大会上发言

备的设计和提高组织协调能力，奠定了第一块基石。

3. 担当新型号

在二号岸舰导弹基本型的基础上，繁衍出了我国“海鹰”导弹系列的五个武器型号系列。二号导弹，即“起家弹”的研制成功，为三院几十年来循序渐进的健康发展，奠定了“基本型、系列化”的雏形。

在岸舰导弹的基础上，又改型设计和研制出了我国第一代空舰导弹，填补了我国空舰导弹的空白，为我国加强海上和空中的作战能力作出了贡献。

回顾我国20世纪70年代之前的反舰能力，还处于刚起步阶段，主要是依靠炸弹、鱼雷和舰艇上的舰炮。随着时代的发展，海洋权益问题越来越凸显，大小海战的频繁发生，促使有关国家都在加速海上弹舰结合、机弹结合、海空结合和陆海结合一体化的立体攻防能力建设。在大力提高海上多种性能战舰（艇）装备立体研发的同时，更注重与其配置的武器装备的协调发展，并特别强调海上制空权和制海权联合发挥作用的能力建设。

1950年，苏联援助我国一批图-2轰炸机，这是中国轰炸航空兵早期的主战装备。这些图-2轰炸机不仅担负我国空军的对地轰炸任务，还要担负对海作战任务。但因为图-2轰炸机使用的是螺旋桨活塞发动机，这种轰炸机在对海作战中并没有取得过很好的战果。

1955年1月10日，图-2轰炸机攻击台湾“中权”号坦克登陆舰时，使用的是250千克的普通炸弹。由于当时海上风浪大，台湾登陆舰停泊在大陈岛港湾中，而且其航速低、机动性差，又缺乏防空武器，无法对付我空军图-2轰炸机的中高空水平投弹。运载大量燃油和弹药的登陆舰被命中后，发生了大爆炸。参加轰炸的图-2编队在离大陈岛十多海里外爬升到了3000米以上高度，轰炸航线超过了港湾中的台湾高射炮的有效射程，致使台湾高射炮什么也没打着。几小时后，我军派出机动性强的强击机对港湾和大陈岛近海的台湾作战舰艇进行俯冲轰炸，将其中锚泊的“衡山”号护卫舰炸成重伤报废。

我国在1952年开始引进生产苏联的伊尔-28轰炸机。在引进喷气轰炸机的同时，也非常重视机载反舰武器的引进。与伊尔-28配套的PAT-52航空火箭鱼雷同时引进，作为对舰艇的主要攻击武器。

我国引进生产的PAT-52航空火箭鱼雷型号改称为“鱼-2”。PAT-52是一种非常独特的鱼雷武器，依靠火箭发动机推进，在离目标1海里（1海里等于1852米）左右时飞机投雷，同时快速转弯逃离。而舰艇的防空火力是鱼雷机致命的克星，原因是这些鱼雷机携带的鱼雷非常笨重，低空飞行瞄准时，无法机动规避战斗机和舰艇防空炮火的拦截，有些鱼雷机经常被炮火打成碎片。

我国海军航空兵在20世纪50年代初获得了伊尔-28轰炸机生产线和PAT-52鱼雷，引进生产后的国产型号分别为轰-5轰炸机和鱼-2鱼雷，使我国海空军初步具有了航空反舰能力。尽管鱼-2鱼雷相对老式航空鱼雷有很大的战术优势，但是随着海军舰艇武器装备性能的飞跃，在几千米距离上的对舰攻击成功率很低。

20世纪60年代，我国将鱼-2鱼雷改由强-5强击机携带，每架强-5在机腹下挂载一枚。轰-5轰炸机速度慢，我国海军航空兵试图以高亚声速的强-5利用速度低空突防，比轰-5更容易接近防空火力密集的舰艇。然而强-5携带鱼雷后，飞行非常笨拙，很难突破越来越精确的舰队防空体系。

1956年苏联的“狗窝”空对舰导弹的出现，引起了各国对空舰导弹的关注，也影响了我国海军的作战观念。60年代初期，中国正在着手仿制苏联“544”反舰导弹的同时，海军和空军中一些有远见的人士提出需要有一种空对地和空对舰导弹。但是当时中国正处于极其困难的时期，有限的资金只能先保证仿制苏联“544”反舰导弹。

1965年年底，空军正式向中央军委提出申请，请求研制一种射程不小于150公里、重量3吨以下的空射导弹，不过空军要求这种导弹主要对地攻击兼顾攻击海上舰艇目标。提出这个申请的背景是，当时空军装备仿制图-16的大型轰炸机只能使用普通炸弹执行高空轰炸任务，而射高达2.7万米的地空导弹对其威胁很大，1965年以后，这些大型轰炸机几乎已经没有高空轰炸的生存空间。因此，面临着严峻局面的空军提出需要有一种能在导弹射程外发射的空射武器装载在战机上。空军的报告引起了很大的反响，在相关的几个参与预研的单位内，各种设想被写成方案上报。

其实，早在空军提出之前，三院总体部的技术人员就一直在关注着外军和我军的武器装备发展动态，并实时进行性能对比，很早就意识到我空军和海军缺少空中打击敌人的得力武器。1965年2月12

二号导弹发射

日，他们提交了《10~15年内海防导弹三型五弹发展初步设想》，其中提出了要设计和研制空舰导弹，让海军和空军战机装备“空舰型”的御敌武器装备。

在论证过程中，三院总体部分析认为，我国还没有陆上目标识别末制导设备，地面目标背景复杂，基础研究储备非常少，缺乏成熟的气动模型，研制这类设备不是短时间能做到的，可供选择的方案只能是在岸舰型号导弹的基础上改型为空舰导弹。

三院是海军导弹武器装备的坚实后盾，历来以国防建设战略战术需求为导向，提高反舰作战能力是三院存在的价值所在，一种使命感在无形中驱动着三院总体部的工程技术人员。1966年4月18日，三院总体部召开了第三次党员大会，黄毅书记代表党委作了报告，总结了自1965年组建总体部以来的设计与研制工作，同时提出了当年的科研任务，其中一项就是初步设计空舰型导弹，完成总体方案论证，力争装出初样弹。

1966年5月12日，院党委批复，同意三院总体部第三次党员大会选举的第三届党委会，委员由黄毅、叶少前、刘仁卿、杨晋、张奎、路史光、曹柏桢、万虹、谢树南、李玉琦、高明述、王干一、姚绍福、姜海庭、王祖全15人组成。姚绍福作为中层干部代表进入了党委领导班子。在新一届党委领导下，空舰型导弹方案论证、设计和预研工作紧锣密鼓地全面展开，姚绍福组织了空舰导弹的全盘设计，与杨经卿一起，共同进行了技术方案的论证，经反复研究、测算和协调，确定了总体设计和战术技术指标。

在此基础上，8月17日，三院总体部召开了党委扩大会议，专题讨论了三室技术副主任姚绍福等同志拟定的《空舰型导弹初步方案汇报提纲（草案）》，方案提出此型号为机载2枚导弹，射程150公里，最小射程70公里，重量小于2600公斤，平飞高度300~400米。会议讨论认为，在岸舰型号基础上进行改进，挂轰-6飞机，打破美帝国主义的“海上优势”，力争1968年第三季度前整个系统交付靶场试验。

1966年10月18日至21日，三院召开了空舰导弹方案讨论会（代号为“1018会议”）。七机部副部长钱学森、刘秉彦到会，国防科委、空军、海军航空兵部、七机部机关、三院等有关单位193人参加。会议由院长吕琳、副院长梁守槃主持。会议确定：空舰型导弹在岸舰导弹基础上改型设计，挂轰-6飞机，导弹气动外形不变，改进控制系统。大体的进度安排是：1966年11月中旬编制出《研制任务书》，1967年6月完成全部设计图纸，1968年10月进行飞行试验，1969年交付部队。

在三院“1018会议”讨论意见的基础上，姚绍福和他的同事们日夜争分夺秒，抓紧时间认真仔细地论证、审核、修订和完善总体方案。在审核过程中，姚绍福根据测算发现：岸舰型的液体火箭发动机是两级推力，这样就达不到空军提出来的射程150公里的指标要求，只有改为一级推力（即600公斤），再增加11公里，才能达到空舰型导弹所需的射程。在与有关研究所的同事反复沟通磋商，并向总体部主管领导请示后，当天夜里迅速加班起草了《关于空舰型导弹液体火箭发动机改为一级推力的报告》，1966年11月16日以三院总体部名义上报给三院机关，这个重大发现和修改获得了院专家和领导的高度赞扬并批准。姚绍福又骑上自行车来到某研究所，和有关同事一起重新做了测算，修改了原液体火箭发动机的设计方案，之后又回到三院总体部自己的办公室修订完善了总体方案，向上级机关呈报了正式的《改装“起家弹”为空舰型号的总体方案》。经三院、七机部、国防科委和总参逐级审查认定后，1966 年 12 月 12 日，总参和国防科委联合给七机部发出通知，命名此空舰型导弹为“风雷一号”。

1967 年 3 月 23 日，国防科委下达了风雷一号空舰导弹研制任务。由七机部负责导弹研制、武器系统的技术协调，以及机载跟踪雷达、射击指挥仪、射前检查设备的研制和小批量生产。

1967 年 5 月 8 日至 15 日，三机部和七机部联合召开“371 会议”，审定轰 -6 飞机挂风雷一号空舰导弹总体方案，进行技术协调和任务定点工作。参加会议的有总参、国防科委、国防工办、空军、海军航空兵部、中科院、三机部、四机部、五机部、七机部所属单位，到会代表 97 人。会议审定了总体方案、战术技术指标，确定了任务分工。进度要求 1968 年第二季度模型弹投放试验，1969 年第二季度进行全武器系统试验。

在此期间，因风雷一号空舰导弹是以岸舰导弹型号为基本型进行改进的，而岸舰导弹正处于研制过程之中的自导弹打靶试验阶段，风雷一号空舰导弹的设计和研制人员对岸舰型号导弹飞行中的弹道情况并没有很深入的了解，而空射导弹作战弹道包括投放、滑翔、平飞、俯仰，与地面发射过程不同，是否会受到机载干扰等问题需要进行风洞试验；此外，空中发射遇到的低温问题是否会影响发动机点火和正常工作也没有把握。针对这些问题，只有采用弹道模型在风洞中投放，同时进行发动机低温试车才能验证其可靠性。当 1967 年春天四次低温试车成功后，狂热的“政治运动”也进入了高峰。

此前，参加研制的技术人员还能够在极其混乱与艰难的情况下勉强继续研制，而此时“文化大革命”不断冲击着这块科研阵地。政治运动的冲击，导致“风雷一号"的总体技术协调问题几乎无法进行，1969年，承担"风雷一号"载机研制任务的三机部西安飞机制造厂（以下简称172厂）申请轰-6飞机停止研制后，使正在风生水起的风雷一号空舰导弹的研制工作以"暂停"的名义停下了脚步。

出现这种局面，让有责任心、想为国家贡献力量的姚绍福和他的同事们十分尴尬，想干无处使劲，撒手不干又不甘心。他多次找到三院总体部领导询问这个型号的消息，但都没有得到正面答复。1970年9月初，三院下达的科研生产计划中已经没有了这项任务。

1970年1月至1978年11月，三院划归中国人民解放军系列，隶属于海军管理。原派驻三院各单位的总参谋部、第二炮兵和军事科学院的军管人员，在1970年先后逐步撤出三院，海军派出了272名干部进驻三院，组成了由南海舰队第二政治委员桂绍彬任三院军管会主任的9人军管会，12月，桂绍彬任海军三院政委。1970年9月14日，三院总体部海军军管组就"风雷一号"任务一事向三院海军军管会打报告，直接问询这个型号的去向问题：今后是否有风雷一号空舰导弹任务；有关分系统已经研制出来的成品或半成品如何处置？三院机关和三院总体部的科研人员焦急地等待着上级的批复。

4. 焦虑中思考

1973 年 8 月，南海西沙地区的局势骤然紧张，使我国海军意识到了快速反应和支援的重要性。当时我军的作战飞机能够从海南岛三亚附近的基地起飞，对西沙群岛遂行巡逻任务，而对南越海军的护卫舰的攻击手段却很有限，能够携带的对面攻击武器只有火箭弹和自由落体的普通炸弹。鉴于现有武器装备不能适应海战需求的状况，1973 年 12 月，海军提出恢复研制空舰导弹武器系统。

强 -5 强击机和轰 -5 轰炸机虽然能够携带炸弹和鱼 -2 鱼雷进行突击，但是缺乏目标远程搜索和指示能力。我国能够遂行反舰任务的强 -5 强击机没有目标搜索设备，首先要依靠目视对西沙附近的海域进行搜索或接收水面舰艇的引导接近目标，然后进行超低空投弹或采取水面跳弹攻击。由于强 -5 武器投射距离近，因此遭到有火控雷达的防空炮火以及肩射导弹拦截的可能性很大，幸亏当时南越海军舰艇没有防空导弹。轰 -5 轰炸机携带鱼 -2 鱼雷处于 127 毫米舰炮射程内，而且在最大投射距离上投放“鱼 -2”很难命中护卫舰这样的高速机动目标，“鱼 -2”的原型 PAT-52 只适用于攻击巡洋舰以上的大型水面目标，不适合攻击中小型舰艇，二战中，很少有鱼雷命中驱逐舰一类的目标。根据当时西沙形势判断，最可能的不是与岛上驻军发生冲突，而是海军舰艇之间的对抗引发交战，事后证明这个判断是非常正确的。

1974 年 1 月 17 日至 20 日，中国海军与南越西贡阮文绍集团的海军爆发了西沙海战，那是 1974 年农历虎年来临前夕。

这场海战是在永乐群岛海域进行的。永乐群岛是西沙群岛的一部分，由珊瑚、甘泉、金银、琛航等岛礁组成，乃中国固有领土。从 19 世纪起，部分岛屿被在东南亚的法国殖民主义者占领，1954 年法国败走之后，珊瑚岛落入受美国支持的南越之手。1973 年年初，美国决定从越战泥潭中抽身，将大量的舰艇移交给了南越西贡阮文绍集团。

1974年1月11日，南越更是把西沙群岛划到自己的版图内。南越军舰在西沙永乐岛海域活动更加频繁，并将登岛部队北调岘港（位于越南中部的一个城市），欲侵占整个西沙群岛。

1974年1月15日，南越海军投入4艘舰艇开始对我国挑衅（美国原留下来的4号“陈庆瑜”护航驱逐舰，5号旗舰“陈平重”驱逐舰，10号“怒涛”扫雷舰，16号“李常杰”驱逐舰）。南越阮文绍政权自认为海军力量已经跻身世界前十。同日，南越海军“李常杰”号和旗舰“陈平重”号两艘驱逐舰与中国渔船对峙，并炮击甘泉岛上的中国国旗。17日，南越军队登陆金银岛，又强占甘泉岛。

面对南越的入侵，中国海军南海舰队奉命派魏鸣森和王克强率领由两艘猎潜艇271号和274号组成的271编队，于18日晚上赶到永乐群岛，进行护渔和补给，并将海南军区4个武装民兵排送上晋卿、琛航、广金三岛。17日，南越增派“陈庆瑜”号驱逐舰抵达这一海域。

18日上午，“陈庆瑜”号和“李常杰”号再次武力威胁中国渔船，在中国271编队赶到后才挂上了“本舰操舵失灵”的旗号，离开现场。也是这个上午，由中国海军389和396两艘扫雷舰组成的396编队与271编队在永乐群岛海域会合。当晚，“陈平重”号在“怒涛”号的陪同下重抵这一海域，南越海军在战场的最高指挥官何文锷大校乘坐“陈平重”号抵达。至此，双方对峙的舰艇数量为4对4。当时，南越海军立即兵分两路占据有利的外线，展开战斗队形。

1月19日5时47分，“陈平重”号率领“陈庆瑜”号由金银岛、羚羊礁以南的外海向琛航、广金两岛接近，接着“怒涛”号和“李常杰”号由广金岛西北向中国舰艇接近。中国南海舰队司令张元培立即命令：396、389两艘扫雷舰进至广金岛西北海面，拦截敌“李常杰”号和“怒涛”号舰；271、274艇编队

1974年1月的西沙海战

进至广金岛东南海面，监视“陈庆瑜”号、“陈平重”号。

1月19日清晨，数十名南越军人在广金岛抢滩登陆，向岛上中国军民开枪射击。守岛中国军民奋起还击，迫使他们撤回舰上。岛上登陆失败后，“舰坚炮大”的南越海军，便转而进攻中国舰艇。“李常杰”号开足马力，径直冲向中国396编队。张元培要求前线：一定要坚持先礼后兵，后发制人，我全体官兵在任何情况下决不先开第一炮。

19日10时23分，“陈平重”号高速冲向中国274号猎潜艇。南越指挥官何文锷接到南越指挥部命令，率先对274号舰艇驾驶台开炮，南越打响了第一炮，中国舰艇被迫开炮还击。海战正式开始。

这场海战基本上是2对2。中国的271、274艇分别对抗“陈庆瑜”号和“陈平重”号；396、389舰则对抗“李常杰”号和“怒涛”号。面对这种架势，南越军舰试图拉开距离，以发挥其远程火炮的威力。但中国海军舰艇紧紧咬住敌舰不放，开足马力，穷追不舍。中国军舰上射速极快的小口径火炮一阵齐射。一等功荣立者274艇装填手李如意战后在南海舰队司令部介绍，战斗中他一口气连续装填了180发炮弹，超过了平时训练的最高纪录，双手磨烂了都不知道，后来发现他装填的许多弹壳上都有血迹。

战斗中，271艇利用敌“陈庆瑜”舰的火力死角进行了集中攻击，造成敌舰通信中断，军旗落入海中，迫使其拖着浓烟逃逸。396、389号军舰则贴近“李常杰”号进行集中近射，“李常杰”号甲板上多处起火。

此时，“怒涛”号趁机向我389舰偷袭。紧急时刻,271编队两艘猎潜艇向“怒涛”号右舷一阵急射，敌舰中弹起火。11时49分，中国海军猎潜艇第74大队（有281号和282号两艘军舰，18日抵达西沙群岛宣德群岛的永兴岛附近待命）火速赶来，进入战场。南越舰队以为是大部队，于12时仓皇掉头撤离。“怒涛”号本身航速慢，加上受创，无法跟上逃离的南越舰队。12时12分，第74大队接到攻击命令，281号艇全速前进冲向“怒涛”号猛烈射击，于14时52分将其击沉。

1月20日9时35分，中国军队发起收复三岛的登陆战。失去海军支援的岛上南越军队，实际上已成为瓮中之鳖。经过约4个小时的战斗，五星红旗就再次插在了珊瑚、甘泉、金银三岛上。西沙海战结束。

此战，中国海军被击伤舰艇4艘，其中一艘扫雷舰被击伤后抢滩成功。我军击伤南越驱逐舰3艘，击沉一艘排水量为650吨的“怒涛”号扫雷舰。

西沙海战是新中国海军进行的第一次海上反侵

略作战，也是近代以来中华民族海军史上首次取得对外战争的胜利。由于我军指挥正确，战术灵活，指战员作战英勇，面对大口径远射程舰炮，我方发挥了近战巧战的优势，以小艇打败大舰，以劣势装备打败优势装备之敌，夺取了海战的胜利。

作为从事海防型号研制的姚绍福和广大科技人员清醒地看到：虽然我方是 6 艘舰艇，比南越多两艘，但中国海军的武器装备却大大落后于南越军队装备。军舰的排水量，南越 4 艘舰艇总吨位近 6000 吨，解放军 6 艘舰艇总吨位才 2200 余吨，我军舰艇在汹涌的波涛中就像小舢板；南越军舰普遍装备舰炮火控系统，中国舰艇火炮则还是人工操作。

在这场海战打到最关键和最激烈的时刻，我们的解放军战士们竟然用手榴弹、用冲锋枪和敌人展开了近战、肉搏战，尽管精神可嘉，但通过这场海战的较量，明显暴露出我海军装备技术已经严重落后，致使在紧急情况下我军出现对敌军远攻无力、近攻力薄的情况。

虽然海战最终以我海军获胜结束，但是我海军没有得到任何空中火力支援，航空兵的歼击机直到海战结束以后，才赶到交战海域上空巡逻警戒。海战使海军部门深深感到，应该有远程载机和制导武器，才能有效捍卫海洋主权。

西沙海战后，海军政治部特地组织了参战部队指战员巡回演讲活动。当三院的干部职工和科研人员在听到指战员英勇无畏的战斗事迹时，无不为之感动，无不受到鼓舞，但又感到十分的内疚和痛心。因为作为承担着海防导弹研制任务的三院，作为从事飞航导弹型号研制的技术人员，没有为海军造出御敌、制敌的武器装备，似乎就是一种失职。

三院人在焦虑中反思，海军在警醒中反思，姚绍福和他的同事们在期盼中反思。

1975 年 9 月，中央军委批准同意恢复轰 -6 飞机挂载导弹武器系统的研制。

姚绍福（右二）参加梁守槃主持召开的导弹技术研讨会

同年 11 月，国防工办提出应以六年前停工的风雷一号导弹原设计方案为基础，尽量选用现成的成品设备，以最快速度提供部队装备。至此，已经分散到各处的原“风雷一号”研制的科研人员开始集中，被搁置了的空舰导弹研制工作又获得了新的生机。

但是，1976 年却是我国的多事之秋。三位党和国家领导人先后离世，又发生了唐山大地震，这些大事件，使人们处于忧虑和悲痛之中，也给人们的心头蒙上了阴云。

1976 年 1 月 8 日 9 时 57 分，伟大的马克思列宁主义者，无产阶级革命家、政治家、军事家、外交家，中国共产党和中华人民共和国的主要领导人，中国人民解放军主要创建人和领导人，以毛泽东同志为核心的党的第一代中央领导集体的重要成员，中央政治局委员、中央政治局常委、中央委员会副主席、国务院总理周恩来同志，因患癌症，在北京逝世，终年 78 岁。

1976 年 7 月 6 日下午 3 时 1 分，伟大的马克思主义者，无产阶级革命家、政治家和军事家，中国共产党、中国人民解放军和中华人民共和国的主要缔造者和领导人，中央政治局委员、中央政治局常委、全国人民代表大会常务委员会委员长朱德同志，因病医治无效，在北京逝世，终年 90 岁。

1976年9月9日0时10分，伟大的马克思主义者，伟大的无产阶级革命家、战略家和理论家，近代以来中国伟大的爱国者和民族英雄，领导中国人民彻底改变自己命运和国家面貌的一代伟人，我党我军我国各族人民敬爱的伟大领袖、中国共产党中央委员会主席、中国共产党中央军事委员会主席、中国人民政治协商会议全国委员会名誉主席毛泽东同志，在患病后经过多方精心治疗，终因病情恶化，医治无效，在北京逝世。

1976年7月28日3时42分54秒，在河北省唐山、丰南一带，发生了7.8级强烈地震，震中区烈度11度，地震波及天津市和北京市。这次地震主要发生在工矿企业集中、人口稠密的城市，唐山瞬间被地震化为一片废墟。地震造成24.24万人丧生，重伤16万人，轻伤36万人，1.6万户家庭解体，3800多人成为截瘫患者，2.5万人肢体残废，遗留下孤寡老人3600多人，孤儿4000多人，数十万居民转眼变成失去家园的难民。地震造成的破坏比日本广岛原子弹爆炸强烈400倍，这是中国历史上、也是400多年来世界地震史上最惨烈的一次地震。因为北京属于地震范围，三院干部职工也投入到了抗震救灾的相关工作中。

5. 研制艰辛路

在姚绍福这一代航天人心中，虽然社会上政治风云变幻，但作为一个科技工作者，只有搞好科研那才是理所当然的根本。这是自己的一份良心，也是自己的一份责任。因此，他们依然如故地、默默地、勇往直前地朝着为填补共和国国防建设空白的方向走着。

1976年3月1日至8日，在三院召开了风雷一号导弹方案论证会。这个方案是根据1975年11月国防工办提出的“应以六年前停工的风雷一号导弹原设计方案为基础，尽量选用现成的成品设备”要求，做了大量调研后重新梳理论证的，又因这次会议是在搁置六年后重新启动的，所以此项目重新定义为“7601”。会议讨论了三院总体部新编制的《“风雷一号”方案论证报告》《院内各系统技术指标》，及其研制程序、计划和分工等问题，会议进行了充分的讨论。参加这次会议的有国防工办、海军航空兵部、海军装备技术部、总后装备部、空军科研部、海军某试验基地、海军驻 172 厂军代表、三院有关单位，三院总体部二室主任姚绍福以及叶才林、吴践知等 19 人也参加了会议。

1976 年 5 月下旬开始至 6 月中旬的一个月间，按照三院的部署，要做好参加轰 -6 飞机全武器系统方案评审会的各项准备工作。需要参加评审的涉及到风雷一号导弹的系统总体方案、详细的系统配套表、大型试验项目、各分系统《研制任务书》，以及对武器系统和飞机的要求等内容。任务量大、时间紧、质量要求高，对所有工作全部要做到位，只有马不停蹄才能完成任务。姚绍福和二室的同事一起，这一个月里忙得顾不上吃饭，经常工作到凌晨，二室的办公室常常是灯火通明，第二天又早早就来到岗位接着工作。

姚绍福一直认为，当领导干部应该是主管业务范围的“领头羊”：应该既是懂业务、善解技术难题的行家，又是善于谋划和组织协调的复合型人才。况且他又是个严谨细致的人，所以他总是比别人更为忙碌，除了做好分工协调的组织工作，还要对重要技术内容、关键技术环节事必躬亲，亲自经手把关审查。他常说：“之所以这样，不仅是向别人学习、开阔自己眼界的机会，同时也预防因为一人一时一处的疏忽而酿成研制工作的大错。”在他的带领和全室科技人员的同心协力下，二室终于在 6 月 15 日前按期保质保量地完成了所有的准备工作任务。

三院在前期大量准备工作就绪的基础上，于 1976 年 11 月 10 日，给上级机关和军方递交报告，提出以三院研制的岸舰导弹为基础，改为空舰型号导弹，并请海军抽调轰 -6 飞机交由 172 厂进行改装，进行“风雷一号”空中运载投放试验。根据三院的提议，1977 年 4 月 1 日至 12 日，海军和有关工业部门，在青岛联合召开系统方案审定会及配套定点协调会，三机部、四机部、五机部等近 60 个单位参加。遵照中央军委的批示，对全武器系统战术技术指标、总体方案、研制程序、研制配套生产分工、大型试验项目的安排等，进行了充分研讨和协商。

在这次会议上，决定将导弹正式命名为六号空舰导弹，也第一次明确了在轰 -6 飞机甲型基础上改装为新型的轰 -6 丁飞机（亦称轰 -6D 飞机）作为载机，方案是在轰 -6 丁飞机机翼下挂载两枚六号导弹。这次青岛会议意义重大，它是再次启动空舰导弹研制、真正进入实施阶段的标志性会议。

1977 年 6 月 3 日，由三机部和海军联合向国务院、中央军委常装领导小组，呈送了《关于轰 -6 丁飞机挂六号导弹全武器系统研制总体方案的报告》。这个报告于 10 月 15 日由中央军委常装领导小组做出了“原则同意报告意见”的批复。

因为六号导弹是以岸舰导弹为基础进行改型的，有些弹上部组件因为是电子管产品，已经过时停产，而有些功能则已经落后，需要在原来基础上进行改进。为了使导弹或设备适应挂机环境，一些部组件需要进行技术创新，提高其

姚绍福在六号导弹研讨会上发言

姚绍福（左一）和梁守槃等人研讨六号导弹方案

六号（Y）导弹挂机照片

性能，以满足挂机需要。

研制单脉冲雷达。六号导弹在设计上采用了新型单脉冲雷达。原来岸舰导弹使用的是圆锥扫描雷达，它的缺点是容易受到角度欺骗干扰，因此二战后都采用单脉冲制式雷达跟踪敌方目标。我国在20世纪70年代初成功研制出了弹用单脉冲末制导雷达，并开始改装在岸舰导弹上进行试验。在研制六

六号导弹总装现场

号导弹时，这些单脉冲末制导雷达技术并不是很成熟。由于“文化大革命”期间荒废了原有的基础研究，缺乏预研储备，很多细小的技术都得从头试验，因此研制进展很缓慢。从 1977 年至 1979 年研制了几套单脉冲末制导雷达进行试验，1981 年又研制了新的抗干扰电路，经过 1982 年的几次试验后，整机终于定型，达到了国内先进水平，这是我国新一代末制导雷达。

研制小型逻辑部件构成的数字化指令机构。与岸舰导弹的电子管模拟机构完全不同，六号导弹上采用了小型逻辑部件构成的数字化指令机构，稳定性和可靠性大大提高，机构体积也减小了很多，为弹上成件运用数字化开创了良好的局面。这也是我国最早的具有程序指令和逻辑判断式的射程控制指令功能的弹上机构设备。

研制弹上多普勒雷达。六号导弹有一套多普勒雷达，主要用于测速而不是探测目标。由于高空投放已经具有初始状态，各种气流对导弹航向、姿态和高度的随机影响非常复杂。由于高空风速大，引起导弹飞行方向的随机变化，而空舰导弹飞行速度低、飞行时间相对较长，这些因素造成导弹纵向和侧向自控段重点散布大，使导弹在进入自控段后，自控飞行时间的误差很大，严重影响弹上末制导雷达对目标的捕捉。利用多普勒雷达测量导弹飞行速度，把测得的参数送入指令机构计算导弹射程，就可以对导弹飞行的航向和射程进行有效的控制，从而提高导弹的命中精度。

采用了精确的无线电高度表取代岸舰导弹原来使用的气压膜盒式高度表，以控制飞行高度，实现了导弹超低空飞行，其性能稳定，可靠性高。

研制机载火控系统和辅助设备。采用轰 -6 丁飞机作为载机首先是因为其载弹量大，是当时我国载弹量最大的作战飞机。当时我国海空军对导弹主要强调战斗部威力，因此导弹的体积重量都很大，只有轰 -6 系列飞机能够携带，其次是当时的设备体积和重量都不小，一般飞机难以装下。轰 -6 丁飞机的机载火控系统主要以射击指挥仪为中心，用 245 轰炸雷达搜索目标，航向基准陀螺为目标方位参照。当 245 雷达发现目标后，指挥仪参照航向陀螺指示自动计算射击的舷角，并给出前置提前角。由于空射导弹与飞机的姿态有关，因此必须有航向姿态系统和机身机翼的陀螺稳定平台，以确定导弹发射的初始姿态，使导弹投射后结合射击指挥仪装定的目标参数自动调整飞行姿态。

245 雷达是 50 年代初前苏联研制的一种用于轰炸的雷达，具有目标搜索功能，扫描速度快，很适合精确跟踪定位舰艇一类相对速度较慢的目标。于是设计人员决定利用这个特点，结合指挥仪设计出一套边扫描边跟踪的火控系统。实现这个功能主要是射击指挥仪对 245 雷达数据的处理利用。由射击指挥仪不断记录和刷新雷达接收到的目标位置，并用于显示和装定，实现了边扫描、边跟踪的目的，当时称这类系统为“双边”系统。就当时的射击指挥仪的处理元件技术水平来说，完全可以做到同时边扫描边跟踪两个水面舰艇目标。

独出心裁的设计，使轰 -6 丁飞机的火控系统不仅作用距离远、精度高，还能完成领航和轰炸功能，这种“双边”系统在国内尚属首创。1979 年 11 月，火控系统装在一架轰 -6 丁飞机上进行试验，证明性能良好，完全满足技术要求。这些很有特色的系统是研制人员在唐山地震后的危房和地震棚中完成的，世界上从来也没有如此艰难困苦的导弹火控系统研究环境。

在火控系统研制中发现多普勒雷达性能不稳定。为了提高火控系统的精度和可靠性，1983 年 7 月，三院总体部提出机载火控系统加装惯导装置，这样指挥仪既可以选择多普勒雷达输出的信号，又可以选择惯导装置输出的信号，提高了机载火控系统的精度和可靠性，保证了导弹的命中概率。

6. 空舰填空白

从 1978 年开始，我国飞航事业逐步走上正轨，在研的空舰导弹、超声速导弹、小型多用途导弹等几个重点型号，均进入了研制或是飞行试验的关键时期。

从 1978 年至 20 世纪 80 年代，这段时间恰逢三院多个型号进入预研、研制、定型飞行试验和批量生产的高潮时期。一直从事技术工作的姚绍福，1978 年被海军党委任命为三院总体部副主任，同年任三院总体部科技委副主任，依然主管型号技术工作；1982 年 3 月，被七机部任命为六号导弹副总师；1983 年 1 月被任命为三院副院长，主管型号技术工作；1983 年 3 月被航天工业部（1982 年 4 月，原七机部改为航天工业部）任命为海防武器系统副总设计师。在此期间，他除了继续主抓六号导弹的研制之外，其他重点型号的工作量也很大。任

低空超声速反舰导弹

蓄势待发的某型超声速反舰导弹

务更繁重，责任也更重了，当然，这也是他人生更为精彩的阶段。围绕着型号技术工作，他整天奔波于三院总体部、各厂所、上级机关、各种协调会议和试验靶场之间。

1978 年，六号导弹进入了武器系统的研制试验和定型试验这一关键阶段，参与的单位和系统多，组织协调难度增大，总体技术和分系统技术协调、飞机和导弹的协调性等影响试验结果的综合因素多，工作稍有不慎，就会功亏一篑，因此必须组织严密，周到细致，落实深入，确保万无一失。

按照 1978 年的科研生产计划安排，六号导弹开始进入飞行试验阶段，要对其设计的科学性、技术的可行性、性能的优劣性和质量的可靠性等做出验证和考核结论。

首次六号导弹挂机空中试验是在 1978 年夏季，参加单位有三机部、海军和三院等单位。主要是试验轰 -6 丁飞机带弹在空域飞行，测试空中应急燃料排放、测量机弹遥测系统的作用距离和方向图、机弹遥测传输干扰等。首次带弹起飞后，飞行员报告飞机发生了强烈振动并请求紧急迫降。飞机带弹降落非常危险，虽然是没有战斗部的遥测弹，但一旦在降落中掉落对于飞机也是致命的危险，好在降落非常顺利。经过检测后，发现振动是机弹间的空气流造成的。因为带弹

姚绍福（左一）和黄瑞松等人听取汇报

的飞机是专门用于试验的轰 -6 丁飞机，导弹挂在机腹下而不是设计的机翼下，机腹挂弹舱口没有填好，当飞行速度增大时，引起机身刚度下降，造成强烈振动。发现问题后，重新做了设计，轰 -6 丁飞机第二次飞行试验一切正常。

1978 年下半年开始，在戈壁滩进行六号导弹模拟投放试验。这是全武器系统研制总体方案中的一个重要环节，作为型号技术负责人，姚绍福组织并亲自参与了靶场的现场飞行试验工作。

在戈壁滩，轰 -6 丁飞机进行了投放导弹的试验。1978 年 10 月，试验队开赴西北靶场。戈壁滩的风刮得猛烈，让人睁不开眼，沙粒不时打在脸上，有些麻麻的感觉。姚绍福抬眼望去，四处荒凉，没有人烟，唯一能看到的是黄沙中一簇簇的红柳。看似娇弱的身躯，至多也就两三米高，更无粗壮的树干支撑，卷曲的枝条也是乱发似的，却是一簇簇鲜艳地展现给了戈壁。姚绍福抚摸着枝枝蔓蔓的红柳陷入了沉思。红柳在春天，多少流沙也掩埋不了它，它温柔中带着倔强，执著地从沙土中探出腰肢，细柔的枝叶上，奇迹般地绽放出红色的小花，叶绿花红，装点着戈壁，也衬托着胡杨，使其显得更加伟岸挺拔。那红柳遍布的戈壁，沙土何等的平静和规整，那是红柳用自己的生命化解了风沙的躁

六号空舰导弹在测试中

动，用一片柔情挽留了绿色，它虽没有健硕的身躯，没有婀娜的风韵，却有执着的根蒂，它与戈壁为伴，经得住寒风的吹打，耐得住无声的寂寞，受得住黑夜的挑战，挺得住岁月的流逝，它为茫茫沙漠增添了绿色的希望，它才是沙漠的强者。我们这些默默无闻的航天科技工作者，为了国防建设，为了万家欢乐，不就似那一棵棵红柳吗?

三发六号导弹和有关的仪器及人员陆续到达。1978 年 11 月 6 日至 25 日，轰 -6 丁飞机进行了两次投放导弹的试验，在投放还没有转入平飞前，导弹均坠地摔毁。经过查找原因，检查图纸，核对数据和分析，最后查出俯仰阻尼陀螺极性接反了。经核查：发现工艺电缆图纸是正确的，工厂按工艺图纸验收，但生产图纸是错的，工厂验收时没有检查出来。改动后，用最后一发试验弹于 12 月 5 日再次试验。当导弹投下后，滑翔到预定地点，点火成功，自动降低到预定高度后转入平飞。地面遥测和光测结果显示：飞行正常，投放试验获得成功。

通过导弹投放试验，不仅在技术上摸索出了成功的经验和失败的教训，推动全武器系统的研制向前迈进了一大步，更坚定了六号导弹研制队伍克服困难的信心。

1981 年 11 月，进行了一次以 051 新型导弹驱逐舰为目标的火控系统简易动态精度试验，采用的是不装战斗部的遥测弹。绵延的荒山连接着无垠的大海，

六号导弹挂机试验状态

苍凉中的安宁，靶场深埋在空旷的寂静中，一阵阵袭来的海风，裹带着一股股逼人的寒气横扫机场上空。三院总体部副主任、院试验队负责人姚绍福亲赴靶场坐镇指挥。由于轰-6丁飞机研制的进度有所拖延，导致直到1981年才开始按试验大纲进行试验。载机从某机场起飞，051型目标舰从某码头起锚，要求机舰在同一时刻到达指定试验海域。

被称为“空中美女”的轰-6丁飞机头部下方长出一个大“肿瘤”，原来这是“天线包”。这是我国自行研制的新型轰炸机，它傲然伫立在宽敞的停机坪上。停机坪上几十名技术人员和技术工人在上下忙碌着，姚绍福和大家一样，穿戴着黑色的偏大的空军地勤服、大头鞋和皮帽子。大家一个个捂得严严实实，分不清男女，远远望去都似黑铁塔一般，可是他们的动作节奏却很紧凑。他们已经忙碌了20多天，这些工程师、专家、工作人员、部队官兵分别来自三机部、四机部、海军航空兵、海军试验基地及国防工业部门的配套设备工厂，共同配合三院完成地面和空中试验。

有一天，总体部副主任姚绍福在自己宿舍兼办公室里转来转去，思考着什么。他让秘书找来了黄运才、王在文、肖连纯、任为民和辛黎升等一些工程师，这些人都是负责火控系统的技术人员。

几个人到齐后，姚绍福以商量的口吻，开门见山地问：“能不能设计一个简易的动态精度试验方案？只要给出一个粗略的火控系统精度，就可以下决心靶试。”

“精度检测不是分工由海军试验基地负责吗？”辛黎升不解地问。“基地的精度试验周期要半年，可是我们的弹已经搞出来了，总不能什么不干坐在这里等吧？如果我们能取得数据，就可提前进入靶试，抢出半年时间，提前出定型弹。”听了姚绍福这么一说，大家茅塞顿开。

几人回到宿舍，详细讨论了方案的可行性及目前条件下可利用的设备，讨论一直持续到深夜两点。第二天，吃过早饭后，又在姚绍福的宿舍开会。王在文作为课题组发言人谈了简易动态精度试验方案，从数学模型到参试设备、舰只、飞机、兵力等，说不上很具体，但基本思路已经有了。

姚绍福听后非常高兴，一下子跳了起来，拍着王在文的肩膀兴奋地叫着：“老王，真有你的，你是怎么想出来的？这下我们可以抢出半年的时间了！”老王故作腼腆地说：“是昨晚我做了一个梦，梦见的。”大家就笑着说：“老王，你就卖关子、吹牛皮吧！”

“没那么神！你睡觉谁不知道？哼哼咬牙加呼噜，全频道立体声，昨晚睡下后一点声音都没有，说明你没睡。”辛黎升与王在文同住一室，捅破了这个谜底。王在文笑了笑说：“昨晚我们一起讨论了一下，夜里又想了想，还有很多问题，有待进一步完善。”

辛黎升担任此次试验的现场指挥官。前面的航次比较简单，目标静止，进展顺利。试验进行到第七天，正遇风大浪高，机舰要做相对运动，几个航次都失败了，没能在理想位置上“跟踪”到“目标”。数据丢失，大家十分着急，可是天已黑了下来，作为现场指挥官，当然首先考虑就这么撤收、返航损失太大，怎么办？辛黎升临时召开了指挥所小组会议，找来任为民、李万才一起研究，决定“补航次”。机长、舰长都表示没有问题。这时船已经在海上漂泊了10个小时，飞机剩余的燃料也不多了，再进行两个航次，必须返航。

由于船摇得厉害，辛黎升干脆坐在冰冷的甲板上。任为民、李万才把他们的大衣全捂在辛黎升身上，而他们自己靠不停的活动取暖。情况很好，取得了所需数据。指挥所里，辛黎升向正在空中飞行的飞机下达撤收命令：“情况很好，可以返航！”“明白！”飞机驾驶员在接到地面指令后，驾驶飞机在舰上空盘旋一周向远方飞去。

在海上漂了10多个小时真是有点饿了。大家拾级而下，抑制不住的兴奋挂在脸上，一边看记录，一边谈论。一阵海风吹来，把姚绍福的皮帽子吹进了大海，李万才说：“老姚给海豚搞‘加冕礼’呢！”

1982年，开始了轰-6丁飞机全武器系统研制性飞行试验。这次试验队从1982年2月进场，开始做一系列准备工作，进行了一些空测设备检飞、雷达校飞、惯导设备检飞、动态精度试验等准备工作，同时还多次带弹飞行和模拟弹道飞行等。

在第一次轰-6丁带飞六号导弹前，试验队队员都焦急地等待着那一天的到来。因为大量的机和弹的试验都没有离开过地面，一切试验都还比较顺利。但是，如果飞机机翼一边挂着一枚重达2吨多的导弹，是否会对飞行产生影响？带导弹飞行着陆后又会怎么样……？一切都要经过试验来检验。更重要的意义在于，这次飞机带导弹在空中飞翔，是我国飞航导弹研制史上的第一次。

这次升空的导弹是两发遥测弹。待飞的飞机驾驶员是位颇有经验的飞行团副团长，他早已整装待发，手握驾驶杆，等待起飞的命令。指挥员下达了“可以起飞”的命令，飞机很快稳稳地爬升到了几千米的高空。遥测车天线紧紧地盯着载机，遥测弹不断地向地面发送数据，几个航次下来，已完成了预定任务。飞行员按照“返航”的命令开始返回，很快下降。人们仔细一看，飞机机翼下只剩下了一枚导弹。飞行员从窗口伸出大拇指表示“OK”，可是试验队队员的脸上却是一脸的狐疑。

试验队一面找故障，一面查原因，一面派出机场部队寻找残骸。经过总体部和指挥仪技术研究所等单位连续七八个小时的分析，终于查找到了原因，并排除了故障。原来是飞机试飞结束时，导弹从2000米的高空掉下来了。寻找残骸的部队发现弹体落在了距离一个砖厂几百米的空地里，钻进了2米多深的土里，只有两个弹翼留在了地面上。为了防止附近的老百姓把导弹挖走，姚绍福演出了一幕空城计：“这枚导弹随时可能爆炸，大家千万不要靠近。”后来一个班的战士挖了一下午才把弹体挖出来。当天试验队队员们的心情都十分沉重，没心思吃饭。回到试验队后，姚绍福心情郁闷，痛苦得直跺脚。

这天，正赶上试验基地放映电影《皆大欢喜》，姚绍福想：弹都掉了，还皆大欢喜，这不是对我们绝妙的讽刺吗？

第二天，飞行团副团长来看六号导弹副总师姚绍福，他劝慰姚绍福说：“姚总，科学试验失败是家常便饭，不过我倒认为这次收获很大，导弹虽然在空中丢了，但我在飞行中没有偏航的感觉，着陆时平稳，说明单侧挂弹对飞机的方向稳定性干扰很小，挂单发导弹飞行也是可以的。”副团长的一番话，给姚绍福多少带来几分安慰。但是这次失败却让他刻骨铭心。这次全武器系统的研制性飞行试验历时 200 天。最后由于发射区一直确定不下来和雷达存在不稳定问题，正式打靶到 6 月还没有确定下来。一切准备就绪，试验队只能焦急地等待。6 月 1 日，海军航空兵副司令员李景按捺不住，亲自跑去现场协调解决一系列的试验问题。

1982 年 6 月 19 日，终于熬到了打靶开始的日子，这是一个值得纪念的日子。一架轰 -6 丁飞机在渤海上空用 245 雷达截获了目标，并且立即自动形成了导弹射击诸元，飞机在 2000 米高度发射了第一发空舰导弹。导弹射出后，一切正常。向下滑翔到 800 米左右高度自动点火，天际间划过一道闪光。导弹按照装定诸元自动调转射击航向，并在预定高度降低为平飞，呼啸着超低空飞行，将平静的海面激出一片细碎的波纹。

在到达预定航程后，弹上末制导雷达开机自动搜索，不到 2 秒即捕捉到了海上的靶标，监测末制导雷达的仪器听到了“嘟嘟”的搜索雷达信号变成了急促上升的呼啸声，弹上自动驾驶仪随即控制导弹向着目标飞去，随后俯冲，直接命中了靶标。参加这次全武器系统的研制性飞行试验的辛黎升兴奋地说：“这叫旗开得胜！”

在导弹炸起 180 多米高的水柱的同时，本来聚集在海岸上鸦雀无声、紧张地注视着试验海区的试验人员们，也全部如同炸起的水花一样猛然跳起来，欢呼和狂喜的人们，将帽子、毛巾和衣物等手头上的东西抛向空中。渤海湾中的一声巨响，宣告了共和国33年没有空舰导弹的历史到此终结。

1982年4月，七机部改为航天工业部。国防科工委（1982年5月后，由原国防科委改称国防科工委）、海军、空军、航空工业部、机械工业部、兵器工业部、船舶工业部、航天工业部等部委领导机关的同志亲临现场观看，对这次试验取得的优异成绩，给予了很高的评价。导弹在能见度极低的情况下把靶船打了个一米见方的窟窿。海军航空兵副司令员李景高兴得话都说不出来，只是喜形于色地将双臂张开成了一个圆，比划了半天才说："打了个这么大的洞！" 并对姚绍福许下了诺言："今天招待每位参试人员半斤对虾。"

随后，又发射了3发导弹，都直接命中目标。按照试验大纲，对最大射程、最小射程、最高高度、最低高度，按照冬季和夏季不同季节，对固定靶标和活动靶标，都做了飞行考核试验，胜利完成了研制性飞行试验任务。至此，全武器系统的研制性飞行试验结束。

1984年，三院向上级申报了设计定型试验请示，1984年7月"航定委"批准了设计定型飞行试验大纲。为了做好准备，参试人员提前一个月进驻渤海湾靶场，经过各项检查测试，具备了定型飞行试验条件。1984 年 7 月 30 日至 9 月 10 日，开始设计定型飞行试验。定型飞行试验的发射高度要从 1000 米到 9000 米，射程从 27 公里到 100 多公里，所用的靶标为固定靶船和活动靶艇。试验结果是 6 发 4 中，其中有一发近弹，有一发脱靶，符合六号导弹试验大纲的要求，通过了设计定型飞行试验。从 1977 年 4 月算起到 1984 年 9 月，历时 7 年半，完成了从岸舰导弹改为空舰导弹的任务。

当“空中美女”轰 -6 丁飞机载着六号导弹，在祖国的蓝天碧海间翱翔时，犹如一幅“海鹰万里搏长空，大鹏展翅傲苍穹”的宏美画卷。它的研制成功，为后来我国空舰导弹型号设计和研制提供了有益的经验，奠定了基础，更重要的是填补了我国空舰导弹的空白，极大地提高了我国海军和空军中远程对海和对地作战能力，使我国有了震慑敌人、保卫万里海疆的利器。1987 年，六号空舰导弹武器系统获得国家科学技术进步奖一等奖。

姚绍福

姚绍福院士传记

Academician Yao Shaofu's Biography

第六章

自主研发“小二黑”

姚绍福组织开展了“小二黑”课题研究，使我国飞航导弹事业走上了自主研制的道路。此型号获得国家科学技术进步奖特等奖，参加了国庆35周年阅兵式。

1. 跟踪新技术

1965 年 5 月 4 日至 5 日，周总理主持召开了中央专委第十二次会议，会议决定：根据美、蒋集团不断对我大陆和空中进行侦察、骚扰和破坏的形势，必须采取积极的应对措施，加速对地空、岸舰导弹的研制，以便更快地加强我国防空和海防力量，更有效地削弱敌人空中和海上的军事优势。

1965 年 7 月 8 日，七机部党委常委会决定，撤销三院原非标准设计部，集中加强三院设计队伍力量。8 月份，将姚绍福从原非标准设计部三室（测量控制研究室）技术副主任岗位，调到了总体部三室任技术副主任，1966 年 5 月任新三室主任。

正是在姚绍福担任飞航导弹设计室主任期间，1967 年发生了第三次中东战争。

对反舰导弹技术已经有了浓厚兴趣而又充满好奇感的姚绍福，被这场由飞航导弹“以小弹胜大舰”的战事所吸引，并受到了强烈的震撼。他曾在一次技术交流会上说：“对于从事飞航导弹技术研究的科技人员来说，只有对涉及自己专业技术的战争饶有兴趣，并对它的细节战法和技术应用给予悉心研究，紧跟世界前沿技术，才能知道未来的前进方向。”他还说：“武器的性能决定战法，战法展现的是技术水平。”这场中东埃以战争，或许在姚绍福几十年的飞航技术研究设计职业生涯中都产生了难忘的长久影响，以至于到1989年他走上院长岗位后，在一篇《飞航之路鹏程万里》的论文中，还依然以“震惊世界”来形容那场1967年第三次中东战争，并以此为例，向世人证明反舰导弹在现代战争中的地位和作用。

一个多世纪以来，在历次海战中，舰炮之声一直是海战的主旋律，世界列强主要凭借的是海军的“大炮和利舰”，以及舰艇发射的鱼雷。而1967年发生的第三次中东战争，则改变了一百多年来海战的模式，一种新型的海战武器——专门用于攻击舰艇的反舰导弹登上了热兵器的“角斗场”，不断在实战中凸显其独到的威力。

1967年6月5日清晨，7点45分，以色列出动了所有空军，对埃及、叙利亚和伊拉克的所有机场（共25个）进行了闪电式的袭击。空袭半个小时以后，以色列地面部队发起进攻，阿拉伯国家奋起抵抗。战争至6月10日结束，阿拉伯国家失败。此战也称为“六天战争”。

其实，这场战争到此并没有真正结束。埃及并不甘心失败，他们在悄悄地厉兵秣马，积蓄力量，等待时机对以色列进行报复。几个月后的10月，埃及采取了“以其人之道，还治其人之身”的突然袭击方式，对以色列6月发动的那场“六天战争”开展了报复性海上行动。

1967年10月21日黄昏时分，夕阳西下，在埃及塞得港外的马纳湾海域，碧波荡漾，以色列海军的“埃拉特”号驱逐舰，正在西奈半岛北海岸执行例行巡逻任务，于碧波之中游弋。舰长埃特沙科·苏萨担心被潜艇袭击，命令驱逐舰做“之”字形的机动航行。而此时埃及的两艘183P“蚊子”级导弹艇也正在塞得港西侧的运河北口巡逻。“埃拉特”号雷达发现了这两个目标，但是苏萨舰长基于6月的作战经验认为，这是鱼雷艇在例行巡逻，因此没有过于关注。

由于当时以色列海军舰艇上没有安装火控雷达和制导雷达波段的接收设备，所以当埃及导弹艇接到岸上指挥所下达的攻击命令时，以色列的“埃拉特”号还依然沉浸在一片若无其事的宁静之中。

21日晚17点30分左右，埃及导弹艇射出第一发“冥河”反舰导弹后立即转向折回，然后准备再次进行攻击。

埃及导弹艇发射“冥河”反舰导弹的火光很大，“埃拉特”号上的一名水手回忆说：“塞得港方向有很亮的闪光和烟火，飞来物拖着一团火光和长长的浓烟，在地中海上空非常显眼。”这是以色列舰员第一次看见反舰导弹。有人拉响了战斗警报，舰长命令加速的同时满舵转向机动。

“埃拉特”号甲板上的所有人都因为军舰急转弯，一个个被甩得东倒西歪，惊恐万分。就在此时，以色列水兵突然看到空中一个在300米高度呼啸而来的怪物。航海长用望远镜一直盯着这个“小飞机”似的飞来物，他错误地以为飞来物航向并没有对准“埃拉特”号，按照规律似乎会从距离舰尾后400米左右上空飞过驱逐舰。其实，航海长看见的正是处于平飞段的导弹，末段制导雷达还没有开机。这个阶段的反舰导弹航向变化不大，是最容易被拦截的时候。其实“埃拉特”号只有114毫米火炮能够勉强用于拦截10千米左右的空中目标，然而这个没有多少把握的射击时机也被以色列的舰长给错过了。

埃及的“冥河”反舰导弹在9千米左右距离时，弹上雷达截获了目标，开始转向以色列“埃拉特”号驱逐舰，这是导弹发出战斗指令开始俯冲的前兆。“埃拉特”号上的人这下才反应过来，高射炮开始对空中的飞来物密集凌乱地射击。然而一切都是徒劳的，导弹带着从远到近的尖锐呼啸声撞在舰的后部爆炸。

巨大的爆炸火球将“埃拉特”号后半部全部笼罩进去，弹片和舰体碎片像风暴一样横扫甲板和海面。由于发射距离很近，导弹上的煤油和红烟硝酸成了纵火剂，很多人在爆炸瞬间闻到了强烈刺鼻的烟气。爆炸火球极具杀伤力，个别舱门被爆炸摧毁，高压高温的火焰撞进舱室，沿着走廊一路向前冲。虽然水兵深秋着装都是两层以上，很多人还是被大火烧得浑身红肉外露，那些艉部舱室的人连同舰体被炸得粉身碎骨、血肉横飞。

在第一艘导弹艇发射后，第二艘导弹艇紧随其后，间隔一分钟后也发射了一枚导弹。“埃拉特”号发现第一次发射的闪光后，注意力都集中在对第一发导弹的跟踪观察上，只有前甲板的一些水兵看见了第二次发射的火光和飞行的导弹。

第一发命中造成的震撼场面以及烟雾和大火，使得以色列水兵忘却了第二发“冥河”反舰导弹正在飞来。以色列舰上的所有对空射击都因为第一发导弹爆炸而出现短暂停顿，只有前部甲板的40毫米炮对呼啸俯冲的第二发导弹进行了射击。事后有人说：“导弹被炸成了碎片，但是这枚导弹还是直接命中了驱逐舰中部。”由于弹着点离舰桥很近，包括舰长在内的很多驱逐舰上的官兵被震得口鼻流血，舰桥上一些仪表和架子上的设备被震得掉下来。爆炸摧毁了主桅上的通信天线和发射机柜，切断了电缆，“埃拉特”号的大部分设备断电，动力全部丧失。

以色列水兵开始不顾一切地拯救军舰，巨大的爆炸使“埃拉特”号艉部和中部开了花，舰体侧面结构大面积外翻。由于是高空俯冲，爆炸并没有直接破坏水线以下部分，但是底部钢板出现了很多裂口且严重变形，大量海水涌入，在舰员们的拼命抢堵下，“埃拉特”号没有沉没。

在确认了两发“冥河”反舰导弹都命中目标后，埃及人开始错误地认为这艘“埃拉特”号舰马上就会沉没。因为在6月份的第三次中东战争中埃及人败战居多，因而为此时的胜利感到十分振奋，消息不仅马上报告给了高层，也很快在塞得港的陆海军部队中传开。夜幕降临，“埃拉特”号并没有沉没，埃及方面并不知道“埃拉特”号已经抛锚。

在等待了1个多小时还没有看到沉没迹象后，埃及海军决定再次发动攻击。

晚上19点30分左右，埃及导弹艇再次发射了第三枚“冥河”反舰导弹。

“埃拉特”号上的以色列水兵又看到港口方向熟悉的闪光，夜间导弹像刺眼的火球，从港口方向升起，直朝“埃拉特”号飞来，导弹后部的浓烟在夜里看来像炼狱中火光照射下的狰狞面孔。呼啸而下的导弹又一次击中“埃拉特”号后部，这艘饱受创伤的1700吨军舰再也无法承受威力巨大的炮轰。在重锤般的打击下，驱逐舰后部几乎解体，很多水兵都看见了驱逐舰后半部在熊熊燃烧的烈火中被吞噬而消失的可怕景象。任何人都明白：这下“埃拉特”号彻底没救了。

以色列“埃拉特”号舰长苏萨发出了弃舰逃生的命令。一些水兵在飞快倾斜的舰上尽量投下救生艇和救生圈跳进海中，还有很多水兵是从严重歪斜的“埃拉特”号残骸上滑入海中的。就在弃舰过程中，埃及导弹艇发射的第四枚“冥河”反舰导弹临空，这枚导弹是在最小射程上发射的，呼啸着飞向已经半沉没水中的以色列“埃拉特”号，并在附近海面强烈爆炸。

这次埃及与以色列的海上战役，以色列损失了1700吨的驱逐舰，47名水兵阵亡，91人受伤，其中9人严重烧伤。埃及海军出动的是两艘75吨导弹艇，无一伤亡。

这次战争中，小小的“冥河”反舰导弹就把一艘驱逐舰这个“大鲸鱼”打得片甲不留，充分显示了飞航导弹具备的作战效能，首开了反舰导弹海战的先河。正是这一点，震惊了全世界。

在两军对垒中，面对装备小巧快速的反舰导弹，那些用钢铁打造出来的坚船利炮，竟然无可奈何，没有任何还击之力，这些花费巨大财力、历经数十年建造完善的“大舰巨炮”居然都成了摆设！

“冥河”反舰导弹，是前苏联研制的一种近程亚声速飞航式反舰导弹。最大射程42公里，巡航速度0.9马赫，巡航高度100~300米，弹长6.5米，弹径760毫米，翼展2.4米，弹重2500公斤，战斗部重500公斤，为聚能穿甲型。

由于“冥河”反舰导弹使用最早，使用次数最多，而且几乎是“百发百中”，使那些传统的海军大国通过这次战争开始重新审视自己的海军装备和主战武器，引起了很多有海洋主权的国家对科技日益发展条件下海上新战法、新型武器装备的重新认识。

这场战争结束后，姚绍福还特地观看了军方制作的“内部”影片《第三次中东战争》，那艘“埃拉特”号驱逐舰被炸成一片狼藉不堪的景象，多少年来都始终在姚绍福眼前反复闪现；那四枚“冥河”反舰导弹呼啸而过的动感画面，总在他的脑海里挥之不去。从此，他对世界上发生的几次局部战争都给以了认真研究。这或许成为姚绍福关心现代战争新战法和研究飞航导弹新技术的一条捷径，或许就是他这点的与众不同，从而使他在思考问题和技术应用方面上往往能胜人一筹。

历史并不会让多数平常百姓对这场战争存有多少兴趣或印象，但对于那些肩上有着设计和研制责任的飞航导弹设计师而言，正是这一场场战争给他们以很多启迪，让他们看到了飞航导弹在现代战争中的突出作用和巨大威力。正是这场战争，进一步激发了姚绍福要努力建设强大海防、用自己的忠诚和知识来打造中国反舰导弹的决心。

2.“小”字闯新路

战备牵引和部队需求是导弹武器装备发展的动力，为部队提供性能先进、精度高、质量优的飞航导弹，满足部队对国防武器装备的需求，是广大飞航科技工作者的执著追求。

这场战争发生时的 1967 年，正是我国“文化大革命”的初期。七机部的群众分成了两派，严重对立，使型号的设计和科研生产受到了很大干扰。

七机部是承担我国导弹型号武器装备科研生产的主力军，在国际形势严峻、国内抓紧进行战备的形势下，绝对不能乱。

为了保证科研生产的正常秩序，1967 年 3 月 17 日，国务院总理周恩来，副总理李富春、聂荣臻，军委副主席叶剑英，在中南海小会议厅接见了国家部委的党委委员，其中三院院长林毅、副院长梁守槃也被通知参加了接见。周总理在这次接见中坚定而又严肃地明确：国家部委的领导权属于党中央，已夺的权要交回去，被夺权单位的党委要恢复工作。鉴于国防科研系统承担着繁重的武器装备设计和科研生产任务，很多新型号正是预研起步阶段或研制的关键时期，且军工系统的工作状态是否正常有序，关系到国防建设安危。针对这种地位和作用，周总理在接见的最后郑重宣布：对国防工办和国防工业各部委实行军事管制。

1967 年 5 月 17 日，国务院、中央军委发出通知，决定对七机部三院自即日起实行军事管制。军管会同时宣布：不承认此前造反派夺权成立的组织。在当时混乱的局面下，正是党中央、国务院和中央军委对七机部采取了这种断然措施，才为三院和总体部的正常科研生产比较顺利地进行下去提供了政治保障和组织保障。

我国仿制改型的以液体火箭发动机为动力的舰舰、岸舰导弹型号已经成功或正在定型，型号研制发展向何处去？三院已经先后对采用冲压发动机、超声速飞行的飞航导弹研制生产做出了部署。

国防科委在 1968 年召开的海军装备汇报会上明确提出，由于液体发动机推进剂有毒，配备的配套设备比较复杂，维护又困难，希望研制一种使用固体发动机的战术导弹（在 1978 年 1 月的国防科学技术装备委员会上，张爱萍副总长明确指示：今后停止液体推进剂火箭发动机海防导弹的发展，要改为固体的）。1969 年 10 月 8 日，海军航空兵部向三院提出：要设计和研制一型射程 50 公里的空舰导弹。

1970 年，海军第一次明确给三院和总体部提出了要研制一种装备在飞机上、以固体发动机为动力的空舰型近程导弹的任务。海军副司令员王万林（原海军航空兵司令员）代表海军，再一次直接找到了总体部飞航导弹设计室主任姚绍福，明确提出研制一种装备在强 -5 鱼雷机上、射程 50 公里，速度 2 马赫、挂机重量小于 700 公斤的导弹，以替代鱼雷。

由于1966年至1969年处于“文化大革命”的高潮阶段，整个七机部的科研工作很难正常开展。姚绍福这个农家子弟，从7岁入姚氏宗祠上小学到28岁留苏毕业，在20多年校园文化的熏陶下，属于性格内敛、秉性平和、少言寡语、追求知识的文化人，他抱定此生就是要努力做好学问、知识立身、技术报国的信念。在抗战烽火中和解放战争的隆隆炮声中成长起来的姚绍福，思想深处认为，作为建国以后党和国家培养起来的第一批科技人员，国家用心血和人民的血汗钱培养起来的新中国第一代知识分子，我们的良心就是要报答党的信任之情，用行动回报人民的抚育之恩，岗位责任就是要钻研技术，为国家设计出最好的飞航导弹武器装备。

1966年5月至1971年8月间，姚绍福担任新三室主任，正是派性较为严重的时期。在七机部各院和厂所两派群众组织之间的矛盾漩涡中，他从没想过要在风云变幻的政治博弈场上“独占鳌头”，也不会在派性争斗中去充当闯将而与对方“一决雌雄”，更不会参与那些无聊的“唇枪舌剑”的辩论。他关心的只有本职工作，关心的是团结大家一起干好本职工作。因此，他领导新三室时，对待每个属下都一视同仁，只要是为了工作都平等对待，他以他惯有的为人，温婉柔和、平心静气、公道合理地给每位同事分配设计任务，稳妥地处理各种矛盾，赢得了多数科技人员的尊重。

与姚绍福从1960年起就在空气动力研究所一起共事，后来又在总体部共事多年的三院原科技委副主任路史光，曾这样评价姚绍福：“在‘文化大革命’期间，老姚领导的那个室的人员是比较激进的。那段时间老姚负责八号导弹的论证任务，他是个很稳重的人，从不偏激，也不掺和派性活动，很善于团结不同观点的人一道工作，想办法去推动型号预研和研制工作，使大家为了共同的事业扭拧成一股绳，在当时的形势下能做到这一点，是极其不容易的。”

1969年4月开始，根据中央关于知识分子要下放劳动锻炼的要求，在七机

八号导弹飞行试验

部的统一安排部署下，三院先后安排了1698名科技人员，分别去河北、河南、山东和江苏等部队农场下放劳动，直到1971年6月才陆续返回原单位。

人员陆续回来了，有了稳定的设计队伍才能开展正常的工作。总体部急海军之所急，从1971年2月开始，便把研制“小弹”列入了单位的议事日程。总体部领导班子在讨论“小弹”研制的可行性时，分析认为：从飞航导弹总体部成立以来，经过几年对科技工作者有意识的培养锻炼，设计队伍已经逐渐成长起来，导弹技术和研制管理程序也不断成熟起来，这些都为“小弹”的预研奠定了基础。

三院从1965年成立以来的几年里，型号研究和科研生产规模不断扩大，已经从初建时的一个型号，逐步拓展成了几个型号，朝着多品种、宽领域、多层次方向迅速发展。总体部为适应型号研究与设计形势发展的需要，根据所承担的几个型号任务分工，对组织机构和各研究室的职能重新进行了调整。

1971年8月12日，调整后共设置了八个室，一室、二室和三室为型号系统总体室，其中承担型号任务的六个主要研究设计室是：一室负责岸舰导弹和三号导弹；二室（原姚绍福主管的新三室，此时改为二室）负责空舰导弹和低空超声速导弹，由姚绍福任主任、黄瑞松和杨经卿任副主任；三室负责舰空导弹，支同生任主任，史风楼、潘荣林和郭永祥任副主任；四室负责测试和遥测；五室负责地面设备与发射阵地装备；六室负责静力、强度和环境试验。各室根据重新划分的职责和承担的主要型号任务展开工作。

总体部调整机构的第二天，即 8 月 13 日，召开了第四届党员代表大会，选举产生了由 17 名委员组成的第四届部党委会，姚绍福当选为党委委员。姚绍福能被多数党员选入党委班子，足以说明姚绍福的工作是被总体部多数党员认可的，在党员领导干部中具有比较高的威望。

自从 1970 年王万林副司令员代表海军亲自找姚绍福主任谈研制机载“小弹”需求问题之后，“小弹”的构思始终在他的脑海里盘旋。姚绍福感到，王副司令员亲自向自己交办任务，这是军方对自己的信任和重托，是对自己技术上和能力上的认可，他同时也感到了一种压力，一种紧迫感，一种动力，一种责任。

在王副司令员提出“小弹”设想后，姚绍福所在的二室积极响应，主动开始了有关工作，组织力量收集有关技术信息，组织了相应的研讨活动。经他与总体部领导几次争取，总体部领导认真仔细斟酌后决定，“小弹”预研工作由姚绍福任主任的二室负责。姚绍福把这项任务列入了本室的科研课题进行专门研究，并和几位室领导立即组织总体、气动、控制、动力、结构等专业的精兵强将，于 1971 年成立了“小弹”预研组，开始启动了相关预研工作和方案论证工作。

围绕着拿出一个什么样的“小弹”设计方案问题，姚绍福组织二室技术人员广泛开展了技术民主活动。在“小弹”究竟要采用什么动力装置的问题讨论中，多数技术人员都不太欣赏前苏联援助我们的以“544”为原型改进的岸舰型“练兵弹”，觉得它“傻大黑粗”，不精巧，而且使用液体发动机的导弹配套设施复杂，使用和维护都较为麻烦，液体推进剂还对人体健康有毒有害，也容易出安全事故，应该研制一种尺寸小巧、使用方便的导弹型号，最好是使用固体动力装置。

在一次“小弹”预研组的研讨会议上，姚绍福针对“小弹”的设计思路问题，提出要研制一种长时间端面燃烧固体火箭发动机的设想，并成立了固体发动机专题课题组进行预研攻关。在 20 世纪 70 年代，姚绍福就提出了“导弹研制，发动机先行”的观点，他也在多次研究室会议上和多种场合宣传自己的这一观点，这是对导弹产品设计和研制规律的深刻认识。动力技术研究所丁振宗说:“老姚在那么早就提出这个观点，这是他对飞航导弹技术发展的一个重大贡献，我至今难忘。”

“小弹”预研组在几次讨论会上分析认为，三院已经应用了我们自己设计制造出来的高度表，这就为实现导弹的“掠海”飞行提供了可能性。我们虽然目前还不掌握法国“飞鱼”的具体技术指标，但可以借鉴人家“小弹”的设计思路。另外，我们能否按照“一弹多用”的思路，设计制造自己的新型导弹？不仅能够解决我国舰载弹、机载弹等多平台的通用性问题，而且符合国家提倡的少花钱、多办事的要求。

曾先后任总体部三室主任设计师、三院总装厂副厂长兼总工程师，现年 83

岁的支同生至今清楚地记得：当时争论的一个焦点问题是导弹的飞行速度，到底是设计成超声速，还是亚声速。经过大家反复计算速度、射程、战斗部三项指标后，认为还是设计成亚声速可行，发动机小一些比较合适，飞行高度距海浪平面 5~7 米高。步骤上采取分步走的方法，先研制一种射程 30 公里的，然后再提高到射程 50 公里的“小弹”。

在争鸣中明辨优劣，在民主中集思广益。1972 年 2 月 9 日，第三总体部正式向三院报告了“小弹”的预研工作情况和“小弹”的方案大体框架，并建议列入院科研计划，以组织预研。报告中写道：“我部于 1971 年 4 月开始工作，由二室组织一个组，对研制‘小弹’的必要性和实现的可能性进行了调研，提出了初步设想，采用正常式 X-X 型气动布局，采用固体火箭发动机，自控加自导的控制方式。”

应该说，在飞航导弹总体部组建仅有七八年时间，又时值“文化大革命”非正常时期，能提出这样一个不同凡响的方案，可见这些设计师们的设计思想，在那个没有开放的时代背景下，是很有魄力、很有建树、很有先见之明的历史性超越！

1970 年 12 月 11 日，中央军委决定原六机部七院院长于笑虹调任三院院长。1972 年春，于院长针对科研生产情况开展了调查研究工作，6 月 8 日，他亲自主持召开了“小型导弹预研工作汇报会”，听取了总体部三个总体室承担的型号预研和研制情况。当听完开展研制多用途小型导弹的设想后，于院长对在场的同志说：“研制舰舰、空舰两用的导弹，先研制舰舰，然后研制挂机。研制亚声速飞行，超低空突防，同意你们研制‘小弹’，并以固体发动机为动力的对舰导弹，海军很需要。”这次会议于院长的决策，为“小弹”型号定了基调，从此三院“小弹”的研发工作正式启动。

该型导弹的研制不是国家计划下的“产儿”，而是三院追赶世界前沿技术，自加压力产下的“私生子”。正因如此，从 1970 年提出到 1977 年国务院将其命名为八号导弹之间的这几年，“小弹”始终是一个“黑户口”。

追忆起当年“小弹”被称之为“小二黑”的历史原由，这三个字里每个字都有其沉甸甸的分量：一是这个导弹在设计上尺寸“小”；二是它是由当时的总体设计部二室承担的，故代表“二室”之意，也有的说，在三院研制历史上排队是“第二个型号”的意思；三是它从来到这个世界上就是“黑户口”，故而称它为“小二黑”，而设计师们又不情愿委屈了自己的“宝贝”，对外的雅号称作“小弹”。但是，又不敢让“小二黑”这个不雅的名号出现在图纸设计、工艺规程和生产任务计划文件上，于是就有人灵机一动，想出来一个绝妙的办法：用“小二黑”三个字的汉语拼音首字母“X”“R”“H”标注，因此 1977 年国务院命名之前凡是涉及“小二黑”任务所用的设计图纸、工艺规程和生产任务计划等文件，均用“X.R.H”三个字母标注。

“小二黑”身体小，五脏六腑都得小：小发动机、小末制导雷达、小自动驾驶仪、小战斗部……突出特点就是一个“小”字。但是，这一切不是简单的由大变小的微缩，而是体现一种精巧、干练和创新，是一场艰难的技术革命。

1972 年 6 月，正当设计师们放飞思维的关键时刻，七机部派三院总体部二室姚绍福主任、三室史风楼副主任随海军技术考察团去巴基斯坦访问，专门考察法国“飞鱼”导弹的情况。“飞鱼”导弹是法国航宇公司研制的一种全天候两级飞航式空舰导弹，“飞鱼”代号为 AM-39，该弹是在 MM—38 舰舰导弹的基础上，从 1970 年开始研制的一款新型号。

姚绍福在随团考察参观期间，以极其认真负责的态度，通过用心看、听、问、记和收集说明书等方式，抓紧一切可能收集一些“飞鱼”导弹各种技术信息资料的机会，并牢记于心，其中还收集到了一张粗略的“飞鱼”导弹图形的广告页。晚上吃过饭后回到住处，姚绍福就将所见所闻所记，都一一记录在笔记本上，他心想：这与我们 2 月给三院领导报告的总体设想框架和思路不谋而合，大同小异。

回到总体部后，姚绍福将所见所闻和技术笔记综合起来，为大家介绍“飞鱼”导弹的基本情况。结合我国的实际情况和自己的思考，他提出了“小弹”设计方案可以采用扇面发射、固体发动机、半穿甲战斗部、亚声速掠海飞行等多项重大设计思想。大家听了这一课后，深受启发，感到姚主任在这个关键时刻的考察，无疑对正在开展的“小弹”预研和方案论证工作，开阔了视野，由此更坚定了预研组和设计师们先搞亚声速导弹的思路。

原总装厂副厂长支同生在回忆当年情况时说，老姚 1972 年出访巴基斯坦回来后，带回来的广告页和做的笔记自己都曾看过，姚主任还挂着黑板给“小弹”预研组专门讲过课。他认为，当时“小弹”的预研和方案论证工作正处于节骨眼上，姚绍福的讲课和所传递的信息，对“小弹”方案的方向选择、整个方案指导思想和气动外形设计思路，都起到了重要的导向和补充作用。

后来，总体部设计人员就按照姚绍福的设计思路和大家多次民主讨论的意见结果，在 1973 年勾勒出了“小弹”的初步总体方案。亚声速，超低空飞行，射程 37 公里，重量不大于 700 公斤，采用一台环形助推器和固体火箭发动机，以舰舰型武器为发射平台，并上报了此方案。

1974 年第二、三季度，三院多次向海军领导机关汇报这个方案，海军提出

姚绍福在某型号助推器方案研讨会上发言

先上空舰导弹为基本方案，梁守槃副院长亲自去海军协调尽快下达正式研制任务的文件。

1974年9月16日，海军下达了《请论证50公里“小弹”任务的通知》。其中对“小弹”提出的指标是：重量为650公斤，射程50公里。

按照海军技术性能的要求，1975年4月，三院向海军报送了《“小弹”初步方案论证报告》。11月，海军召开了总体方案及技术协作定点会议，确定了总体方案和分系统的技术要求，安排了研制单位。

三院原科技委副主任路史光在评价姚绍福在“小弹”预研中的贡献时中肯地说：“老姚是个很尊重科学规律的科学家，由于他的钻研和用心，他很早就在导弹学识和技术方面高人一筹，在‘小弹’设计上他最大的贡献点是，改变了导弹原有的设计模式。比如设计思想上使飞航导弹的外观由大变小，发动机由液体变固体，配套设施由多变少，使用维护由复杂变简便，体重由重变轻，从而使导弹所有成件都由粗大变精致了，这在上世纪七八十年代是个非常了不起的飞跃。”

3. 动力亦先行

发动机是导弹飞行的动力装置，它的直径和长度大小决定了弹体的外形尺寸，它的推力直接影响着导弹飞行的速度和射程，发动机是制定全弹技术方案的基础，也是决定导弹技术性能的重要条件。

“小弹”的关键技术问题是固体火箭发动机。发动机这个导弹的“心脏”成了支撑“小弹”预研的关键，它的可行性与可能性，关系到整个“小弹”方案的走向和前途。

既要“小弹”亚声速超低空飞行，又要保证一定的射程，就需要一个小推力、长时间工作、长喷管结构的固体火箭发动机，它需要工作的时间在3分钟左右。但在当时，国内最长工作时间的固体火箭发动机也不过60秒，并且尚未成功。

在讨论“小弹”战术技术指标和初步方案时，大家感到该型号对三院来说，弹上应用的多个专业都是全新的，与其他型号之间没有可继承性。虽然在控制、电气、结构等方面研制的困难不算太大，但是三院在动力方面一点基础都没有，等于是从零开始。如果动力方面的问题不解决，总体方案就没有基础。

在缺少发动机专业人才的情况下，为了推动“小弹”论证的步伐，1971年，总体部二室在研究“小弹”发动机专题预研组人选时，姚绍福向总体设计部领导提出了自己的想法：能否从本院发动机研究所借调几个专业技术人员，与总体部主管发动机的专业人员共同组成一个发动机预研组，集中精力和时间进行此项工作。后经总体部领导研究，由技术科海军军代表栗圣铎亲自出面协调，向三院发动机研究所所长王树声发出了支援技术人员的请求。发动机研究所非常支持这个项目，答应马上派出三位技术人员。

1971年6月，三院发动机研究所二室的丁振宗在山东农场参加了一年半的农业生产劳动后，返回原单位上班。当时的代组长唐四福找到丁振宗谈话说：“经所领导研究，决定派你去总体部二室帮忙搞‘小弹’的固体发动机研制工作。”8

月，发动机研究所的丁振宗、常敬基、郑炳森三个人来到三院总体部二室报到，加上总体部三室的程汉杰，这样负责固体发动机预研的共有四个人。常敬基负责发动机喷管系统设计，丁振宗负责发动机燃烧室和装药设计，郑炳森开始与常敬基一起共同负责喷管设计，后来负责发动机点火器系统设计。

预研就是开辟新的疆域，走前人没有走过的路；预研就像先遣小分队，为后面的大部队探索道路，必须具有探险的勇气和开拓的精神。

1965 年毕业于哈军工的总体部原科技委副主任周大民曾说：“在 70 年代初，正义与邪恶、理智与狂热、真理与谬误还在中国大地上继续较量，当时七机部内‘派性’还在作祟的形势下，搞固体发动机研制是一件非常不容易的事。一切都要靠自己去做，自己设计图纸，自己加工零件，自己制造工装设备，自己装药，自己进行点火试车，按现在的标准来看，有很多不符合规程的地方，但是却充满着创造活力。”

他们在研制中首先遇到的困难是：如何设计固体火箭发动机。这四个人在大学里谁也没有学习过固体火箭发动机专业，也没有参加过固体火箭发动机的研制，大家都是外行。怎么办？只有学习！向书本学、向能人学、向实践学，学中干、干中学、边干边学，别无选择。

从 1971 年至 1976 年这五年间，凡是能找到的书籍、报刊、各种零散资料，他们都找来浏览学习，或是仔细研读。凡是与固体发动机关系密切的内容，都做了重点研究，有的还做了抄录，每个人都积累了二三十本的技术笔记。“当时，我们脑子里整天想的就是发动机的事，只要是不加班，我们就坚持学习。”丁振宗说。

固体火箭发动机推进剂的选择和技术处理是个关键。丁振宗说：“1972 年姚绍福从巴基斯坦回来时，给我们介绍了法国‘飞鱼’导弹的情况，其中最让我感到震撼的是提到了他们发动机使用的是‘双基药’这三个字，这对我们关注发动机的人来说，到底选取什么样的推进剂，起到了决定性的作用。”为什么法国的“飞鱼”导弹主发动机采用双基推进剂？这种推进剂的能量水平和其他性能均不如复合推进剂。预研组经过分析认为，法国主要是考虑到长时间工作，又是长管结构的固体发动机难于攻关。当时，我们国内海军鱼雷用的双基推进剂是挤压成型的药柱，其直径不仅满足不了“小弹”发动机的性能指标，而且国内也生产不了。

法国能研制出来“飞鱼”200秒工作时间的发动机，我们为什么就做不到呢？带着“只要外国人能做到的，我们也能做得到”的信念，预研组开始了从零起步、跋山涉水的拓荒工作。

预研组为了探索和尽快全面解决采用什么推进剂的问题和掌握固体发动机研制方法，走遍了祖国各地有关单位调研取经。首先去的单位是海军领导机关和海军机场，对海军部队提出的需求、装载对象强-5飞机的构造，以及可行性等情况进行了调研。在海军机场，指战员们指着强-5飞机说：“你们看，这么好的飞机，如果配上先进的导弹，就如虎添翼了。”作战部队迫切期望飞航导弹研究院能给他们提供一种命中效率高、使用维护方便、战术技术性能优良、采用固体火箭发动机的小型导弹。这次去部队调研，深深地打动了每个设计师，让他们由衷感到了自己肩上这副沉甸甸担子的分量，让他们明白了自己手中的这份研制任务关系到能否让祖国空中猛虎再添杀敌的利剑。

他们不辞辛苦，还分别走访了北京钢铁学院、航天五院某研究所、二院总体设计部、南昌320厂、轻工业部的251厂、西北橡胶工业制品研究所、内蒙古四院389厂、西安845厂、太原245厂等企事业单位，攻关组还先后与30来个单位建立了业务联系。经过持之以恒的探索、学习、调查和研究，这几位同志终于对固体火箭发动机的专业知识、推进剂的采用等，由知之甚少到比较系统地掌握，从没有一点经验到有了比较系统的理性认识。508所是研制过和平

6号探空火箭的单位，用的就是固体火箭发动机，发动机工作时间为40秒。在登门走访中，从他们那里获得了很多有益的技术支持，借鉴了一些宝贵经验。

经过反复计算和比较，发动机预研组最后确定采用聚硫复合固体推进剂作为主发动机装药的方案。一是因为它的能量低于丁羟推进剂，其能量能满足发动机需要；二是国内能生产，而且国内某卫星已经采用过，更利于早日攻破导弹主发动机这道难关。

在深入研究和测算中发现：当燃烧室火药燃烧时，内部温度可以达到3000摄氏度的高温，发动机外壳的温度也在700多摄氏度，发动机外壳体与燃烧室之间如何隔热、如何防热，成了研制中必须闯、又极难闯的一个技术瓶颈。为了解决这个难题，预研组特地去了轻工业部251厂。事情也很凑巧，丁振宗在251厂遇到了当年在哈尔滨军事工程学院就读时的一位老同学，这位老同学就职于哈尔滨船舶工程学院，正巧也在251厂调研。他向老同学说明来意后，这位同学就坦诚地推荐了一种称之为“咸阳片”，即“P107”的耐热材料，这种材料在壳体和药柱之间有较强的隔热作用。

回到总体部经研究后，总体部军代表栗圣铎和丁振宗一起去了西北橡胶工业制品研究所进行调研。原来想用玻璃纤维当发动机外壳，在西北橡胶工业制品研究所的大力支持下，预研组对固体药柱的橡胶保护层和壳体保护层粘接等技术问题、工艺技术问题有了进一步理解。同时，在发动机喉部材料防止被冲刷变形问题方面也获得了很多新收获。

“我们是党和国家自己培养起来的第一代火箭技术人员，国家把这个重任交给了我们，我们不干谁干？完成这项任务，我们责无旁贷！”这就是预研组几任科技工作者发自内心的铮铮誓言。他们决心用最短的时间、最大的努力，为我国的海军航空兵研制出优质的固体火箭发动机。

4. 何惧攻关难

1973年4月初，总体部开始进入第一批试验型固体发动机总装和试车前的各项准备工作阶段，并于4月6日向上级领导和机关作了书面汇报，为此成立了由技术人员、总体部科技处人员、工人师傅组成的固体发动机“三结合”总装试验攻关组。整个壳体制作、零部件加工、装配和最后的试验，基本上以攻关组几个人为主体，以总体部为基地。

当时，总体部自己设有一个简单的车间，有一定的机加工、钳工、电气焊和装配能力，能承担小件零部件的生产任务，难度大或是尺寸大些的、需要特殊工种或特种设备加工的零部件，都到外单位协作加工。

总体部车间的钳工组师傅们与几位技术人员一起，开始了真正“白手起家”的攻关。组长刘传印师傅比丁振宗大七八岁，也加入到了“三结合”攻关组，带领着几个工人负责制作工作。刘师傅既当大调度，又直接上手亲自操作加工；既当生产制造的工艺参谋，又负责各种零部件制造中的钳工、零部件切削加工、装配和一些外协等工作。

由于当时正处于“文化大革命”的中期，预研任务没有纳入国家的正常计划，造成了很多工作做起来十分困难。比如，发动机所用的不同的材料和标准件、物资和器材等得不到应有的保障，需要的特种加工设备、必要的设施不配套；外协渠道不畅，有的协作单位不愿意干这个型号的协作任务，有的单位处于半瘫痪状态，需要的协作加工任务难以保证进度。发动机样机的总装和试车前的制造就是在这种举步维艰的环境中进行的。

没有壳体怎么办？攻关组为了给国家节省材料和试验费用，就废物利用，找来另一个已经报废的某型号助推器外壳，把它从中间一截，做成了两个发动机壳体。

前后封头加工爆炸成型没有干过怎么办？他们就到工厂去虚心学习制作方法，自己搞爆炸成型。开始时由于没有经验，对药量多少总是掌握不准、吊高的技术总是拿捏不好，他们就多次出去请教，经过反复试验，终于使爆炸成型获得了成功，制造出了符合技术标准的发动机封头。为了解决喷管烧蚀问题，大胆采用了钨渗铜材料；为了防止药柱向壳体内装填时挤掉包覆层，从北京针织厂买来了做弹力尼龙衫的材料，套在药柱外面，非常有效。

药柱的长途运输问题怎么办？发动机所用的药柱，每次都要从内蒙古四院用汽车运输到北京，由于这个“小弹”研制属于“黑户口”，长途运输又经过好几个省份，都不允许在公路上拉“火药”这种军需用品。于是，他们就只有“走后门”，设计员杨经卿出面请他哈军工的老校友、当时的军管组组长派车，亲自到海军总部机关办理运输车辆和货物免检手续，才保证了药柱的运输和供应。

缺少模具和设备怎么办？大家就手工剪好隔热材料，然后再一块块拼起来，像养护花朵一样，细致入微地粘贴好燃烧室防烧蚀和壳体隔热保护层。没有推进剂加工场地，厂房里又没有通风设备，而所用的非金属的粉尘污染严重，他们就戴上口罩，趁夜深人静时在车间生产。发动机药柱端面需要切成漏斗形，没有机加条件，车间陈明师傅只能用铜刀当工具，用手工一点点地精心削整出来。

装配没有厂房怎么办？他们把露天环境当厂房，在露天环境中一样干得热火朝天。用汽车或吊车吊装药柱时，汽车排出的燃气有可能引起火药燃烧爆炸，他们就把钢管连接在汽车排气管上，把燃气通过钢管引流到几百米以外的地方排掉，以保证装药的安全。

经过边干边摸索，取长补短，发动机方案先后做了两次大的修订。在整个样机生产过程中，攻关组的技术人员和工人师傅们，一起不分白天黑夜地加班加点，一起摸爬滚打，一起克服遇到的困难，一起处理加工中的难点，一起跑到外协单位现场验货或跟班生产，一起冲过一个个的险滩。发动机第一台试验机的生产制造就是在这种条件下，靠“自力更生，艰苦奋斗，严谨务实，大力协同，无私奉献，勇于攀登”的航天传统精神，靠人人献策，人人忘我，人人争先，人人抢着干的劲头，像一个婴儿一样，在母腹中一天天成长壮大，即将“诞生”了。

发动机试验机制造出来后，可是新的问题又来了，没有试验台，没有试验场，去哪里试验呢？这是固体火箭发动机第一次试验，大家心里确实没底。为了确保试验稳妥安全和达到预期效果，三室主任支同生找到了二室主任姚绍福商量这件事。支同生说：“姚绍福是个很随和的人，虽然留过学，但做人很低调，从不盛气凌人，从不显示自己，比较尊重别人，技术上比较讲民主，再加之老姚一直挺关心‘小弹’的预研工作，我就去找他商量发动机试验的准备工作。老姚的意见是在就近的后山找个合适的地方，他让我先听听大家有什么好想法，然后再定。”就这样，在试验之前特地组织了有研究室和攻关组有关人员参加的会议，专门讨论了试验地点的选择和有关准备工作事项。经过大家讨论，最后决定在总体部的后山坡上土法上马做发动机试验，发动机点火由郑炳森负责。

北京的秋季，天高云淡，风清日朗。101 试验研究所的东边、总体部的后山坡上，是一大片一大片高低错落的荒山僻岭或是洼地。那里长满了一片片带着刺的酸枣树和各色的杂草，其间还有一些人家消遣时种下的玉米、高粱或蔬菜，零零星星有几棵槐树或榆树，在那里伸展着成熟的枝桠，懒洋洋地领略着秋天的艳阳和瑟瑟的秋风。

1973 年 10 月 18 日，攻关组和三室有关人员，在总体部后山上找了一块洼地，大家拿着铁锹和镐头等工具，清除了杂草，平整出一片几十平方米的地方，挖了一个一米多深、直径将近一米的坑，为试验做好了一切准备。

10 月 19 日，蔚蓝色的天空中飘着朵朵白云，是一个做试验的好天气。人有好事，天来助力，这是一个不起眼但又让人难忘的日子。早上 7 点多，参加试验的有关人员就来到了后山坡试验现场，将点火导线和测量发动机燃烧室的压力示波器、温度测量仪等传感器的导线以及摄像机等设备电源导线，从总体部院里 57 号建筑物拉出来 300 多米到山梁上，将测试台和点火台放在一张小桌子上。负责发动机试验的几个人每人都准备了一块秒表，便于测量发动机的工作时间。他们一起动手，把发动机头部朝地下，机尾的喷口朝天上，这样可以使推力往地下顶，竖着将半截发动机埋进了前一天挖好的坑里，拉上了测试试验数据的导线。为了防止发动机爆炸飞出来伤到人，他们又临时用钢丝绳一头把发动机捆住，另一头捆在附近一棵大槐树上。

试验即将开始。姚绍福主任和参加试验的人员一样，都站在周围百十米以外，屏住了呼吸，全神贯注地望着埋在土里的半截发动机，等待那期望已久、决定成败的一刻到来。郑炳森在点火后的片刻，只听"轰隆"一声巨响。发动机工作完毕，待壳体冷却下来后，再将发动机壳体从土里挖出来进行检查分析。经测定：发动机工作时间为 95 秒，推力为 430 公斤，试验取得了初步的成功，比当时国内工作时间最长的探空火箭用的固体发动机工作时间还要长 55 秒。参加试验的人都高兴地跳了起来，互相祝贺："真没想到会取得这么好的效果。"山坳里传出一阵阵的欢声笑语。我国飞航导弹第一台长时间短喷管固体火箭发动机问世了！

一向喜怒不形于色的姚绍福，此时感到格外兴奋，他暗自思忖道："主发动机初试成功，使整个‘小弹’的预研终于有了一个良好的开端，也为下一步‘小弹’的总体设计确定了基点。”

但是，作为攻关组主力的丁振宗，从这次发动机试验的一声巨响之后，耳朵里便总有一阵阵“嗡嗡”的轰鸣声，什么也听不清楚了，至今他依然还要戴着助听器才能与人交流。丁振宗说：“当时研制成这台发动机真的不容易。试验之前的一个晚上都没睡好觉，想了很多试验预先准备的事，很怕不周全导致失败；试验成功后，又是连续几个晚上没睡好觉，想的就是下一步如何去延长发动机工作时间等一系列技术问题。”

首次试验成功，给了这些参加研制的同志以巨大的鼓舞。他们又根据几年来的经验，进一步改进和完善，按照总体部的要求，对有关参数作了调整。1974 年 10 月 28 日，总体部下达了《“小弹”固体发动机研制任务的通知》，要求年底前制造出一台长时间寿命的试验发动机，这次要生产的是第四次试验用试验机。

1975 年 1 月 31 日，第四次试验即将开始。当天，副院长梁守槃，以及院机关、总体部的领导和主管部门也来到现场，亲历了试验全过程。

姚绍福（右）向梁守槃（左）汇报产品研制情况

梁守槃，中国火箭专家，1937 年 6 月毕业于清华大学，1938 年赴美国麻省理工学院留学，获航空工程硕士学位。1940 年回国，先后在西南联合大学、航空发动机制造厂、浙江大学、哈尔滨军事工程学院工作。1956 年调入国防部第五研究院，历任发动机研究室主任、一分院总体设计部主任、发动机研究所所长、三分院副院长，第七机械工业部第三研究院副院长，曾任航天工业部科技委副主任，航空航天工业部高级技术顾问，航天工业总公司高级技术顾问等。

现场指挥员下达了命令“全体人员退到安全线以外，半小时准备开始”之后，是焦急等待的半个小时。在点火开始的口令声中，发动机喷出了橘红色的火焰，一直持续了三分多钟，火焰才逐渐熄灭。此时，山上的欢呼声响成一片。试验结果是，发动机工作了 210.5 秒！大大超过了战术技术指标的要求，这就为“小弹”的总体论证和下一步的研制工作奠定了第一块基石。梁老高兴地站起来带头鼓掌，并与参试人员逐一握手，他称赞说：“你们的发动机可以打到 60 公里以上，祝贺试验圆满成功。”

1981 年 5 月，姚绍福回顾当年这段历史时说：“1970 年，根据海军航空兵的要求，我们确定以研制长时间端面燃烧固体发动机为重点的预研课题，这项

在发射架上的岸舰导弹

预研工作在 1975 年试车成功，该项成果应用到了八号导弹上。”

一颗小小导弹的“心脏”研制成功，为“小弹”的整个方案论证铺垫了第一块基石，也为“小二黑”转正、为它能走向未来开辟了无限光明的前景，尤为重要的是，它为“小弹”的研制队伍迈向成功彼岸注入了希望和力量，极大地鼓舞了预研与研制工作人员的信心和斗志。

固体火箭发动机预研取得了历史性的突破，这个消息也不胫而走，《解放军报》等一些新闻媒体给予了报道。1975 年 9 月 30 日，郑炳森代表这个项目预研组，被特邀参加了受周总理委托由邓小平主持的国庆招待会，这是党和国家给予他们的至高荣誉和激励。这项固体火箭发动机预研成果获得了 1978 年全国科学大会奖。

5. 分系统研制

从 1973 年至 1975 年年底，总体部在进一步论证总体方案的同时，开始了弹上各个分系统技术论证和下达《研制任务书》开展研制的有关工作。

1973 年 12 月 15 日，总体部在下达的《1974 年的科研生产计划》中提出了“小弹”的主要工作是：搞好方案指标及分系统指标的论证，尽早提出预研任务书，落实承担单位，积极开展工作，为型号及时上马打好基础。

经过一年多各分系统主管研究室的积极努力，到1975年，具备了给有关分系统责任单位下达《研制任务书》的条件。因此，在1975年1月2日，总体部下达的《研制计划》中明确要求，要进一步开展总体方案论证，同时提出各分系统的研制指标。据此，总体部在深入细致论证“小弹”上各分系统的技术指标的基础上，开始陆续给承制单位下达了《研制任务书》，明确了各个分系统的技术指标和性能要求，及其研制计划和进度安排。

1975年11月1日，三院党的核心小组召开会议，听取了总体部和科技部关于“小弹”研制方案和进度的情况汇报。会议决定开始全面启动“小弹”研制工作：由总装厂承担“小弹”总装生产任务；迅速召开外协单位会议，落实外协任务；由梁守槃、吕琳负责向海军王万林副司令员汇报“小弹”情况，并要求海军向上级报告，争取早日把“小弹”列入国家计划。

1975年11月10日至15日，三院召开了“小弹”方案讨论会，海军刘道生副司令员参加了会议。会议讨论了“小弹”的总体方案，确定了分系统技术指标、协调与制定《研制任务书》；会议同意“小弹”全武器系统论证方案和战术指标。以此为标志，三院开始启动“小弹”科研生产总装工作。

“小弹”上所有分系统承制单位根据三院下达的“小弹”任务，开始集结有关的人员、资源和力量到新型号的研制工作上来，全力以赴开展弹上所用零部件和成件的研制生产攻关工作。如助推器、小型化自动驾驶仪、小型化多功能专用模拟计算机、无线电高度表、磁粉离合器舵机、高效能小型末制导雷达、战斗部和引信、数字定时器等设备的预研和研制均全面展开。

助推器的研制从1973年开始。助推器是导弹推进系统的重要组成部分，是使导弹从发射平台装置上迅速起飞、加速的一个发动机装置，是导弹发射时的第一动力源。1973年组建了由6名同志参加的预研课题组，这项任务正式开始。

按照开始时的设计要求，准备采用聚硫复合推进剂，但是到了 1977 年年初，在完成助推器壳体生产准备装药时，却找不到聚硫复合推进剂，原因是由于这种推进剂在生产过程中常会引起爆炸，原厂家停止了生产。当时国内的高燃速推进剂只有还处于研制阶段的丁羟复合推进剂，并且极为不成熟。没有高燃速推进剂，助推器及方案就无法实现，怎么办？技术人员经过广泛的社会调查和反复论证，还是坚持采用丁羟复合推进剂的方案。经厂校联合，完成了新型丁羟复合推进剂的工艺和全尺寸试验样机装药任务。

“小弹”助推器使用的是丁羟复合推进剂，属于粘弹性材料。在助推器研制初期，其装药头部区域内局部肉厚很高，应力集中现象十分严重；其前后封头内装药与壳体粘结的界面应力数值也相当高，造成装药裂纹、脱粘倾向严重，直接影响了助推器的质量和可靠性。从设计角度应该尽量消除或者是缓解装药内部应力集中和粘结的应力。对此技术难题，技术人员经努力攻关，采取了在装药头部和尾部终端分别设置应力松弛装置，即“开缝式包覆套筒”和人工脱粘绝热层的设计方案与加工方式，彻底解决了这一问题。

1977 年 6 月 18 日，中央军委常规装备领导小组批文，同意研制轰 -5 飞机的后继机，并确定“小弹”为该飞机装载的武器型号。1977 年第三季度，总体部再次组织了对“小弹”设计方案的全面梳理和复查，并逐级上报到国务院和中央军委。

1977 年 9 月 15 日，国务院、中央军委常规装备领导小组正式批准“小弹”研制方案，并将其命名为八号导弹。经过了几年的自筹资金、自主创新研发的“小二黑”，终于有了一个的正式“户口”，被批准正式列入国家武器装备名单。

同日，针对三院总体部复查后的设计方案，国务院、中央军委常规装备领导小组还给予批文：同意研制八号导弹，由八机局会同海军组织有关单位，进行技术论证，提出方案，联合上报，导弹武器系统由八机局负责抓总，飞机挂

八号导弹和发射箱

弹后的全武器系统，由三机部负责抓总。

1977 年 10 月 13 日，国务院、中央军委常规装备领导小组再次批文，同意研制八号导弹空舰导弹，并指出八号导弹是“五五”期间海军重点发展的战术导弹，用于装备强 -5 鱼雷机、轰 -7 飞机、大型导弹快艇及大型反潜护卫舰等。

1978 年 2 月，首批两台助推器地面试车成功，从而开创了我国高燃速丁羟复合推进剂在导弹发动机上应用的新局面。这项技术获得了国家科学技术进步奖三等奖。

自动驾驶仪研制始于 1977 年，它是按技术要求自动控制导弹的设备。导航技术研究所接受这项任务的多数为刚从大学毕业走上工作岗位的年轻人，他们按照总体部的技术指标要求，刻苦学习新技术，反复攻关和试验，开辟了一条新途径。弹上的自动驾驶仪包括弹用无线电高度表、小型多功能计算机、综合电源、磁粉离合器舵机等，这些都是自行设计和试制生产的。

1977 年研制了 3 套助推弹自动驾驶仪，1978 年年底到 1979 年年初陆上模拟弹 2 发，飞行试验全部成功。1979 年 10 月，完成两批 5 套装弹用自动驾驶仪研制任务。同年 11 月 25 日，首发自控弹发射一举成功，导弹飞行 36 公里，历时123.6秒，经过了爬高、下滑转入平飞，并进行了两次降高，取得了令人满意的效果。

在进行自控弹自动驾驶仪研制工作的后期，也组织了自导弹自动驾驶仪的研制。这项任务主要是要解决自导弹的自动驾驶仪与末制导雷达是否匹配的问题。研制过程中，经过反复试验，多次对遥测胶卷进行缜密分析，终于找到了解决难题的正确途径，最终突破了自导弹的自动驾驶仪与末制导雷达完美匹配的难关。

研制小型末制导雷达。根据总体部要求，弹上的末制导雷达在体积设计上不仅要突出一个“小”字，而且必须具有较高的“四抗”能力（“四抗”是指抗海浪干扰、抗电子杂波干扰、抗距离后拖干扰、抗同频异步干扰）。而只有具备“四抗”能力的雷达才能在现代战争中保护自己，消灭敌人，更好地发挥武器的作战效能。

在导航技术研究所（原三院地面雷达研究室）雷达专家、副所长唐国富的直接组织领导下，在结构设计上一改过去老式的机柜式装联方式，采用了整体式结构。把导弹的最前端当雷达天线，雷达壳体本身就是一个舱段，舱内所有空间都被充分利用起来；雷达中所有部件都与弹体刚性连接，对所有元器件都做了老化筛选处理，保证了防震。针对舱内空间电子线路多，高功率和弱信号、高低压信号互相感应等问题，采取了相应的屏蔽措施。满足了总体部体积小、重量轻、无干扰、抗振动的要求。

随着电子对抗技术的发展，对飞航导弹的抗干扰能力要求越来越高，因此提出了“四抗”的指标要求。但是在当时那个年代，这种技术是极为保密的，很难找到现成的技术资料或参考文献，难度之大，可想而知。经过研制人员艰苦摸索，1981 年 6 月终于实现了重大的技术突破。

为了躲过敌舰雷达的“眼睛”，八号导弹要贴近水面飞行，因此必须克服复杂的海浪和各种电波干扰，攻关组分别在北京、青岛等地做了大量抗干扰试验。时任雷达导引头主任设计师的戴逸俊介绍说：“1982 年 12 月，我们在两次抗海浪摸底试验后，唐国富带领我们试验队带上几十吨重的试验器材，乘坐登陆艇劈波斩浪，到另一个海域进行试验。在严冬 10 级狂风的吹打下，试验队队员顶着 5 级巨浪进行试验。”有一次为了掌握更多不同情况下的数据，试验队在风浪最大的日子里出航了，在舰上工作的试验队队员被颠簸得翻肠倒肚，呕吐不止。当时试验队驻扎在一个荒凉的小岛上，补给船由于风大浪高来不了，他们只能喝积存的雨水，吃没有绿色的干菜，继续做着各种试验。但队员们为了研制出可靠性强的小型末制导雷达，丝毫没有怨言，依然以乐观的态度投入研制试验工作。就这样一连度过了三个艰难的春秋，终于研制出了可与世界同类产品相媲美的小型末制导雷达。1984 年 3 月，由国防科工委、海军等单位对小型末制导雷达组织了设计定型鉴定，这个产品成为了我国第一个通过“四抗”指标的末制导雷达。

承担八号导弹零部件生产和总装任务的总装厂，是一个有着光荣历史、机械加工能力比较强的老企业，从 1975 年开始承担飞航式导弹试制和总装任务。在 1976 年接到八号导弹研制生产任务后，根据产品工艺要求，通过调研和方案对比，决定在原有基础上挖潜改造，组建固体导弹研制总装生产线，为导弹的小批量生产创造了条件。

1976年6月10日，三院在总装厂召开了“小弹”研制“三结合”会议，吕琳副院长、梁守槃副院长主持了会议。会上成立了“三结合”领导小组，由总装厂的袁英健任组长，总体部的杨晋为副组长，从此拉开了八号导弹零部件研制生产和总装的序幕。

1978年8月，海军、三机部和三院在北京召开八号导弹装强－5飞机方案审定会。会议明确了在八号导弹的研制中，除了战斗部、自动驾驶仪、固体推进剂等，其余大部份零部件研制生产、全弹总装和测试，均由总装厂承担。

总装厂在新型号科研生产中，弹翼加工难度大、要求精度高，技术人员和工人为解决弹翼加工校型工艺，自力更生地试制成功两台仿形铣床，自行设计了200吨油压机和专用铣刀，突破了铣削量大、经常断刀或掉刀，造成零部件报废的技术难关。弹体设计上要求铝合金材料具有强度高、延伸率好、铸造性能好三项指标，239厂围绕着这个实际需要，开展了材料和铝铸造工艺攻坚战，从1979年至1984年，经过四年多数百次反复试验，满足了弹体结构性能要求，制造出了合乎技术标准的弹体，取得了满意的效果。

在研制过程中，因技术需要，发动机的喷管由原来最初设计的短喷管改为了长喷管，长喷管属于细长管类，其孔深 1 米多，孔内径为 90 毫米，管壁厚 5 毫米，材料是经过调质处理的高硬度、高强度材质。在机械加工行业，曾有一句名言：“钳工怕打板，铣工怕铣扁，镗工怕细管”，细长管内径的加工是一项让很多技术工人比较发怵的难啃活。总装厂的工艺人员和工人师傅，勇于面对这一拦路虎，经过大胆探索和反复试验，采用了一种橡胶做导套浮动镗切削的方法，成功攻下这一技术难关，最终保质保量地完成了多批次的生产任务。

6. 要“使敌人怕”

无垠流动的疆土，需要强大海防。打开历史画卷，时光隧道把我们带回难忘的 1949 年年初。背山面水的西柏坡，一座默默无闻的普通山坡，这里承载着中华民族的希望，承载着中国由弱小走向强大的魂魄。在这个沉默了千年的普通村落里，一群有着崇高理想、有着刚毅品格、有着睿智思想的民族脊梁，他们以中华民族的伟大复兴为己任，在与蒋介石为首的国民党反动派大决战时刻，也在筹划着革命胜利后建国安邦理政的方略。

毛泽东主席又是一个未眠之夜。每当中国革命到了关键时刻，他总是连续几天彻夜难眠，或是奋笔疾书，或是看着地图指挥着千军万马，或是沉默寡言筹划着未来。毛泽东主席像往常一样披上一件破旧的军大衣，信步走出那煤油灯熏了一夜的小屋子，点上一支烟，边走边活动着两臂。他站在千里太行之中的西柏坡山坡之上，久久地遥望着每天从眼前流淌过的滹沱河。不经意间，他觉得高歌向前的滹沱河之水，如同气势磅礴的中国革命一样那么壮观、那么雄劲，油然地把他的思绪带入到了对战争结束后国家安危与国防建设构想的长河。

此时此刻，他脑海里跃然勾勒出的是一片 960 万平方公里的土地，18000 公里的漫长海岸线，近 300 万平方公里的蓝色海洋，6500 多个岛屿像一颗颗璀璨的明珠镶嵌在祖国的万里海疆。在那无垠的海洋下，有着极其丰富的资源和宝藏。在和平宁静中生活的人民，用勤劳的双手在建设着自己的祖国。

此时此刻，在他眼前似乎又再现了中国近代以来满目沧桑的一页。一部中国海防史，就是中华民族百年兴衰史，从1840年的鸦片战争开始，我们曾经是有国难安、有海无防、有军不强。帝国主义列强对中国如此肆无忌惮的欺凌，都是从海上毫无阻挡的长驱直入，中国遭受的海上入侵达80多次，几乎所有的岛屿都遭到过列强的践踏，几乎所有的港湾都悬挂过侵略者的旗帜。祖国美丽而富饶的海疆，被糟踏得伤痕累累。在这片流动的疆土上，可谓千里海防撒泪雨，万顷波涛掀怒潮！浸透了太多近代中国人饱受坚船利炮的凌辱，流淌了太多北洋水师爱国壮士不屈的鲜血，积淀了太多中华民族强国安邦的民心企盼。

毛泽东主席思忖着，不免忧心忡忡起来：只有陆军，而无强大的海军，国家的和平安全就依然没有保障，就不一定是真正强大的中国。

1949年3月，党中央、毛主席和中央军委做出决定：由第三野战军组建海军，由华中军区副司令员张爱萍负责筹建工作，并担任司令员兼政治委员。1949年4月23日，恰逢中国人民解放军占领南京国民党总统府之时，中国人民解放军海军在第三野战军司令部驻地江苏泰州白马庙宣告成立，人民海军在解放战争胜利的炮火中诞生了。

1949年9月21日，毛主席在中国人民政治协商会议第一届全体会议上，向全世界郑重宣告："我们的人民武装力量必须保存和发展起来。我们将不但有一个强大的陆军，而且还要有一个强大的空军和一个强大的海军。"

1953年2月19日，毛主席结束了对南京的视察后，在陈毅、罗瑞卿等领导同志的陪同下，对海军舰艇部队进行视察。毛主席分别登上几艘军舰，和水兵们一起航行、生活了4天3夜。毛主席在军舰上，走遍了每个战位、舱室，对水兵们的工作、学习、生活，给予了无微不至的关怀。他在"长江"舰上对官兵们语重心长地说："近代中国有海无防，帝国主义从海上破门而入侵略我们国家。现在太平洋还不太平，中国人民一定要建设一支强大的海军。”

莅临海军部队，亲身体验祖国大海的万顷波涛后，毛泽东主席心潮澎湃，感慨万分，2 月 21 日，在“长江”舰他的卧室兼办公室里，一行苍劲有力、激昂遒劲的题词跃然纸上：“为了反对帝国主义的侵略，我们一定要建立强大的海军。”

1975 年 5 月 3 日，82 岁的毛泽东已经是步履蹒跚，刚刚做完白内障手术，就亲自召集在京的政治局委员开会。与时任海军政委苏振华握手时，毛泽东郑重地说：“海军要搞好，使敌人怕。”说着，他晃了晃左手小指，又补充了一句话：“我们的海军只有这么大。”苏振华非常理解毛泽东主席这番话的含义，这既是对海军发展不如人意的警示，对未来海防能力的担忧，也是对海军寄予的期望和鞭策。

确实，虽然海军建立已经 26 年了，但是我们的海军还依然很弱小，与世界前十名或前五名强大的海军比较，我们的力量也就像“小拇指”那么大。如果我们真正强大了，怎么会发生与南越那场西沙海战呢？像南越西贡傀儡政权这么一个本身就“不起眼”的军队，都敢与中国海军“叫板”，实在是让这位从 1957 年 2 月以来就在海军任职的老政治委员，内心感到惭愧和一种巨大的压力，同时更激励着苏政委下定决心：一定要建立一支“使敌人怕”的强大海军！ 5 月 8 日，苏振华立即在海军常委会上传达了毛主席的重要指示，并研究了海军未来加速发展的问题。会后，立即组织有关领导和专家研究论证，拟定了《海军 10 年发展规划》，于 22 日向毛主席递交了书面报告。毛主席收阅报告后，23 日即予批示：“努力奋斗，十年达到目标。”

毛泽东从 1949 年开始直到生命的垂暮之年，始终把“建设强大的海军”系于心头。或许，这就是伟人与凡人的不同之处，那时的毛泽东也许就已经预见到未来竞争的主战场，将由陆地逐步转向海洋；未来的国家主权独立、领土完整和民族权益，不仅是在陆地上，还将包括海洋权益。这就意味着，未来海军的强弱将决定中国流动疆土的安危与荣辱。

1977年8月12日至18日，党的第十一次全国代表大会在北京召开，这是结束了十年“文革”后召开的决定中国向何处去的一次重要会议。会议总结了同“四人帮”的斗争，宣告“文化大革命”已经结束，提出了党在新时期的根本任务是在本世纪内把我国建设成为社会主义现代化强国。

十年“文化大革命”结束了，新的历史时期开始了。海军党委在1975年5月曾经给毛主席呈报的《海军10年发展规划》书面报告，是否要继续兑现？今后海军装备建设的路怎么走？这一切，都等待着高层的抉择。

1978年4月21日，海军党委根据党的十一大确定的建设现代化强国精神，决心要趁当前难得的安定团结的政治局面，大力推动《海军10年发展规划》武器装备项目的落实，加速飞航导弹科研生产走上发展的正轨，尽快为部队提供更强大的武器装备。要使海军走上现代化强军之路，首先要解决科研生产单位领路人的问题，以加强对海军武器装备科研生产工作的领导力度。

在这个背景下，经海军党委研究，于1978年4月21日对总体部充实调整领导班子做出了批复：罗殿英为总体部党委书记、张增恩为副书记、高明述为第一副主任，王祖全、杨义林、姚绍福为副主任，王余盛为政治部主任，王干一、宋德文为政治部副主任。

1978年10月7日，为加强对飞航导弹龙头单位总体部科学技术的领导，加速新时期型号研制进程，从技术权威角度做好型号预研和科研工作，总体部成立了第一届科技委，主任为曹柏桢，副主任为王祖全、吴宝初、姚绍福、黄瑞松、谌潜。

在“文化大革命”结束后的重大历史转折时期，国家急需有知识、有才干、有事业心、想干事、能干事的人才担当科研单位的大任。姚绍福这个长着一脸“福相”的“福将”，应该说是恰逢其时，也是最合适的人选。

这个出生在湖南的学子，自幼受湖湘历史文化的熏陶和影响。在湖湘这片丰厚历史文化土壤中滋养和民族精英激励下成长起来的姚绍福，始终秉持“技术报国”的人生目标，传承了湖南人学思并重、学以致用、独立思考、理性中和的思维方式；业务上，刻苦钻研了电气、空气动力、火箭导弹技术、测控系统、发动机等方面的知识，有着较为扎实的基础理论功底；阅历上，有 18 年科研技术工作的实践，尤其是承担过岸舰型、超声速型、空舰型和八号导弹等型号方案论证、预研和研制工作；表现上，政治上严格要求，技术上严谨务实，工作上认真负责，纪律上规矩守道；为人上，以善为怀，质朴无华，稳重慎行，脚踏实地；年龄上，时值 46 岁，年富力强正当年，担任基层技术领导 14 年，有组织领导多型号导弹设计和研制的实践经验。参加工作以来，为飞航导弹型号技术的提升和发展，做了大量组织协调工作，在重大技术难题攻关上也颇有建树。所以，姚绍福进入总体部党政领导班子和科技委班子，是水到渠成，更是众望所归。

1978 年，对于姚绍福这样一个典型的科技工作者而言，是他人生发生重大转折的一年，是一个标志性的年份。经过多年在飞航技术领域风霜雨雪中的淬炼、磨砺、熏陶、理论和实践的积累与升华，他已经成为杰出的飞航导弹学术和技术带头人，具备在更高层级的科研技术领域发挥更大作用的条件。与之相辅相成的是，姚绍福也将会在“技术报国”这个广阔的舞台上，演绎出更加绚丽精彩的人生。

7. 刘总长拍板

1978 年 7 月 15 日，三院发出了调整年度研制生产任务计划的通知，要求下半年要研制生产和总装出八号导弹的模样弹、助推弹，在 1979 年度完成自控弹研制生产和总装。

从1978年开始，八号导弹进入到了多种地面试验、导弹功能振动试验和导弹飞行试验阶段。这个期间必须启动相对应装载对象的全武器系统设计或配置改造，通过导弹与发射装载体的并行工程，保证导弹飞行试验时能与载体配套协调，和谐一体。但是这个问题，一直处于游离不定的状态。

在八号导弹发射装机对象选择上，海军依然坚持70年代初的意见：装载强-5鱼雷机。于是在1978年8月，由海军、三机部和三院联合主持召开八号导弹装载强-5鱼雷机方案审定、定点、技术协调会议上，确定了方案和总装厂、分系统研制定点和进度要求，制定了研制程序、大型试验项目，进行了导弹和强-5鱼雷机的协调工作。

由于强-5鱼雷机的研制一直存在一些问题，1978年1月，总参和国防工办批准同意了33潜艇改装八号导弹的报告，决定从新开工的33潜艇中，指定一艘装备八号导弹进行水面发射的论证，8月18日召开了方案审查会。1979年7月进行了第一次协调工作会议，1980年3月，总参、国防工办批准同意开工建造一艘改装八号导弹的33潜艇，代号33G。

刚刚上任总体部副主任和科技委副主任的姚绍福，有幸在1978年11月下旬至1979年1月初，

八号导弹在33G潜艇上进行发射试验

用了一个月时间专门考察了法国“超黄蜂”直升机装载的飞鱼空舰导弹，听取法方介绍了该型导弹武器系统的概况和性能，参观了模型、总装生产线、一些试验和检测设备。这次考察参观，开阔了他的眼界。回国后，他立即挤出时间，专门给总体部和三院，写出了《技术考察小结报告》。

姚绍福的这个《技术考察小结报告》共有六七万字的文稿，不仅详尽地从七个方面叙述了考察过程、该型号主要技术性能和维护等内容，而且每一个字都是用钢笔一笔一划、工工整整写出来的。他写的报告文稿中，图文并茂，绝无涂改，规范整洁。该报告不但客观汇报了考察事项，最难能可贵的是在最后还阐述了自己对该型号技术参考价值的建议和想法，从中可以领略到一个航天科技工作者对自己所从事飞航事业的热爱，对工作的高度负责，对自己承担工作质量的一丝不苟。

刘庆楣总师说：“姚总那次考察回来，给我们这些承担八号导弹设计的人，专门结合八号导弹研制讲过‘法国飞鱼’技术特点的课，这本报告他还借给我们一些同志看过，对我们研制八号导弹很有启发，有些设计思想我们是可以借鉴的。”

姚绍福（前左）向时任总参谋长杨得志（前右）等介绍产品情况

1978 年至 1981 年间，分别多次召开会议，讨论八号导弹挂机，装导弹护卫舰（1981 年导弹护卫舰换装建造）和导弹快艇等问题。八号导弹从预研开始，军方先后共提出了 6 种装载对象，其中有飞机本身技术还不成熟的问题，有与八号导弹不配套的问题，有飞机需要大改动的问题，有八号导弹本身技术不成熟的问题，也有受“文化大革命”造成的不稳定影响的问题。到底装载哪一种飞机和舰艇？始终议而不决。但是，三院人坚信：这个“小弹”是大有前途的，在这种局面下，当务之急是要加快八号导弹的研制进度，方可有效地促进装载对象的确定。

由于 33G 潜艇改装工作拖了周期，八号导弹又进入到了自控弹飞行试验阶段，进一步试验面临着等待 33G 潜艇改装的问题。

1980 年，刚刚开始改革开放后的春节，人们依旧保留着几千年来中华民族的传统习俗，走亲戚、看好友、看望父母、拜访长者。1980 年的春节，对于从事八号导弹研制的科技人员来说，心头挂念的头等大事是如何给这个有了“户口”的“闺房之秀”赶紧选个好“婆家”。

大年初三，时任院长杨超时带着有关人员，敲开了老红军、老中将、50 年代曾在苏联列宁格勒伏罗希洛夫海军学院毕业的高才生、海军第一副司令员刘道生的家门，刘副司令员非常热情地接待了杨院长等几位到访者。杨院长和几个随行人员，环顾刘副司令员家里客厅的摆设和环境，依然保持着50多年部队生涯老军人朴实简单、干净明快、规范有序的风格，几个套着咔叽布料的老式沙发和两个茶几，一排装满政治、军事、技术、文学和历史书籍的书柜，客厅的主墙上挂着世界地图和中国地图，一股书香之气、一股儒将之威，弥漫着主人的居室。

寒暄之后，杨院长便直奔主题，向刘副司令员汇报起了近年来三院的型号研制情况和本年科研生产的安排设想，杨院长说：“我们院经过技术论证，建议先研制舰艇型，请首长看看能不能给八号导弹及早安排一个水上装载的舰艇，以便于下一步全武器系统的研制和试验。”刘副司令员挺直腰板，始终仔细听着汇报，对三院近几年的工作给予充分肯定，他思虑片刻，认为杨院长的建议中肯可行。

作为人民海军的创建者之一的刘道生副司令员，因长期生活在海军，对海军建设很有研究，他曾率先提出了“海军是一个具有战略决战能力的军种，而不是一个兵种”的主张，这个思想曾得到过毛泽东主席和中央军委的充分肯定。1980年，他曾组织18艘舰船的海上大编队，第一次驶向南太平洋，圆满完成了运载火箭全程试验的保障任务，开辟了人民海军跨出国门、驶向远洋的航线。

刘副司令员感慨万分地对杨院长说：“你们的设想非常好，我们的海军要强大起来，就必须有机动灵活、威力大、性能好的导弹装备，你们三院在为海军现代化建设中做出了巨大的贡献，我全力支持你们的安排。”在刘副司令员的协调和安排下，从海军调拨了一艘24导弹快艇作为载体平台。刘副司令员的鼓励和安排，给飞航人吃了一颗定心丸。

春节过后，杨院长就开始组织总体部和有关人员抓紧进行调研论证八号导弹上24快艇的试验工作，三院于4月25日将报告上报给了八机部（1979年9月至1981年9月，原八机总局改为八机部）。总体部于5月上旬，派出了6人与海军和八机部机关人员共同去上海4805厂和东海舰队装备技术部等单位进行了实地考察调研，并与相关单位讨论了分工：由三院负责导弹武器系统抓总；总体部负责导弹全武器系统总体设计，包括舰艇和地面设备总体配置；由六机部七院负责24快艇的改装抓总；由上海4805厂负责舰艇的改装施工。

三院总体部于1980年5月26日给三院机关上报书面报告，三院科技部根据这个报告，在6月13日召开了八号导弹改装24快艇专题会议。会上对技术可行性、改装初步方案、八号导弹技术状态、研制程序、进度安排等作了汇报和讨论。三院要求总体部对各分系统提出技术要求，提出一条龙的计划安排，并将此方案内容列入下半年正式的科研生产计划。根据这次会议，三院进一步完善了八号导弹装24快艇的报告，8月22日，正式向上级提交了《24型导弹快艇改装八号导弹的研制方案》。1980年12月，总参、国防工办同意先选一艘24快艇改装八号导弹。经过论证，制定了总体方案，改装要求和进度安排。

经过紧锣密鼓的各项准备，1981年3月21日

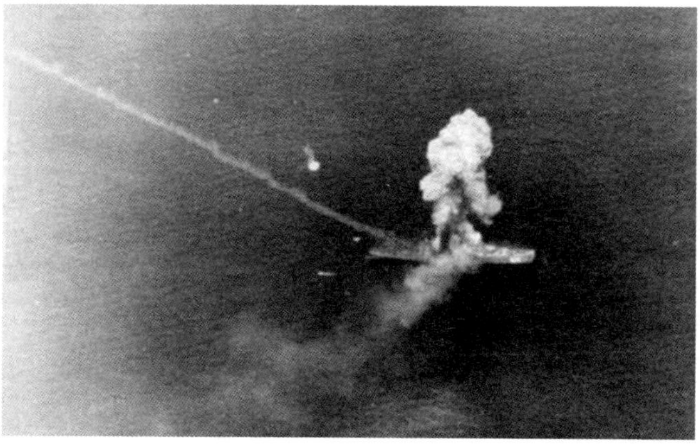

八号导弹命中靶标

至25日连续5天，在北戴河召开八号导弹装载24快艇定型试验方案技术协调会，有八机部、海军、国防工办、五机部、六机部等28家单位的80多人参加。会议协调了艇弹发射装置、液压传动、发控设备安装、电源负荷等技术问题，会议决定1982年二季度进行系统检查测定和4发弹的飞行试验。

副总参谋长刘华清，此时分工主管装备、军务和动员工作。他在总参和国防工办批示中强调“既然决心已经定了，就不要动摇、不要来回变”。

1981年5月13日，副总参谋长刘华清与国防工办副主任邹家华正式批准决定：八号导弹正式作为24快艇装备武器，定型后改装一个大队。5月14日，刘华清亲自主持召开了三机部、六机部、八机部的协调会议，有力地推动了八号导弹装24快艇的工作。

至此，八号导弹终于结束了漂泊不定的日子，有了适合自己的“归宿”。

8. 感天动地歌

在承担着海防导弹武器装备研制历史使命的三院，八号导弹的研制在这个时候正处于承前启后的关键时期。形象地说，八号导弹在70年代的预研和研制，如同一棵精心筛选的良种，经历了播种、耕耘、除草、施肥的辛勤经营和劳作，这颗种子由一株幼苗已经逐渐成长成熟起来。进入到 80 年代后，这粒种子已经成长为一棵绿叶成荫、全面开花、四处飘香的大树，即将结出累累硕果。

今后一段时间，主要是扎扎实实做好各分系统、各个局部功能和研制阶段每一项技术试验工作，确保设计思想在科学试验中得到有效验证。但是，试验的路上依然伴随着惊险、艰难、探索，每前进一步，同样要付出极大的精力和代价。

指挥仪是接收舰载雷达信息、通过计算指挥控制和收集记录导弹飞行数据的一种装置，是火控系统的重要组成部分。在确定八号导弹载体为 24 快艇后，弹上指挥仪和舰上火控系统的研制任务落在了总体部三室。三室组成了以蔡淑华等人为主体的攻坚团队。

1965 年，蔡淑华从哈尔滨军事工程学院毕业后，被分配到三院工作。接受这项任务后，蔡淑华心想：这是三院自行研制的采用固体发动机动力的第一型多用途导弹，无论如何也要“啃”下这块“硬骨头”，绝不能因为自己误了大事。那时的她有一个朴素的信念：能到军工战线工作，是党对自己的信任，是无上光荣的，自己一定要把这项工作干好。

当时国内能够找到的有关导弹指挥仪、火控系统的技术资料少得可怜，仅有的零星技术资料都是从苏联引进型号翻译的图纸、说明书，资料又破又旧。每天微曦初露，蔡淑华和同事们就跑到资料室，一坐就是一整天，争分夺秒地查资料，在发黄的图纸上，他们如饥似渴地摘抄，消化着有关技术。

20 世纪 80 年代初，到外地出差调研，火车票出奇得紧张，为了赶时间买不到坐票也得去。有一次去江西，那种老式的绿色车厢里挤满了人，这个团队出差的几个同志愣是站了 20 多个小时。经过调研和消化资料，一个充分利用 24 快艇原有设备改装导弹火控系统及导弹指挥仪的方案在蔡淑华脑子里形成了。

随后的设计工作更是紧张，几百根电缆芯线设计不能有丝毫差错，如何利用模拟机完成导弹的火控解算？数学模型如何简化而又能保证精度？如何完成模数转换？那时国内模数转换技术刚刚起步，仅有的几种产品也因为体积过于庞大，无法满足装艇要求。怎么办？自己干！蔡淑华又带领大家查阅资料，认真研究，最终确定了一种采用先进电子技术的模数转换方式。

那段时间，他们既当设计者，又当生产者。他们当中有的人还学会了焊接技术，自己制作第一个机箱，电路板也都是他们自己调试的。经过几个月的日夜奋战，一套高可靠性的装艇导弹指挥仪终于研制出来了，以零故障保证了八号导弹的研制和定型飞行试验。

那年夏天，为了把一年半的任务量赶在上级规定的一年时间内完成，攻关组开始了航行试验，在大海上先后漂泊了 4 个多月。试验船常常要赶在风大浪急的时候去，几乎所有的人都严重晕船。先是吐刚刚吃下去的东西，后来连胆汁也吐出来了。很多女同志实在受不了了，跟大伙说：“真是不想活了，还不如晕过去算了。”即使这样，他们还是打起精神坚守在岗位上。有时候，蔡淑华觉得自己的任务能排得开，就对其他同志说：“你们去休息，我在这儿看着吧。”在顶替别人值守试验中，每当船体倾斜或颠簸得厉害，呕吐的感觉就会涌上来，她有时满脸煞白，浑身乏力，就找来一根绳作支撑，一边呕吐一边继续坚持工作。

还有一次，攻关团队队员们在湛江做试验，度过了 40 多天难熬的日子。一个桑拿天连着一个桑拿天，除了闷热潮湿还是闷热潮湿。在甲板上头顶着太阳的曝晒，在船舱里空间狭小闷热。整天除了工作，就是与一种漫天飞舞的肉眼不容易看到的“小黑虫”作无休无止的斗争。凡是人身上皮肤暴露的地方都会被它“偷袭”，咬起了连成片的小红包。尽管如此，这个团队的每个成员都以顽强的毅力，一丝不苟地做好每一项试验，圆满交出了合格的答卷。

姚绍福是蔡淑华的老领导，曾经与她一起参与过某次试验，他用钦佩和鼓励的语气说：“小蔡不简单嘛！艇长和战士在背后都叫你‘撒切尔夫人’呢。”事

姚绍福、王建民、黄瑞松、蔡淑华（从左至右）在某型号试验成功庆功宴上

实证明，这个飞航导弹技术的“铁娘子”能吃得起苦，也挑得起重担。

9. 研制性试验

从 1978 年 12 月至 1983 年 9 月，八号导弹先后进行了 9 批 21 发弹的研制性飞行试验，共分五个阶段，即陆上模型弹发射试验、陆上自控弹、陆上自导弹、艇上自导弹、设计定型等飞行试验。

1978 年 12 月 29 日至 1979 年 1 月 8 日，在东北某试验基地，开始进行了陆上模型弹发射试验。在弹上没有装主发动机、自动驾驶仪和末制导雷达的状态下，用简易发射架发射了 2 发模型弹。目的是考核悬挂式发射方案，考验导弹与发射装置的协调性。结果 2 发模型弹试验均获得了成功，达到了试验预期目标。

由于 2 发模型弹试验顺利成功，因此决定打破常规，取消了原定的助推弹试验计划，直接进行陆上自控弹飞行试验。从 1979 年 11 月 25 日至 1980 年 10 月 19 日，分三批发射试验。试验结果 6 发取得成功，1 发因助推器点火线路故障未能点着，而点燃了曳光管后助推器烘烤爆炸，导致导弹滞留在发射架上没有发射出去。

姚绍福（前排左三）与杨得志（前排左二）、鲍克明（前排右一）、梁守槃（前排左一）等在一起

人们至今还清晰地记得，为了确保陆上自控弹首次飞行试验成功，有关单位的工程技术人员和工人师傅，在发射前都以严肃的工作态度，认真仔细地对自己所主管的成组件、系统做了严密的论证、精确的计算和反复的调试。其中主发动机进行了多次试车；自动驾驶仪做了多种模拟试验，记录了几百条弹道，积累了上千个数据；各系统又经过地面联试、单元检查、综合测试等，大家已经记不清有多少个日日夜夜加班战斗在岗位上，不知承受过多少曲折和苦恼。

1979 年 11 月 25 日，我国东北海军某试验基地，隆冬里是零下 20 多摄氏度的天气和刺骨的寒风。试验队从领导到队员，心情都很难平静下来，都在翘首以盼。他们深知：这些年忙忙碌碌地设计、研制和生产的发动机、自动驾驶仪、1 号无线电高度表、定时器等系统，能否经受住飞行试验的考核，就在此一举！一声巨响，助推器点燃，导弹冲出了发射架，迅速爬高，接着又按照预定程序转入降高飞行。一切都是按照事先设计和预设指标飞行的。“这是第一次发射自控弹啊，首飞成功了！”

1980 年 10 月 19 日，陆上自控弹最后一次试验。这次八号导弹自控弹发射试验与历次的主要区别是：首次启用新设计的多用途储运发射箱，首次启用了一种 2 号闭环体制的无线电高度表。同时还预先装定了三次降高指令。发射试验开始，导弹顺利地飞出储运发射箱，实现了巡航高度依次降低 50、30、10 米的降高飞行，192 秒时导弹入水，全程航行 47.6 公里。经过发射试验，不仅考验了储运发射箱中悬挂式发射方案，而且还考验了主发动机动力航程，完全达到了预期效果。

1981 年 5 月至 11 月，进行了陆上自导弹飞行试验。其主要目的，是检验弹上末制导雷达性能及与驾驶仪的协调性，检验自导段导引弹道性能及飞航导弹命中目标的准确性。

非常荣幸的是，这一天试验队正在库房进行试验前导弹测试的忙碌之际，时任总书记胡耀邦正在辽宁省 6 个市地和 16 个基层单位调研考察。没想到，胡耀邦总书记挤出时间专程来到试验基地视察三院的八号导弹。胡耀邦总书记信步走到车库，走进了试验队，他高兴地向大家问好，专门听取了总体部三室副主任史风楼关于八号导弹主要战术技术指标和研制进展情况的汇报。胡耀邦总书记听了之后很高兴，鼓励试验队队员们要更加“努力工作，为了强国兴邦，要尽快研制出这一款新型导弹，为国防现代化作出贡献。”胡耀邦总书记的充分肯定和重要指示，给予了以总体部副主任姚绍福、副总师王祖全等为代表的科技人员和广大三院职工以极大鼓舞。

这次陆上发射了 2 批 5 发自导弹有 3 发失败，其中 1 发是助推器未能分离，2 发是助推器烧穿，弹上末制导雷达经受了考验。在试验海区还出了个“有惊无险”的小插曲。在布靶时因“清海”清得不彻底，其中有 1 发遥测自导弹在发射时，雷达捕捉并跟踪上了一条渔船，导弹在渔船上方 2.5 米的高度通过，落在了小船后方约 160 米处。

1982 年 9 月 27 日，八号导弹在东北试验基地 24 快艇上做了模型弹试验并获得了成功，验证了艇面武器系统的协调性、安全性和可靠性。接着 11 月至 12

月，发射了 2 发自导弹，分别安装两个单位研制的 2 号和 1 号无线电高度表，都出现故障，导致试验失败。

1983 年 1 月 14 日，姚绍福被中组部任命为三院副院长，负责全院型号的预研和研制技术工作；3 月 19 日，姚绍福被航天工业部（1982 年 4 月，原七机部改称航天工业部）党组任命为八号导弹总设计师，全权负责八号导弹的技术工作。

结合当时三院所属单位科研生产质量问题突出的问题，姚绍福在 1983 年度全院科研生产会议中提出推行“以质量为中心”的方针、在全院开展一次全面质量整顿工作的建议。特别是针对 1982 年八号导弹在靶场试验中出现了一些较大的质量事故，以抓好型号研制全过程质量控制为主线，抓好质量管理。通过开展“质量月”、质量检查和评审，以及全面质量知识和方法技术的普及教育，在广大干部职工中牢固树立起“军工产品，质量第一”的职业思想。通过质量案例分析、图片巡回宣讲、结合八号导弹故障原因分析，查找根源，落实措施，总结深刻教训，使干部职工增强了对“质量优劣关系到飞航导弹事业生存和发展”大问题的认识，促进了八号导弹的研制进程。

姚绍福在三院全面质量整顿动员大会上讲话

为解决八号导弹在1982年靶试中的问题，确保研制性飞行试验的顺利进行，总体部、导航技术研究所、总装厂等有关单位认真分析了08、09两发弹控制系统的故障，对控制回路和高度表进行了一系列模拟试验，并全面梳理检查了八号导弹武器系统设计、工艺、生产、调试、试验、接口关系、原材料、元器件等环节的技术质量。发动机研究所专门检查了发动机方面的问题，并对压力爬升问题进行了工艺攻关和质量复查。各单位均以10、11两发弹为重点加强全面质量控制，同时对06、07两发弹做了认真的监测和全面的质量复查，排除了疑点，消除了隐患。

八号导弹2号无线电高度表经过半年多的质量整顿，通过多次分析，做了大量的模拟试验，最后结论认为：2号无线电高度表的故障发生在工艺可靠性方面。末制导雷达所牢记教训，从筛选元器件、加工装配、调试试验等各生产环节进行质量把关，大大提高了产品的可靠性。在后来的靶试中，2号无线电高度表性能一直都很稳定，表现良好。

1983年7月20日至8月16日，三院副院长、八号导弹总设计师姚绍福正在靶场组织靶试工作。针对1号无线电高度表的问题，他当场拍板："这个无线电高度表技术问题就在试验基地靶场解决，不要再拉回到原单位，这样既可以一起研究解决问题的办法，又能节省靶试时间和试验费用。”于是，在他亲自主持下，经过与主管自动驾驶仪的主任设计师、有关的技术人员一起梳理、分析和验证无线电高度表在导弹上的工作机理，终于查出故障原因，并采取了相应的对策。

这次八号导弹自导弹装24快艇飞行试验，共发射4发弹。第1发直接命中，但在靶前400米处擦水面，说明还没有彻底解决1号无线电高度表“高指”问题。在姚绍福总师的直接领导和参与下，将控制组件中装定的二次降高高度用补偿办法从原来的高度提高了X米左右，这就是后来所谓的“外补偿法”，第2发弹直接命中靶标；第3、4两发，一发直接命中，一发因自动驾驶仪舵机卡死归零，导致导弹入水。但是，经过飞行试验证明，这个1号无线电高度表采取的“外补偿法”是有效的，最终取得了4发3中的好成绩。

在这次飞行试验过程中，令人难忘的是8月1日的试验。那一天，天气格外眷顾准备出征的试验队，气温在25摄氏度左右，漫天无云。姚绍福副院长、已身患癌症的总装厂副厂长史风楼等和试验队队员一样，都放弃了假日休息，满怀激情地忙碌着飞行试验前的准备工作，期待着用自己的研制成果来庆祝这个特别的“八一”建军节。当天的飞行试验，八号导弹将在24导弹快艇以25节速度航行、无线电高度表再次应用“外补偿法”的情况下，在更高难度的飞行试验中接受考验。

试验开始，八号导弹飞出了储运发射箱，爬高、平飞、降高，直接冲向目标，导弹在靶船吃水线以上2米的靶心穿过，瞬间将靶船甲板击穿，顿时看见靶船上电缆起火，遥控系统线路被烧坏，主机停止工作，靶船完全瘫痪了！这次飞行试验取得了极为成功的效果。

以此为标志，八号导弹结束了研制阶段飞行试验任务，开始进入到设计定型飞行试验阶段。

10. 浴火中重生

佛经中有个“凤凰涅槃”的典故。据说，凤凰是人世间幸福的使者，在人世间它要背负着多年积累的痛苦和恩怨情仇。为此它每五百年就要投身于熊熊烈火中自焚，以生命和美丽的终结来换取人世间的祥和与幸福。在经历过了浴火熔炼的痛苦、煎熬和严峻考验后，再次获得重生的凤凰，其羽翼更丰满，其音质更清亮，其神情更耀眼，成为美丽辉煌永生的火凤凰。这个典故告诉我们：为了实现某种目标，所表现的是一种义无反顾、不畏艰难、不断完善、直至升华境界的精神。

“小弹”自 1970 年开始从零起步的预研，到 80 年代的定型飞行试验阶段，犹如黄河之水，经历了九曲十八弯，既有过顺利和成功的喜悦，也有困惑和失败的痛苦，既有闯关夺隘的欢愉，更有令人惊心动魄“浴火重生”的悲壮。

进入八号导弹设计定型飞行试验阶段后，从上到下都给予了极大关注，并开展了紧锣密鼓的前期程序性准备工作。

1984 年 2 月 20 日，三院向航天工业部和海军呈报了艇载八号导弹设计定型技术状态报告。2 月 21 日，航天工业部和海军联合转发了 1983 年 9 月 20 日至 24 日在三院召开会议的纪要，确定《八号导弹装 24 快艇武器系统设计定型试验大纲》和工作安排，要求 1984 年完成设计定型飞行试验。

为了迎接设计定型飞行试验的到来，1983 年接近年底时，一向做事严谨有序的姚绍福，要求院机关有关部门和总体部等单位，制定了严密的《院八号导弹设计定型工作网络图》，于 1984 年 2 月 25 日经他亲自认真审定后下发到分系统和有关的基层厂所，作为做好设计定型各项准备工作的依据，并要求各基层厂所单位结合自己承担的科研生产任务，要编制出自己的设计定型工作网络图，并上报院里进行审查。

1984 年 4 月 9 日至 18 日，航天工业部和三院拿出了 10 天时间，专门郑重召开了八号导弹质量评审会，对即将设计定型的八号导弹的每一项内容就像用梳子梳头一样，进行了认真严格的评审。航天工业部副部长程连昌和三院院长易生、副院长姚绍福到会听取了总体部、各分系统的汇报，并发表了讲话。会议评审结论认为：八号导弹技术状态基本稳定，性能满足要求，对存在的问题有改进措施，基本具备了定型批导弹交付条件。

这次 24 快艇上武器系统设计定型试验，按照试验大纲，与海军商定确定为 7 发 5 中为合格，1984 年年内完成设计定型飞行试验任务。整个试验的具体工作由总设计师姚绍福、副总设计师王祖全主持。

1984 年 10 月 25 日至 11 月 19 日，为设计定型飞行试验第一个回合。共发射了 3 发弹，第 1 发导弹飞行试验成功，此后连续 2 发都是在助推器分离后不久出现了故障，飞行 20 秒左右入水，而使飞行试验失败。

设计定型飞行试验刚刚开局就不顺利，给该型号的命运蒙上了阴影，给试验队和有关研制生产单位都造成了迷茫。三院原型号处处长关培回忆说：“发射 2 发都失败了，已经没有回旋的余地，怎么办？试验队领导小组研究决定，由姚绍福总师回京汇报，由王祖全副总师带领大家就地分析数据、查找原因。当时从总师到每个队员，心里真的都难受极了。”

1984 年 11 月 23 日，航天工业部副部长程连昌、鲍克明和部科技委副主任梁守槃代表航天工业部，认真听取了三院关于八号导弹试验情况的汇报。航天工业部决定：暂停试验，认真查找原因和故障点，采取措施，安排好第二批设计定型试验弹的生产。

作为该型号总设计师，姚绍福是第一责任者，出师不利，试验宣告中止的消息，无异于一声惊雷，他比别人更加忧心如焚，几天睡不好、吃不香。他在复查动员会上坚定地对大家说：“我们一定要下定决心，一定要查出原因，一定要排除万难，一定要争取设计定型的最后胜利。”这就是姚绍福，平时少言寡语，

姚绍福总设计师（右）在某型号质量分析会上发言

温婉平和，但关键时刻说出的话，却是铿锵有力，掷地有声。

接下来两个多月的时间里，姚绍福几乎天天都要深入基层，要么是进工厂、入研究所分析查找原因，要么是到总体部与设计员们理顺思路，要么是在院科技委与老专家们探讨。

他带领着八号导弹团队的有关人员，夜以继日、翻箱倒柜地分析查找主要原因，最终发现：一发是高度表回路出了问题，一发是主电池电压突降使驾驶仪和雷达无法正常工作。对此他们提出了多项改进措施。姚绍福力排众议，果断地决定：把原来用的陀螺舵改为小舵机，改变助推器保险机构，做全弹振动试验，加强工序的质量控制管理等。

经过了1984年的整顿，1985年1月7日，姚绍福总师主持召开了八号导弹设计定型试验质量分析会，并邀请国防科工委谢光、汪祖辉副部长，航天工业部科研局沈仁珪副局长到会给予指导。会议由导弹总体和各分系统专业负责人就故障现象剖析、采取的措施等内容做了发言。这种结合导弹故障分系统逐一发言的方式，在当时也属于开创性的。

为进一步强化质量、行政管理和经济责任，1985年年初，三院对八号导弹武器系统的有关单位，采取了承包合同的方式，将有关的技术、质量管理、生产进度、安全等，和各单位经济利益紧密挂钩，一并纳入合同条款。2月，各承包单位完成了全部生产任务，进行例行试验后，5月开始进行整个系统的对接试验。

如何验证这些措施的效果，姚绍福经过深思熟虑后，决定这次试验暂时先放弃在24快艇上进行，而是选择在33G潜艇上进行鉴定弹飞行试验。他认为，在33G潜艇上试验具有一举两得的好处：一是实现了八号导弹装载33G潜艇这一新发射平台试验的夙愿，二是可以考验导弹在采取一系列整改措施后的实际效果。

按照中央指示，海军装备要以潜艇和导弹为重点。过去我国潜艇数量在世界上排第三位，除了核潜艇之外，以常规潜艇数量居多，但是潜艇装备鱼雷射程太近，海上打击能力不强。为了增强打击能力，海军于1977年向总参和国防工办提出，要求33G潜艇装备八号导弹。1978年1月18日，总参和国防工办同意海军的意见。同时明确，需经过充分论证后，在新建造的一艘33G潜艇中，指定一艘装备八号导弹，进行水面发射试验。1978年8月，组织了33G潜艇装备八号导弹方案审查，1980年开始建造，1982年7月至1984年1月，进行了相关分系统试验和导弹武器系统动态精度等有关研制性试验，为八号导弹的飞行试验做好了准备。

1985年3月29日至5月6日，在33G潜艇上试验，预定准备打3发鉴定弹，结果前2发飞行试验发射失败了。但经这一次试验证明，八号导弹与33G潜艇的武器系统经受了考核检验，没问题。

前2发在24快艇武器系统设计定型试验，后2发在33G潜艇武器系统鉴定弹试验，属于两种不同的发射载体平台，属于两种不同的飞行试验，而飞行故障现象均与1984年定型飞行试验相同，且在33G潜艇上暴露的问题更加明显。遥测数据显示，所有故障都出现在自动驾驶仪上。由于自动驾驶仪的故障，在非常关键的这一节骨眼“大考”失败，自动驾驶仪总体主管单位和一线参加试验者，感受到巨大的压力，甚至有的主管设计师一个晚上都在马路上无尽头地走啊走，一直到了翌日凌晨。一位设计师深有感触地说：“尽管没有一位领导批评，也没有一位兄弟单位的同事抱怨，但是，这些工程技术人员当时的心情只有沉重、痛苦、迷惘……”

这次在33G潜艇试验出现问题后，姚绍福就采取了兵分两路的方法查找出现问题的原因和解决问题的办法。一路是承制单位在自己单位找原因，另一路他直接打电话给导航技术研究所交代，要求把驾驶仪的成件外壳尺寸做小一些。

为查清八号导弹的振动特性，先后用3发弹进行了15种不同状态的振动特性试验，摸清了导弹在空载、满载情况下的一、二、三阶自振频率。进行了全弹强迫振动试验，对驾驶仪舱和尾舱内的成件，先后进行了四十多次强迫振动试验，记录了419项数据。通过试验测得数据和分析表明：是导弹上的振动环境恶劣，弹上设备不能适应，在无减震的情况下飞行时，控制系统设备被振坏，导致飞行试验失败。

查清故障的原因后，按照姚总的布置和要求，导航技术研究所和总体部的技术人员和技术工人，连续几个通宵把所有控制组合、无线电高度表、二次电源等安装支架都增加了高阻尼减震器，从而避开了谐振频率，减少了设备的振动强度。坚守靶场的人员就在试验基地的加工厂里，由基地的技工操作，在控制组合壳体上补上4个凸耳，再把原准备装在另一个型号上用的驾驶仪的高阻尼减震器拆卸下来，安装到八号导弹鉴定弹上，临时解决了靶弹的减震问题。

三院原某型号总设计师、科技委顾问刘庆楣回顾说：“当时因为八号导弹整体设计紧凑，弹体内空间很小，所以零部件和元器件都是刚性连接，有些部件没有采用减震措施。在查找出失败的问题和原因后，姚总就在基地打电话托人来告诉我，让我赶紧去一院（中国运载火箭技术研究院）某研究所看一下人家的传感器和减震器的工艺是怎么处理的，这样我就和导航技术研究所的宋有山所长、总体部的朱全忠一起去了某研究所，拿回了几个减震器。回来后，朱全忠连夜加班设计出了新的支架图纸，导航技术研究所的王世聚及加工车间的工人师傅通宵达旦，加工了出来，紧接着做了几次地面强功能振动试验，效果非常好。”

仅仅过了13天，按照姚绍福的部署和指挥，重新改装好了第3发鉴定弹，1985年5月6日在33G潜艇上发射，结果直接命中了目标。直到此时，压在试验队队员们心头的那块石头才落了地。此次试验，既全面考核了新设计的33G潜艇设备，也检验了八号导弹所采取措施的有效性，为第二个回合的设计定型飞行试验创造了条件。

11. 浪涛为之舞

1985年8月至9月，建国36周年国庆节之前的日子，三院的工程技术人员和技术工人，是在最紧张、最繁忙，而又最为期盼中度过的。如果按照飞行试验性质而言，这段时间是八号导弹设计定型飞行试验的第二个回合。此弹是否成功，关键在此一举！

姚绍福为了使这次设计定型飞行试验顺利通过，在总结1984年几次挫折和教训的基础上，进一步加强了对重点型号研制过程中的质量控制。他于1985年1月专门组织制订了《关于进一步加强八号导弹装24快艇设计定型试验弹质量控制要求》，召开专题会组织宣讲这个文件的含义和内容。这个文件作为八号导弹设计定型试验的规章和标准，要求各有关设计和研制生产单位，依照这个规范，对照梳理，边查边改，控制技术质量，提高导弹的可靠性，保证第二次定型试验的各项准备工作一丝不苟，稳妥可靠，周到细致，万无一失。

飞行试验靶标准是：以24快艇为发射载体，以靶标为中心，在靶标左右65米、前后6.5米之内，高度为水线以上9米。

参试队伍在1985年8月5日进入靶场，由八号导弹总设计师姚绍福、副总设计师王祖全主持靶试工作，主任设计师刘庆楣任技术组长，负责试验的具体组织实施。经过参试队员的努力，从9月1日至28日，共发射6发，全部命中靶标，获得了非常优异的成绩，创下了我国飞航导弹试验史上最辉煌的纪录。

第一发导弹打的固定靶艇。导弹从侧弦击中靶艇，命中中心，位于水线上

刘庆楣（右）汇报某型号靶试工作

方约 1.1 米的位置，其方位朝向靶船反射体的正中心。也就是说，导弹不仅直接命中了靶船，而且命中靶船中心，并位于其致命位置，旗开得胜!

第二发打的是遥控活动靶艇。平时战士可以在里面居住，作为靶标时，用遥控的方式使其运动，由于导弹命中精度高，遥控靶艇正中部的梯子被导弹击中并打断。

第三发战斗弹选取的日子非常有意义，这天正好是全国人民永远难忘的国耻日“9·18”。

1931 年，日本军部秘密制订了侵略我国东北的计划。日本帝国主义在“欲征服中国，必先征服满蒙；欲征服世界，必先征服中国”的方针指导下，悍然发动“9·18”事变，揭开了对中国、进而对亚洲及太平洋地区进行全面武装侵略的序幕。9 月 18 日晚，驻扎在我国东北的日本关东军按照精心策划的阴谋，由“铁道守备队”炸毁了沈阳柳条湖附近的南满铁路路轨，并嫁祸于中国军队。这就是所谓的“柳条湖事件”。日军以此为借口，突然向驻守在沈阳北大营的中国军队发动进攻。当时，蒋介石正集中力量进行反共反人民的内战，执行“攘外必先安内”的反动政策，对日本侵略者妥协退让。东北军执行蒋介石“不抵抗主义”的命令，没有进行有组织的抵抗。当晚，日军攻占北大营，19 日占领了整个沈阳城。

接着，日军向辽宁、吉林和黑龙江的广大地区进攻，东北军基本上不战自溃。1932 年 1 月 3 日，日军占领锦州；2 月 5 日，占领了北满最大城市哈尔滨。至此，东北三省全部沦陷。1932 年 3 月，在日本帝国主义卵翼下，傀儡政权伪满洲国在长春建立。从此，日本帝国主义把东北变成了它的殖民地，全面加强政治压迫、经济掠夺、文化奴役，使我国东北三千多万同胞惨遭涂炭，陷于水深火热之中。

该型号定型前，海军曾提出要打 1 发装有战斗部的战斗弹。试验队为了雪洗国耻，在这一天特地把当年日本人留下来的1000多吨排水量的“军字号”524护卫舰当成了靶船。

八号导弹瞬间飞向目标时，在这艘日本“军字号”护卫舰靶船吃水线以上1.2米处撕开了一个80厘米直径的大口子，直接命中目标。就在距离军港的十几公里处，靶船沉没了，被军方鉴定为重创！导航技术研究所雷达引导头设计部的职工赵亚明回忆说:“当时我就站在发射艇上，当导弹击中日本‘军字号’护卫舰靶船时，只听见一声雷鸣般的巨响，只觉得脚下的甲板在颤动，参试人员都沸腾了。”击沉靶船后，大家奔走相告：我们在“9·18”这一天，把日本的舰艇打沉了！这象征着中国人民终于可以扬眉吐气了！

第四发是在阴雨天打的，发射时靶区下着小雨，射程是舰上雷达能够看见靶船的最大距离，导弹直接命中靶船驾驶舵的正中部。

第五发和第六发是双弹齐发射，装定射程是20公里，自导距离11公里，2发均直接命中了靶标。“这2发是9月27日双弹齐发射，它们相隔时间为8秒，从录像中看到，先后两发都直接命中靶艇，非常好看，格外精彩！”回忆起当年八号导弹定型飞行试验的情景，三院原型号处处长关培依然兴奋地说。

由于飞行试验取得如此精彩的成绩，海军首长毅然决定：第7发免试。海军某试验基地的指战员看到这么圆满的试验结果，高兴得连夜制作了写有“玲珑一代”几个金黄色大字的锦旗，敲锣打鼓送到了试验队。这面旗子后来一直挂在姚绍福的办公室里。成功了！胜利了！多年的付出终于换来了百发百中！

作为总设计师的姚绍福别提有多高兴了。在当天晚上的庆贺靶试成功的晚宴上，平时滴酒不沾的姚绍福，此时也频频举杯，与基地首长和试验队队员们开怀畅饮，共庆我们的海军终于有了自行设计、自主研制的小型多用途的“玲珑一代”。

此时此刻，每一个举起酒杯的人都知道，这不是一般的酒。这酒里有奋斗的快乐，有艰辛的汗水，有苦恼的泪水，有奉献的甘甜，也有为了它而已经逝去的青春年华。基地的浪涛为之起舞，东北的秋风为之欢歌，就连夜晚的明月也为之动容！

在这令人欢欣鼓舞的时刻，9月29日，航天工业部给三院及八号导弹试验队发来了贺电，热烈庆祝设计定型飞行试验取得6发6中的优异成绩！并指出：这次试验成功标志着我国自行设计的飞航导弹达到了一个新水平，是飞航导弹史上的一个里程碑，对加强我国海防具有重大意义。

1985年10月5日，三院隆重举行了八号导弹设计定型试验成功庆祝大会。党委书记许祖凯主持大会，姚绍福副院长对八号导弹定型试验作了总结报告，易生院长对完成今后的科研生产任务提出了要求。国防科工委副主任聂力、海军装备技术部导弹部副部长李自强、航天工业部副部长鲍克明、海防型号系列总设计师梁守槃等应邀参加了大会，他们分别发表了热情洋溢的讲话，表示最热烈的祝贺！

10月8日至12日，国防科工委和海军党委先后发来贺电。国防科工委在贺电中评价认为，该型号试验成功，对海军武器装备的加速更新和现代化建设作出了重大贡献。

海军贺电指出，试验取得圆满成功，这在海军战术导弹研制试验中，是史无前例的，创造了第一流的工作水平；这一成功，使我国自行设计、研制的海防导弹装备提高到了一个新的水平，大大增强了人民海军的作战能力，大长了中国人民的志气。

八号导弹的研制成功，使我国飞航导弹技术真正走上了自力更生、独立自主、创新发展的道路。1988 年国家授予八号反舰导弹科学技术进步奖特等奖，在获奖人员中，姚绍福排名第一。

1984 年 10 月 1 日，北京天安门广场隆重举行了庆祝建国 35 周年的阅兵仪式。此次国庆阅兵，是继 1959 年国庆后，25 年来第一次空前盛大的国庆阅兵。

阅兵是一个国家非常隆重的庆典，历来被认为是展国力、扬军威的重要方式，更是树立民族自信心、增强民族凝聚力、提振民族浩然正气的重要形式。利用国庆或重大庆典活动组织阅兵，可以展示我军现代化、正规化建设的巨大成就和崭新风貌，更是向全世界展现中国精神、中国力量的窗口，以此来展示我国维护国家安全与统一、促进世界和平与发展的强大信心。

这次国庆阅兵，海军除徒步方队外，首次增加了一个海军导弹方队参加受阅。

铁流滚滚，气贯如虹。在历时 1 个小时通过天安门广场参加阅兵式的方队中，所有受阅部队的武器装备全部是我国自行设计、自行研制生产的“中国造”现代化新式兵器，全部替换了 35 年前的“万国造”杂牌装备。这标志着中国人民解放军自 1927 年建军以来，武器装备实现了历史性的第一次全方位更新换代，“小米加步枪”的时代彻底一去不复返了！在这 42 个方队中，最为“抢眼”的一道亮丽风景是海军导弹部队方队中横空出世的八号导弹的雄姿。

她的小巧玲珑和巨大威力，足以让航天人感到自豪，足以让国人感到威武，足以让世人感到震惊！坐在观礼台上的外国驻华武官，竟然从座位上站了起来，连声惊呼：“中国飞鱼、中国飞鱼！”

整装待发的八号导弹

姚绍福

姚绍福院士传记

Academician Yao Shaofu's Biography

第七章

海阔任凭蛟龙跃

20 世纪 90 年代，姚绍福带领“强国弹”团队，历经艰辛和挫折，完成了设计定型试验。此型号获得国家科学技术进步奖一等奖，参加了国庆 50 周年阅兵式。

1. 海峡骤风云

台湾，自古以来就是中国领土不可分割的一部分。它美丽、富饶，像是太平洋上的一颗明珠，这里的人民勤劳勇敢，创造出了悠久深厚的文明历史，演绎出了无数美丽的传说。

1661 年 4 月，郑成功以南明王朝招讨大将军的名义，率 2.5 万将士及数百艘战舰，由金门进军台湾。经过激烈战斗和围困，1662 年 2 月，郑成功迫使荷兰总督揆一签字投降。郑成功终于从荷兰殖民者手中收复了中国领土台湾，成为一位伟大的民族英雄，受到广大人民的敬仰。

1885 年，台湾又被日本侵略。1945 年 8 月，日本在第二次世界大战中战败，8 月 15 日宣布无条件投降。中国人民经过八年英勇的抗日战争，终于收复了台湾。台湾同胞欢天喜地，庆祝回归祖国。10 月 25 日，同盟国中国战区台湾省受降仪式于台北举行，受降主官代表中国政府宣告：自即日起，台湾及澎湖列岛正式重入中国版图，所有一切土地、人民、政事皆已置于中国主权之下。至此，台湾、澎湖列岛重归中国主权管辖之下。新中国成立以来，尽管两岸还没有实现统一，但永远也改变不了台湾人民和大陆人民同祖同宗同脉的历史事实，两岸人民亲如一家，血浓于水，一脉相承，心永远是连在一起的。

为争取和平统一，中国政府采取了一系列积极的政策和措施，全面推动两岸关系发展。自 1987 年年底两岸隔绝状态被打破，两岸人员开启了互通邮政、电信并取得了很大进展，两岸海上、空中通航也取得了局部进展，探亲、旅游、交流等活动日趋活跃。国务院、地方政府制定了一系列法律、法规，依法保障台湾同胞的正当权益。为了通过商谈妥善解决两岸同胞交往中所衍生的具体问题，1992 年 11 月，大陆的海峡两岸关系协会与台湾的海峡交流基金会达成在事务性商谈中各自以口头方式表述“海峡两岸均坚持一个中国原则”的共识，在此基础上，两会领导人于 1993 年 4 月成功举行了会谈，并签署了几项涉及保护两岸同胞正当权益的协议。

可是，20 世纪 90 年代初，蒋经国去世后，李登辉成为台湾地区领导人。他 1923 年 1 月 15 日出生于台湾台北县三芝乡，又名岩里政男，祖籍福建永定。自从李登辉 1988 年至 2000 年期间担任台湾地区领导人及中国国民党主席以来，逐步背离一个中国原则，相继鼓吹“两个政府”“两个对等政治实体”“台湾已经是个主权独立的国家”“现阶段是‘中华民国在台湾’与‘中华人民共和国在大陆’”，而且自食其言，说他“始终没有讲过一个中国”。李登辉还纵容、扶持主张所谓“台湾独立”的分裂势力及其活动，使“台独”势力迅速发展，“台独”思潮蔓延。在李登辉的主导下，台湾当局采取了一系列实际的分裂步骤。

在台湾政权体制方面，力图通过所谓的“宪政改革”将台湾改造成一个“独立的政治实体”，以适应制造“两个中国”的需要。

在对外关系方面，不遗余力地进行以制造“两个中国”为目的的“拓展国际生存空间”活动。1993 年以来，连续七年推动所谓“参与联合国”的活动。

在思想文化方面，图谋抹杀台湾同胞、特别是年轻一代的中国人意识和对祖国的认同，挑起台湾同胞对祖国的误解和疏离感，割断两岸同胞的思想和文化纽带。

在军事方面，李登辉为了将台湾从祖国版图中分裂出去，暗中在军事上的准备也越来越明显。大量从国外购买先进武器，谋求加入战区导弹防御系统，企图变相地与美、日建立某种形式的军事同盟，大肆地从欧美引进先进军事装备及相关技术以配合其政治上的冒险，特别是其全程采用美国技术而研制的“雄风 -2”反舰导弹。

“雄风 -2”导弹使用了部分美国“鱼叉”导弹的核心元件，于 20 世纪 80 年代初开始研制生产。该导弹分为陆射型、舰射型和空射型。该导弹射程 12~110 公里 (中继制导)，飞行速度快，抗干扰能力强，具备超视距作战能力，达到了西方国家同时期反舰导弹的水平，最大速度为 0.85 马赫。后续的“雄风 -2”导弹均改用台湾自制的引导头，采用了独特的附加热成像寻的主动雷达制导 + 惯性中制导和主动雷达末制导系统，精度及抗干扰能力较“雄风 -1”导弹均有较大提高，战斗部为半穿甲爆破型，同时具备穿甲、爆炸及燃烧等三大功能，动力系统采用了由法国授权生产的 Arbizon Ⅳ型涡轮喷气发动机。

李登辉抛出“两国论”后，中国政府和人民进行了更加坚决的斗争。1995 年 6 月，李登辉以所谓“私人”名义访问美国后，中国政府果断地开展了反分裂、反“台独”的斗争，并对美国政府公然允许李登辉访美、违背美国在中美三个联合公报中所作的承诺、严重损害中国主权的行为，提出了强烈的抗议，进行了严正的交涉。针对台湾分裂势力企图通过所谓“法律”形式落实“两国论”的活动，中国政府有关部门明确指出，这是一个更加严重和危险的分裂步骤，是对和平统一大业的极大挑衅。如果这一图谋得逞，中国的和平统一将变得不可能。

中国政府坚决捍卫一个中国原则。如果否认一个中国原则，图谋将台湾从中国领土中分割出去，那就使和平统一的前提和基础不复存在，将危害包括台湾同胞在内的整个中华民族的根本利益，也将危害亚洲太平洋地区的和平与稳定。中国政府始终如一地坚决反对任何把台湾从中国分割出去的图谋。

中国政府始终表明，以何种方式解决台湾问题是中国的内政，并无义务承诺放弃使用武力。不承诺放弃使用武力，决不是针对台湾同胞的，而是针对制造“台湾独立”图谋和干涉中国统一的外国势力，是为争取实现和平统一提供必要的保障。

为了维护包括台湾同胞在内的全中国人民的利益，也为了维护亚太地区的和平与发展，中国政府仍然坚持“和平统一、一国两制”方针，坚持中央提出的发展两岸关系、推进祖国和平统一进程的政策主张不变，尽一切可能争取和平统一。但是，如果出现台湾被以任何名义从中国分割出去的重大事变，如果出现外国侵占台湾的情况，如果台湾当局无限期地拒绝通过谈判和平解决两岸统一问题，中国政府和人民完全有决心、有能力维护国家主权和领土完整，决不容忍、决不姑息、决不坐视任何分裂中国的图谋得逞，任何分裂图谋都是注定要失败的。

为了捍卫和维护我国的主权和领土完整，为了维护亚洲地区的和平稳定，显示中国政府和人民捍卫国家主权和领土完整的坚强决心和能力，党中央、国务院和和中央军委决定，除了要通过政治、外交等手段，还要下决心加快台湾海峡军事斗争的准备工作，以打击“台独”的嚣张气焰。

2. 调整新方案

根据海军首长“要加快反舰导弹研制进度”的指示，三院从 1993 年开始，启动了某型舰舰导弹方案的相关工作。这型导弹的使命就是能够压制台湾“雄风 -2”导弹，打击“台独”分子的嚣张气焰！鉴于台海形势急需这一特殊的军事背景，三院为此感到骄傲，感到光荣，也感到责任重大，这是彰显国威的型号，为此，大家都自豪而亲切地把该型舰舰导弹称为“强国弹”。

姚绍福（前排右）向部领导林宗棠（前排左）、程连昌（前排中）汇报工作

参加国庆50周年阅兵的“强国弹”方阵

根据党中央和中央军委的部署，1993年上半年，海军提出“以最快的速度研制一型中远程的舰舰导弹，与新建造的051G3号舰组成导弹武器系统，以满足海军的需要。”经反复论证，决定在C802导弹的基础上进行改进。

面对台湾海峡的形势和海军的迫切需求，三院领导班子积极响应，迅速启动。组织院内总体设计部、研究所和生产厂等有关单位，多次分析和研究，多次与军方进行协调和磋商，一致认为：尽快落实海军首长的指示，坚决迅速地拿出部队急需的反舰导弹武器装备，是三院责无旁贷的义务，也是三院科技工

姚绍福（左二）和黄瑞松（左一）等参加型号技术协调会

作者反对“台独”最好的实际行动，为此应该尽快拿出切实可行的建议和措施，供军方和上级领导机关作出决策。经过几个月紧锣密鼓的工作，三院在 11 月初就拿出了“强国弹”武器系统总方案和几个最新技术应用分系统的设计方案。

1993 年年末，海军和航天工业总公司联合主持了“强国弹”武器系统方案审查会，到会 22 个单位，其中姚绍福等 5 名三院领导和部厂所的有关人员参加了会议。

会上审查了三院提交的“强国弹”武器系统方案报告、超视距目标指示系统方案论证报告和主发动机涡喷发动机方案论证报告，会议对有关问题进行了讨论。讨论认为：为保证总进度，尽早安排落实超视距目标指示系统的载机是关键，海军在第一季度提供一架“黄蜂”反潜直升机进行超视距目标指示系统飞行试验。会议建议，海军尽快提供一架在役直升机，用于改装试验装机设备，完成试验后提供给部队；三院提出的发射装置方案是合理的、积极的，可使导弹火力有大的提高。

会议研究了研制进度，暂定进度节点为：1994 年年初作为导弹武器系统工程零点，1998年年底完成设计定型。从这个方案和计划安排可以看出，时间和速度是当务之急！

1994年上半年，国防科工委和航天工业总公司任命姚绍福为“强国弹”总设计师。时值62岁的姚绍福在国家需要的关键时刻，重挂披甲，再次执掌起了帅印，挑起了出征的重任。

姚绍福在飞航导弹领域是久经沙场的老将，不仅设计和研制经验丰富，且思维极为缜密，不仅精通飞航技术，且责任心极强。

在参加完“强国弹”武器系统方案审查会后，他手上拿着这个方案做了重新审视和思考，陷入久久的沉思，如何保证1998年定型？姚绍福对我国飞航技术各系统的技术水平和状况，对海军系统的舰船装备、长处与短板，都了如指掌，烂熟于心。他反复掂量着这个方案，要想在1998年实现设计飞行试验定型，看来有点“悬”！经他反复比较，觉得有必要对导弹武器系统初步方案做出调整。

在姚绍福看来，导弹总设计师的第一职责就是设计出最佳的总方案，设计方案就是设计师的作品。他认为，也曾多次在多种场合讲过：“每一个型号的设计方案就是设计师大脑里理念、知识和经验的集中体现，就是对未来实物装备的构想，它决定了千军万马前进的方向，一个型号设计方案选择的优劣，就已经决定了这个型号的质量和命运。”基于这种认识，在他主持的型号设计里，既注重采用最先进的技术，也注意结合实际的可行性；既注重眼下军方的急需，也考虑明天技术的继承性和装备产品的系列化发展，为飞航导弹产品形成“基本型、系列化”打下基础。

经过深思熟虑，姚绍福认为，目前这套方案不能满足急需的进度要求和配套的“强国弹”技术性能，应该在原方案继续执行的基础上，有必要再增加一套更稳妥的实施方案。只有“两条腿走路”才能保证研制进度和全武器系统的技术性能需要。

姚绍福（前排中）与黄瑞松（前排右）、蔡淑华（前排左）在研讨会上

为了稳妥起见，根据评审会上安排的进度要求，姚绍福专门组织总体部、分系统和有关技术人员，围绕着“如何落实加快研制速度”这个核心问题，针对海军的五型舰艇展开了讨论和研究，做了分析比较，并与有关单位做了沟通协调。这是他多少年来一贯坚持的先技术民主、再集中实行的“民主集中制”的工作方法。

经过大家认真比较和分析认为：052 型驱逐舰，目前尚未下水，且该舰本身涉及面广，关系复杂，在建造中插入导弹系统改造，带来的问题将会更多，起不到促进进度的作用；037IG 型舰原装鹰击八 A 导弹，吨位太小，不能装直升机，无法实现舰上某一系统与惯导对准，作为战斗舰使用也存在着很大问题；051GII 型舰，原装有鹰击八导弹，但没有直升机库和直升机起降台，加快方案必须要有直升机库和直升机起降台，如果要改造，其工作量非常大，需要经费多，进度难保证；已经审定选用的 051G3 型舰，是我国最大吨位的舰船，虽然具有一定技术先进性和生命力的反舰导弹武器系统，但是至今工程零点尚未确定，计划在 1997 年上半年进行航行试验和动态精度试验的进度难以保证。

如果选用已经造好的 053H2G 舰改装已经过陆上发射飞行试验成功的 C802

C802反舰导弹

导弹，配上“强国弹”的技术阵地设备和超视距目标指示系统，其改装的工作量最小、经费最省、进度最快；同时，改装后的火控系统可以和其他几型导弹具有通用性；“强国弹”可以采用某型号已成熟的某些成件和技术系统，既可以提高技术上的可靠性，又可以缩短研制周期。这样可以在1995年第四季度就进行舰上靶试、打鉴定弹，靶试成功后，改装舰艇后就可以形成装备；舰上火控系统和超视距指示系统，可以提前两年得到考核。而且，在2000年前后这个型号是具有一定先进性和生命力的反舰导弹武器系统。这是三院经比较和研究后选择的最佳方案。

经过充分讨论，大家一致认为这个方案的优点可以概括为三个方面：一是它继承和运用了已有的预研和部分成熟的科研成果，技术上便利可行；二是能达到最大有效射程要求；三是对研制进度有较大的促进作用，能满足各种研制试验和急需，比原定的研制进度要提前一年左右的时间。

姚绍福决定，将这一重大问题向上级和军方提出来，供军方决策参考。4月4日，三院将研究分析的具体情况、结论和建议，以《关于加快某型导弹武器系统研制进度报告》的书面形式呈报海军。

针对三院提出的问题，有关上级机关和军方认真进行了研究，在1994年下

参加国庆50周年阅兵的“强国弹”方队

半年，专门召开了改装“强国弹”武器系统方案审查及工作会。参加会议的有总参、国防科工委、航天工业总公司、海军作战部、海军军训部、海军装备部、海装办、海军舰艇部、海军飞机部、海军航空兵部、海军论证中心、海军试验基地、海航院、东海舰队、中国船舶工业总公司、沪东造船厂等35个单位的代表，三院姚绍福等4名院领导及有关厂所人员参加了会议。

会上听取了三院报告的“强国弹”武器系统方案、超视距指示系统方案、指挥仪改装方案、改装进度安排和网络节点；中船总701所上海分部报告的053H2G舰“强国弹”武器系统改装方案。会上，审查通过了改装方案，签订了技术协议，确定了改装和研制进度，1997年完成定型飞行试验，交付使用。

1994年年底，海军装备技术部印发《关于053H2G型护卫舰载某型武器系统改装事》，同意三院提出的选择053H2G型导弹护卫舰为“强国弹”武器系统装载平台的建议，并选出一艘在役的053H2G舰进行改装，改装后按“强国弹”、八号A导弹武器系统通用技术状态交付部队。该项目由三院负责系统改装及技术抓总，海军司令部批准了这个方案。

姚绍福为缩短“强国弹”武器系统研制周期、节省改装经费和提高武器系统定型后发射平台技术的通用性，开辟了一条新的思路和研制途径，受到了科技人员和海军的由衷钦佩。

3. 打造“强国芯”

“强国弹”武器系统研制的关键主要集中在涡喷发动机和超视距目标指示系统这两个环节上。

发动机，是火箭、飞机和导弹等多种产品的心脏。“强国弹”承载着中国政府和人民捍卫国家主权和领土完整的坚强决心，是打击“台独”嚣张气焰的利器，必须为它装上一颗强劲的“芯”。

随着我国飞航事业的发展，采用多种性能发动机作为飞航导弹动力装置，已经成为必然趋势。“强国弹”要达到大射程，必须有合适的发动机，设计方案选择了涡喷发动机为导弹的主动力装置。

经分析认为，我国原有的液体火箭发动机因其

姚绍福（前排左）向国防科工委主任丁衡高（前排右）等领导汇报型号产品

需要液体容量大、配套设施笨重复杂，维护不便等因素，早已经被中央军委明令停止使用；冲压发动机技术复杂，工作效率高，具有很高的速度，平均速度可以达到 2 马赫以上，有很强的突防能力，但由于采用冲压发动机作为动力装置的导弹体积相对庞大，所以射程相对有所不足；固体火箭发动机推进剂易于工业制成，便于存储和运输，安全性比较好，但是固体火箭发动机的燃烧比冲较小、燃烧延续时间较短，不适合应用于大射程导弹。涡喷发动机已经研制多年，只待“英雄有用武之地”，正适合应用在大射程、突防能力强、进度要求快的“强国弹”上。

1986 年，在技术副院长姚绍福的积极倡导下，经三院领导班子研究决定，自筹资金引进了 3 台小涡喷发动机，引进后研仿代号为 FP-2 涡喷发动机。

FP-2 涡喷发动机 1987 年 10 月开始国产化研仿。1994 年年初，作为“强国弹”的主动力装置，开始进入工程研制阶段。这是“强国弹”新应用的关键技术，该型“强国弹”的成与败、强与弱，与这颗“芯”能否达到导弹需求的技术指标，有着密不可分的关系。想当年，这颗“芯”是姚绍福苦心积虑、千方百计才挖来的，因此他特别珍惜这个“宝贝”，高度重视对它的国产化研制工作，时常深入现场及时了解这项艰巨的攻关工作的情况。

姚绍福在“强国弹”设计方案审查会上发言

FP-2涡喷发动机的研制，曾经走过了一段极为艰辛的路程。涡喷发动机的研制先后历经了12年。经过了方案论证、原机测绘、原机性能摸底、模样研制、初样研制、试样研制、定型试验七个阶段的设计、试制、试验工作。通过47台全国产发动机的近千次地面试验，以及其中几十台参加导弹飞行试验考核，证明FP-2发动机性能已经满足《某型导弹发动机研仿任务书》和《FP-2涡喷发动机发动机适应某型导弹的工作寿命》要求。

从20世纪80年代末开始，姚绍福在大会小会上都特别强调："所有导弹上用的成件和设备，都必须做环境应力筛选，进行低温、振动和'三防'（防潮湿、防盐雾、防霉菌）试验，提高型号的质量可靠性。"之所以这样做，这是他从几十年型号研制多次失败的痛苦教训中总结出来的，是他在实践中获得的宝贵经验，因此他特别强调："不允许零部件或组件带着质量问题转入下道工序，不允许没做地面试验就交付总装，不允许型号产品带着问题出厂，不允许带着任何隐患上天。""强国弹"是具有特殊意义的急需型号，姚绍福在汇报会、协调会和各种场合，都申明他的"四不"观点，在研制阶段他对做好地面各种试验的要求更是一丝不苟，何况涡喷发动机是"强国芯"呢！三院动力技术研究所深知自己承担的责任之重要，在某涡喷发动机国产化过程中，按照试验规定和程序要求，逐一进行了各种地面试验。

1995年下半年，FP-2涡喷发动机随同“强国弹”自控弹一起打靶前，进行了振动功能试验。

1997年至1999年间，先后分别在内蒙古和黑龙江对FP-2涡喷发动机进行了气温均在零下25摄氏度的低温点火，发动机转速、加速、供油装置，非金属材料零部件抗低温的试验；进行了“三防”试验，考核了发动机本体的铝合金件、金属件、磁电式转速传感器、供油调节装置零件、烟火点火器在潮湿、盐雾、霉菌条件下储存和使用的适应能力，结果均达到了“三防”标准；做了电磁兼容试验，发动机电火工装置和烟火点火器，与装载舰上的电磁环境是兼容的，其安全有保障；做了在地面静态条件下发动机正常启动、稳定工作的试验，其他项目也达到了预期要求。

1999年年底，设计定型审查组召开“强国弹”FP-2涡喷发动机（含技术支援设备）定型审查会。审查认为，发动机及设备已达到设计要求，建议批准定型。2000年上半年，海军定型委经研究，批准FP-2涡喷发动机设计定型。

FP-2涡喷发动机已经走完了它研制的全过程，实现了全国产化的目标，只待与导弹整机一起上天试验飞行了。

4. 研发“千里眼”

导弹如何才能捕捉到敌方遥远的目标，靠的是导弹武器系统上锐利的“双眼”，就是我们常说的雷达。所以，为了“站得高、看得远”，能及早捕捉到敌方的目标，很多军用雷达都要设置在高山峻岭之上。因为地球是圆形的，受舰载雷达高度的限制，舰载反舰导弹武器系统对海面目标的最大发现距离只有40公里左右。

要解决导弹武器系统捕捉目标准确、打得远、打得准的问题，满足“强国弹”武器系统的射程要求，就要想方设法为它打造一双“千里眼”，使导弹具备准确地捕捉上百公里以外对方目标的能力，以发挥导弹武器系统的优势，而这个“千里眼”就是超视距目标指示系统。但是，超视距目标指示系统技术复杂，研制难度也自然非常大。

为了给飞航导弹装上一双“千里眼”，飞航技术研究院必须要有这套系统。曾有人提议，这个系统不应该由三院自己研制，可以找专业单位协作研发，我们拿来配套使用就行了。可是，姚绍福却不这么看，他说：“如果没有这套系统，就打不出导弹需要的射程，谁又会给我们配套？我们不仅要知道目标距离，还要懂得目标航向和航速，这都要靠自己来研究才能保证。”他还认为：“这套系统在导弹武器系统构成和技术性能上具有相当重要的地位，即使是再有难度、再复杂，具有关键性作用的技术必须掌握在我们自己手里，而且三院有这个研发能力。”经过姚绍福的坚持，最终决定由三院总体部承担这套系统的研制工作。

超视距目标指示系统，是用来搜索、跟踪水面远程目标，提供舰艇雷达视距外目标的位置参数和运动参数，向导弹岸基、舰艇发射点和指挥所提供目标信息的系统。它包括了超视距目标指示主站和副站。

超视距目标指示系统的工作原理是：在载机上装载超视距目标指示系统主站，通过机载雷达搜索和跟踪对方目标。由于飞机可以利用其在空中飞行的机动性，超前于舰艇一定距离（也称为“前出”），并且飞行得高，目标指示距离就远。假定飞机在军舰前方多飞出 100 公里的位置，飞机上的超视距目标指示系统再往前探测 100 公里，这样我们所得到的目标指示距离就可以达到双倍的距离。在实际设计和研制中，通过武器系统的载体对象与导弹武器之间相关联的某些机制，来确定敌方目标的坐标位置，把有关参数装定在导弹某一系统上，从而提供初始发射的数据。

1987 年，由总体设计部对这一课题组织了预研，经过几年的努力，在 1990 年完成了超视距目标指示系统原理性飞行试验。1993 年，按照“强国弹”所采用的超视距目标指示系统方案设计，并开始初样设备的研制工作。1994 年，完成了超视距目标指示系统机载主站和舰载副站初样设备的研制生产后，完成了“强国弹”超视距目标指示系统初样设备的原理性飞行试验。1995 年年底，进行了超视距目标指示系统主站设备装机前的地面试验，之后便交付航空某飞机制造厂装机，同时完成了副站设备的生产和试验，并于年底交付船厂安装在 053H2G 型 541 舰艇上。

1995 年上半年，先后对直升机加载“强国弹”超视距目标指示系统总体方案进行了评审，对改装直升机设计进行了评审。

1995 年年中，召开了一次由研制阶段转向试验阶段的会议，即直升机加载“强国弹”超视距目标指示系统工程计划协调会。会上，总体设计部介绍了在动静条件下超视距目标指示系统的功能情况，海军航空兵部介绍了直升机的改装情况，航天工业总公司布置了下一步的计划安排。

姚绍福在这个带有转阶段性质的时刻，以“强国弹”总设计师的身份作了振奋人心的重要讲话。首先，他对前段时间的研制工作进行了总结，认为自

1994年年初“强国弹”武器系统工程零点起步以来，围绕着军委关于做好军事斗争准备这一中心任务，在军委、海军和船舶、航天工业总公司等上级机关的领导下，各系统认真履行职责，艰苦奋斗，大力协同，刻苦攻关，使得研制工作大踏步向前推进，尤其是“强国弹”超视距目标指示系统研制和机载、舰载都比较顺利。同时，他对下一步的工作提出了期望，他希望各方面为了维护台海稳定和捍卫祖国领土完整这一共同目标，在下一步的工作中，继续顾全大局，互相支持，大力协同，确保研制质量，按照安排的节点要求，做好各项试验工作，为早日拿出“强国弹”做出新成绩。

1996年夏天，海军装备部和航天工业总公司召开了“强国弹”超视距目标指示系统动态摸底试验现场会，有关试验方面的三院、电子部某研究所、海军某舰队、北京航空航天大学等单位都汇报了试验的结果情况。1998年年初，海军装备部听取了三院超视距目标指示系统适应性飞行试验情况和541舰载“强国弹”火控系统视距外动态精度初步摸底试验情况；电子部某研究所介绍了某雷达参加全直升机试验的情况；海军某试验区提出了超视距精度试验和鉴定试验的要求。

超视距目标指示系统经过多种试验，均满足了设计要求，2000年夏天，海军装备部和三院召开超视距目标指示系统设计定型审查会。设计定型审查组认为，超视距目标指示系统达到设计定性标准和要求，建议批准定型。同年年底，海军定型委经研究决定，批准超视距目标指示系统设计定型。

“强国弹”其他的成组件，经历了方案、技术设计和评审等环节后，均按三院的研制部署各负其责逐一开始研制，其中主要包括了自动驾驶仪、无线电高度表、末制导雷达、导弹指挥仪、火控系统、技术保障设备等。

5. 难熬的日子

“强国弹”武器系统研制工作从 1994 年零点起步，经历了近两年紧张的奋战，弹上各个分系统的研制都渐入了按照程序安排的“考试期”。各种不同目的的飞行试验终于在 1995 年年末拉开了大幕。

对于飞航人来说，靶场就是考场，就是检验日常工作效果的试金石，是让人饱受痛苦和煎熬的“炼狱之门”，也是走向成功殿堂的凯旋大道。

但是，无论是学生升学或是毕业考试的日子，还是飞航导弹飞行试验大考的日子，总是难熬的。曾有人戏称：飞航导弹的飞行试验，犹如婴儿出世前母体的“阵痛”。

这是一个 1958 年建成的老靶场，后经试验基地与三院共同论证，重新设计，由三院承建扩建的。“强国弹”的光临，是这个新靶场改建后的第一位“客人”。

1995 年年末，第一次自控弹飞行试验，在东北某靶场。这次试验的目的主要是考核 FP-2 国产涡喷发动机、采用新的航向陀螺的自动驾驶仪、田字型四联装箱式发射装置等。

11 月的渤海湾，冰天雪地加之冷飕飕的海风，那是一番寒风刺骨的滋味。但是，试验队队员们干得却是热火朝天，尤其是动力技术研究所的科研人员和技术工人，就盼着自己多年辛勤研制的 FP-2 国产发动机接受考验的这一天呢。

田字型四联装箱式发射装置

“过来了，过来了！”导弹升腾，飞向远方。不到半分钟的功夫，只听空中“铛、铛、铛”几声怪响，导弹便在空中踉跄地滑落下来，在海上砸起了一大片浪花，试验失败，开局不顺！

经过分析，FP-2 发动机没有点火。这是发动机没有做高空台试验所致。经过连夜的试验，仪表显示：加油曲线不正常。这时有人提议更换一台原机试一试，经院领导批准，他们使用原机进行了试验，试验结果表明：国产机和原机对比后两者的加油曲线不一致。于是，试验人员打开原机，发现在原机的调节供油装置管路上藏着一个微小的限流孔。经仔细分析，原来它是起调节油量大小作用的，有了它就可以保证发动机的燃烧稳定性。这个小孔不大，但设计很巧妙、作用也很关键。可是，国产发动机上却忽略了这个设计，没有开这个小孔。在地面试验时体现不出问题，到了空中就产生了“富油”现象，所以发动机就不可能点火。

原因找到了，只有补充完善，经受二次考验。

1996 年初夏，发射第二发自控弹，考核 FP-2 发动机的供油系统、驾驶仪工作性能、弹上电气系统。飞行时，各系统工作正常，发射获得成功。

十几天后，发射第三发自控弹，起飞 10 多秒后就一头扎进了大海。

成功的兴奋气氛还没消散，接踵而来的这一次失败，就像一盆冷水突然从头上浇下来，真让人有些难以接受。科学试验不是唯一标准，但是却是检验技术的一种重要手段，基础工作是硬功夫，飞行试验就是硬道理！成功就是成功，失败就是失败，实实在在。

这次失败，引来了很多非议。一些人提议不要使用动力技术研究所的发动机了，有的建议还是从国外进口，有的人见到动力技术研究所的人时说话不留一点情面。一时间非议在军内、航天系统和试验队中弥漫着，三院面临着巨大的压力和前所未有的困境。

姚绍福作为“强国弹”的总设计师，黄瑞松作为总指挥，他们更是承受着直接的巨大压力，他们一时间寝食难安。很多试验队队员，几天吃不下饭，有的技术人员夜里独自在黑暗中徘徊。

在这个面临重大抉择的时刻，姚绍福总师特别强调：“如果我们放弃了多年研制的 FP-2 全国产涡喷发动机，而以进口发动机取而代之，即便导弹研制成功了，我们也是二流、三流的国家。现在我们的发动机研制已经取得了很大成绩，试验中出了一点问题，要给研制单位一点时间，容许他们去查找原因，采取措施，继续努力干下去，不能半途而废，更不能打退堂鼓。”

过了几天，“强国弹”总指挥黄瑞松副院长，代表三院党委、代表姚绍福总师返回了靶场试验队。他到各个宿舍看望试验队队员，勉励大家要吃饭，要养精蓄锐，要勇于克服困难，要鼓起勇气，以利再战。他传达了院党委的决定，院领导班子认为：富国强军和增强国防实力的核心技术不能受制于人，还是要立足于我们自己的努力，查找原因，排除万难，争取胜利。黄瑞松在试验队做了深入细致的思想疏导工作，统一了试验队的思想，凝聚了队伍，鼓舞了士气。在他的带领下，一曲《团结就是力量》激昂的歌声传遍靶场，传到九霄云外，像一股热流在每个“强国弹”研制团队队员的心中，激起了团结起来继续奋战的巨浪。

经过分析，这发弹失败的问题还是出在涡喷发动机的供油装置上。发动机供油装置有两个活门，一个是启动活门，另一个是加速活门。加速活门的两个弹簧平衡一个阀门，弹簧工作时，靠限流孔喷出的气流来推动这个加速活门，让它上下活动，由于弹簧设计的长度不够，工作时移出定位孔并顶在端面，而不能回复到原位，所以不能保证发动机正常供油，而导致试验失败。

1996年年末，组织了01批前两发自导弹发射。这次试验是考核雷达、陆用导弹自动驾驶仪、超视距目标系统与导弹指挥仪和电气系统的协调性，考核导弹的命中精度，继续考核发动机等内容。

1996年年末，01批前第一发自导弹发射。这是经过了“炼狱”后的一次考验。总设计师姚绍福、总指挥黄瑞松一起来到了靶场，一起来到了试验队。此次要考核发动机和制导控制系统。

人都说，姚绍福是“福星”。果不其然，马到成功，在飞行试验中导弹各系统经受住了考验，工作正常。第一发自导弹直接击中目标，取得了圆满成功！这次试验的成功，开创了我国飞航导弹史上远程命中目标的先河，极大地鼓舞了三院打大射程自导弹的信心。

三天后，01批第二发自导弹发射，除发动机外，其他各系统工作正常。此次又因发动机故障而提前入水，试验失败。试验队撤回，查找故障、排故。

半年后，开始组织01批后两发自导弹发射试验，主要是考核导弹在自控段的飞行性能和弹上设备工作的可靠性，同时再次考验国产发动机的工作性能。此次是在陆上田字形发射架发射。

1997年年中，01批第三发自导弹发射试验，发动机点火正常，初始弹道平稳，爬升、下滑转入平飞，因自动驾驶仪中的舵机故障，2.5分钟后掉高，随之导弹入水，试验失败。

一个月后，01批第四发自导弹发射试验，发动机点火正常，初始弹道爬升，助推器正常分离，因高度表故障，导致16秒后导弹入水，试验失败。

这次01批后两发自导弹的发射飞行试验得出的结论是：这两发弹没有完成试验任务，试验失败。发动机经过改进，通过了启动这一关，采取了措施，有待一定数量的飞行试验才能给出结论。

有人曾说“飞行试验，有时欢乐有时愁”，看来这是一条普遍的规律。它告诉人们：在科学的道路上没有坦途，要取得成功，总是要经历痛苦与失败的磨砺，最后才能走向成功的彼岸，只有经历过这些，才会倍感成功的快乐。

6. 献上“强国弹”

失败，是成功之母；失败，是走向成功的门槛。1997年，三院进入了一个历史上少有的“阵痛期”。

在三院多个型号科研历史上，“强国弹”是个有足够分量的型号。它的每一次研制性飞行试验结果，都为各方高度关注。因为它关系国家急需、肩负着未来对台斗争的重任，军委、国防科工委和海军、航天工业总公司都对这个型号寄予了厚望；航天工业总公司在年初下达的1997年责任令里要求，战术型号飞

"强国弹"飞行试验发射瞬间

行试验成功率百分之百。

从1995年第一次进靶场到1997年的这一年半里，"强国弹"共组织发射了7发飞行试验导弹，只有2发获得成功，这个比例实在是让各方难以接受，尤其是1997年两发自导弹飞行试验连续失利，在全院引起了极大震动，也震动了国家高层领导。

中央领导找了航天工业总公司领导谈话，态度严肃，下了死令。刘纪原总经理、栾恩杰副总经理多次来到三院，要求1998年"强国弹"必须设计定型，"你们如果还是打不好，就地免职"。

已经到了"不允许失败，毫无退路"的地步。一时间，三院面临着四面楚歌、焦头烂额的形势。失败是惨痛的，教训是深刻的，三院为此付出了沉痛的代价。

三院院长王建民、党委书记许祖凯给航天工业总公司党组写了请求处分的报告，检讨了自己在思想认识、质量管理、工作作风等方面的差距和不足，请求党组给予处分。

姚绍福身为这个型号的总设计师、技术总负责人，对整个型号武器系统和型号各分系统的技术把关和飞行试验结果负有不可推卸的责任。这么高的失败率，又接连两发自导弹试验失利，让他更是心如刀绞、夜不能寐。他到总公司、国防科工委、海军一级级地作检讨：要批评就批评我吧，要处分就处分我吧，是我的责任，是我没有尽职，是我把关不严，是我疏忽，是我没把工作做好……请再给我一次机会，再给三院一次机会，一定认真抓好工作，一定不辜负组织和领导期望。尽管他到处作检讨，但是他毕竟是三院老总师、老院长、老前辈，无论到哪里，大家都是肯定他几十年为国防建设作出的贡献，鼓励他把下一步的工作做好，这个型号一定会成功。

面临严峻的形势，1997 年，三院开展了以“强国弹”为重点的思想质量全面整顿动员大会。按照中央领导提出的研制工作要“严上加严、细上加细、慎之又慎”的要求，按照航天工业总公司提出的落实航天质量管理“72 条”“28 条”制度和质量问题“五条归零”标准，从上到下地在思想、管理、质量、技术工作，在元器件筛选、外协单位清理、制造工艺、各种地面试验、环境试验、成件下厂复验等环节，开展了全面的整顿工作。姚绍福和黄瑞松等主要责任人带头扣罚半年岗位津贴。

三院轰轰烈烈地整顿，作为总体部首当其中。姚绍福和黄瑞松是总体部培养成长起来的，又是原来总体部老主任，所以总体部在整顿队伍工作时，把这两位老总请了回来。姚绍福以一个“老总体”的身份，回顾了自己在总体部的成长历程，回顾了总体部艰苦奋斗的光荣历史，介绍了总体部在飞航事业中的“龙头”地位。谈到设计在导弹质量保证中的重要性时，他说：“作为搞总体的人，对国防建设的责任感、使命感是第一位的，有了这种责任感，才能力争为国家设计出最好、最管用的型号产品，才能对自己的每一个设想和画出的每一条线的质量负责，对你所设定的技术指标负责。大家要经受得起失败和挫折的考验，要结合飞行试验中出现的问题进行反思，提高对‘军品质量是生命、质量是信誉、质量是政治、质量是人品’的认识，配合分系统出现的质量问题，认真搞好这次整顿。”

在近一年的整顿时间里，姚绍福忙得不可开交。今天深入到某厂所了解故障排查分析情况，明天参加某单位的质量评审会，后天又到生产现场看地面试验结果。他要么是在审查分析通报上来的质量分析报告，要么是与有关人员研究问题。

经过全面整顿，1998 年第二季度各分系统对自己负责研制的即将要参加 02 批 3 发遥测自导弹飞行试验的成组件，进行了质量复核、复算、复查，并逐一进行了出厂评审，一切准备就绪。

1998 年年中，渤海湾某靶场。这次飞行试验的目的是：检验导弹的最大射程；导弹在舰上环境的适应性；导弹各系统的工作性能和协调性；舰载火控系统的工作性能及设备之间的工作协调性；导弹武器系统的命中精度等。

试验期间，分别在陆地和舰艇上各发射了 1 发遥测自导弹，均达到了飞行试验的预期目的，获得了圆满成功，尤其是航程达到了设计标准；在舰艇上的首次发射，考核了舰上的火控系统，考验了舰面设备与弹上设备的协调性。

这两发遥测自导弹的飞行试验圆满成功为设计定型飞行试验奠定了基础。

由于台海形势的变化，根据海军提出的“研定一体化”(也称为“研定结合”)定型飞行试验的建议，军方与航天工业总公司商定，采取“特事特办，急事急办”的途径，把 03 批遥测自导弹、定型批遥测自导弹，一发惰性弹，一起列入“研定一体化”飞行试验。试验目的，全面考核定型样机、测试设备和相关的辅助设备，为交付使用提供依据。

1998 年下半年，定型飞行试验的 6 发“强国弹”，除了一发惰性弹提前入

姚绍福（左三）与试验队队员共庆“强国弹”设计定型飞行试验成功

水之外，其他 5 发均飞行正常，命中目标。

通过飞行试验证明，三院的全面思想、质量整顿工作取得了显著效果，保证了各项管理、技术、质量等整改措施的落实，使超视距目标指示系统首次参加试验获得成功；舰面火控系统使用可靠；地面设备经过多次飞行试验的磨合，质量有了很大提高。

“强国弹”武器系统飞行试验符合设计要求，试验达到了定型试验大纲的要求。

1999 年年末，神秘的深蓝色大海上，几十艘驱逐舰、护卫舰和潜艇等在海上如履平地般奔驰，一场规模盛大的海上军演在我国某海域激烈地展开。一时间，一发发“强国弹”风驰电掣般飞向遥远的“敌舰”，顿时“敌舰”上一片火海，眨眼间沉没在汪洋大海之中。

这次军演，专门设定了“强国弹”的单射和双发齐射、近程和远程攻击、视距内和视距外攻击、下号位和上号位发射、高海情和低海情发射等战术技术指标的全面综合考核，实现了百发百中的成功率，进一步全面综合考核和彰显了“强国弹”的神勇。

这是一款我国第一个装上国产化涡喷发动机“强国芯”、超视距目标指示系统的新型飞航导弹。“强国弹”武器系统的研制成功，受到了党中央、中央军委

“强国弹”参加某次海上军演

领导和海军领导的高度赞扬。

在推荐申报科学技术进步奖项获奖人选时，姚绍福作为这个型号的总设计师和院科技委主任，谦和地表示：“我是院士，国家已经给了我很多荣誉了，还是推荐其他同志上吧！”为此，在他的坚持和竭力推荐下，其他几位作出突出贡献的人员被评为获奖人员。

“强国弹”武器系统 2001 年获得国防科学技术进步奖一等奖，2002 年获得国家科学技术进步奖一等奖。

1999 年国庆节期间，姚绍福在接受中央电视台采访时，自豪地告诉记者：“为和平铸就盾牌，是我们航天人的责任和使命，在研制过程中，我们的科技人员和工人吃了很多苦、克服了许多困难、攻下了很多技术难关。”当记者问到我们的导弹能打多准时，姚绍福告诉记者：“我们的‘强国弹’可以精确地打到敌方的办公桌。”

1999 年 10 月 1 日上午，在国庆 50 周年庆典阅兵式上，当焕然一新的金戈铁马从长安街上滚滚而来时，人们发现，海军一下子亮出了一种新型的被称为“强国弹”的导弹。它射程远、重量轻、机动性强、超低空飞行、突防能力强，能实现超雷达视距攻击，战斗部可击穿一定厚度的钢板，穿入舰体后再爆炸。

国庆50周年海军“强国弹”反舰导弹方队

世纪大阅兵，这就是飞航人献给祖国和人民的一份厚礼！它的公开亮相，充分显示了中国政府和人民为维护国家主权和领土完整的坚定意志和决心，为争取实现祖国和平统一提供了坚强的保障。

姚绍福

姚绍福院士传记

Academician Yao Shaofu's Biography

第八章

谱写锐意创新篇

姚绍福善于用创新思维，敏锐和准确地把握飞航导弹技术的发展方向，解决了大量科研上的关键性技术问题，他开创了三院外贸工作和技术引进的新局面。

1."把脉"定方向

他对海防型号发展深谋远虑，具有敏锐性和超前性，能看准未来技术的发展方向。在飞航导弹设计和研制领域，姚绍福几十年如一日，以锐意进取的创新精神，全身心投入，全力以赴，推进着飞航事业的健康快速发展。

姚绍福既有天资的聪慧，也有忘我的勤奋，更有细腻的观察力和缜密的分析判断能力，他常常是大智大悟，绘画出点睛之笔。因此，在型号设计、研制和试验等重大节点问题上，当很多人"吃不准"时，会主动请他"把脉"。其中有位型号总师钦佩地说："没有什么问题能难倒姚老总，只要有他坐阵，大家心里就特别有底。"

20世纪70年代初期，当他还在担任总体部空舰导弹研究室主任时，便认为我国既应该有液体发动机为动力的岸舰导弹，有低空超声速冲压发动机的导弹，有挂机的空舰导弹，也应该有固体发动机的小型导弹。

1969年10月8日，当海军航空兵部向三院提出希望设计和研制一型射程50公里的空舰导弹，增强海防作战能力的要求时，时任二室主任的姚绍福敏锐地察觉到，这是一个具有能体现全新技术特点、有前途的一个型号，因此他先

姚绍福院长作三院年度工作报告

人一步，在1971年4月率先成立了预研组，对研制“小弹”的必要性和实现可能性进行了调研，开展了方案论证工作。1972年2月9日，他们向三院提交了预研情况报告，也是第一次提交的关于“小弹”的研制设想：采用X-X型气动布局，并联两个助推器，采用固体发动机，自控加自导的控制系统。在那个年代，这个构思应该说是很具有前瞻性的。从中也可以看出，正是姚绍福勤于学习，善于思考，敏于最新技术，才具有超常的敏锐性。姚绍福主动组织对这种小弹的方案论证，进行了关键技术的预研攻关。

1972年和1978年，他利用两次出国的机会，对类似导弹进行了悉心的技术考察，业余时间撰写了几万字详尽的《技术考察报告》，对我国如何设计和研制八号导弹起到了重要导向作用。他主持了小型固体导弹的预研工作，确定了以研制长时间端面燃烧固体发动机为重点预研课题。结合我国的实际情况，提出八号导弹采用扇面发射、固体发动机、半穿甲战斗部、采用X-X型气动布局，提高飞行机动性，保持稳定的升力，为低空飞行创造了技术上的条件，这也跳出了几个亚声速型号“一字”形的单一布局格式，按照亚声速掠海飞行和小型多平台装载的设计思路进行布局。八号导弹总体模型吹风试验后，控制系统出现

20世纪80年代初的姚绍福

反操纵技术问题，随后总体部提出一级增加陀螺舵方案，但在两发模型弹飞行试验考核后，导弹一、二级分离后弹体滚动较大，这时总体组提出小舵机方案。当时技术领导层对这两个技术方案分歧很大，各持已见。面对这一情况，姚绍福经过认真分析研究，果断决定采用小舵机方案。试验证明，这一正确决策为后续八号导弹试验成功提供了保障。

1981 年 5 月 13 日，副总参谋长的刘华清与国防工办副主任邹家华批准决定八号导弹正式作为 24 快艇装备对象。八号导弹团队在姚绍福的率领下，根据总体单位提出的技术要求，完成了导弹发射箱、发射架和电气系统设计任务。当发射架设计图纸提供给上海某生产厂加工时，造船技术总体单位某所和某生产厂对三院设计的发射架提出质疑，认为原“上游一号”的发射架设计得十分坚固，而三院设计的发射架是由一些细钢管焊接而成的，设计得太单薄了，怕经受不起导弹发射时的载荷。姚绍福又带领设计团队进行了认真复核复算，认为八号导弹和“上游一号”的助推器喷管角度和推力是不同的，不能简单通过外形对比而下结论。姚绍福很坚决地作出承诺：“你们就照此加工吧，不会有问题的，出了问题我负责。”这样，某生产厂才勉强同意生产加工。24 艇改装完

姚绍福（左）与三院原院长易生（中）、党委书记许祖凯（右）在一起交谈

成后，先后经过了两发模型弹发射试验、后续研制弹和定型弹的飞行试验考核，发射架的设计质量非常可靠。这时技术单位才非常佩服地认识到：姚绍福领导的团队设计的发射架，不仅设计质量高，减轻了重量，还缩短了生产周期，节省了大笔经费。

1984 年 10 月至 11 月，两发八号自导弹飞行试验连续失利，姚绍福深入大连试验现场和广大技术人员一起分析，探讨研究，同时要求后方抓紧进行振动环境试验，决定在驾驶仪控制组合和雷达高度表上加减震器；控制组合在驾驶仪舱上安装位置，要求上留 7 厘米、下留 8 厘米，致使问题彻底归零并有效解决。这些技术均在该型号导弹上得到了成功的应用，为八号导弹的研制作出了重要贡献。

2. 研制新方式

姚绍福在多年的导弹型号研制实践中体会到：军工科研单位和科技工作者，在观察问题、思考问题、研究技术、设计装备时，必须以现代战争的新特点和武器装备发展的新趋势为导向，才能形成具有创新性的研制思路。

研制工作应重视社会效益与经济效益两个方面的结合，姚绍福认为，必须坚持“多快好省”的原则。针对如何提高效率、缩短研制周期、节省各方面时间和经费的问题，他也有自己的思考和举措。过去，我国飞航导弹研制周期和国外基本接近，大致在8~10年。按照姚绍福的想法创新组织管理方式，研制周期可以缩短到3~5年。

在六号空舰导弹的研制中，姚绍福深入试验靶场，了解试验过程中的症结所在，他积极开动脑筋，有针对性地提出了“模拟带飞”这种经济实用的试验新方法。对于机载型号采用模拟带飞的方法，是为了模拟导弹离机后实际飞行弹道的工作协调性。凡是挂机发射平台的导弹，必须安排一定量的带飞试验，真实地模拟导弹飞行弹道，从遥测数据中发现问题，解决问题，直到问题彻底暴露，才能允许导弹进行正式飞行试验。

对于装载陆基平台、装舰平台的导弹，也要尽可能安排真实弹道带飞试验。采用这种经济实用的模拟带飞试验的方法，先后发现和解决了48个重大技术问题，整个研制阶段仅用了4发导弹，就达到了通常需要十几发导弹才能达到的试验目的。同时，姚绍福发动群众、集思广益和开展技术民主后，第一次在六号空舰导弹研制中，采取了简易动态精度试验方案。

由于采取的这些措施有力有效，从而保证了六号空舰导弹试验成功率，减少了试验用的导弹数量，研制周期比原计划缩短了半年，使六号空舰导弹提前进入定型飞行试验，节省了大量人力、物力、时间和研制费用。这是飞航导弹研制工作中一个具有开创性的创新组织管理方式。

20世纪90年代，姚绍福担任“强国弹”导弹总设计师期间，海军提出采用“研定结合一体化”（亦称“研定结合”）的试验方法，即将导弹研制阶段飞行试验情况纳入定型飞行试验考核的子样数，使用方提前介入，掌握研制阶段的过程与情况。对军方提出的“研定结合一体化”飞行试验方法，作为总设计师的姚绍福经过认真考虑后，给予了大力支持，同时也承担着一定的风险责任。1998年，通过采用“研定结合一体化”的试验方法，既保证了产品质量，又加

姚绍福介绍某型号研制进展情况

C601导弹挂机照片

快了研制进度。

在他看来，随着科学技术的进步，信息化和数字化技术的广泛普及应用，为了提前暴露和发现导弹的技术问题，能用计算机模拟仿真代替原来属于实际飞行的试验项目和程序，就使用计算机模拟仿真，然后再上天考核，诸如环境试验、振动试验、冲击试验、气动试验等；能在地面试验的项目或程序，绝不上天或在实物载体上做试验；能合并的试验项目和程序，就不分别做试验。这是提高研制效率、节省费用、缩短周期的一条有效途径。

针对 C601 导弹，姚绍福以科学严谨的态度，在研制方案上坚持了模拟带飞试验这个办法，极大地提高了产品质量可靠性，节省研制弹 20 多发，节约了大量研制经费。该型导弹在中东某局部战争中，发挥了满意的作战效能，被国外誉为“百发百中”的蚕式导弹。

3. 创新“金点子”

姚绍福有系统的理论知识和扎实的专业功底，善于解决关键的难题，在解决一些关键性技术问题上，他总能举重若轻，或提出富有建树的解决办法。

在姚绍福的职业生涯中，承担过许多型号设计与研制工作，除了“海鹰二号”以外，一直承担全新型号的研制任务。新型号往往都具有技术新、难度大、要求高、体现时代性的特点。但是，只要是姚绍福领军承担的型号研制任务，即使是很棘手的技术难题，他都能想方设法，最终攻克难关，达到预期的目标。

1969 年开始，他主持领导某型低空超声速导弹方案论证和技术设计工作。最初的方案是按照空舰导弹设计的，由于飞机研制进度始终跟不上导弹试验的要求，姚绍福经过认真思考后，大胆提出由空射改为地面发射的建议，并在三院做了论证报告。此方案经过海军和有关专家研究后，获得了批准。

姚绍福在 20 世纪 70 年代曾主持某型低空超声速导弹技术设计工作，并于 1977 年至 1979 年进行了 3 次飞行试验。第一次飞行试验主要是考核导弹离轨、一级飞行和助推器的可靠性，试验获得成功；1978 年和 1979 年两次自控弹飞行试验，首次实现了我国自行研制的冲压发动机空中点火一次成功和较长时间工作、低空超声速等高飞行的验证目标。提出了减少弹体阻力等三项技术措施，对解决推阻不匹配的关键技术问题起到了重要作用，1984 年的研制性飞行试验，实现了 2 马赫的巡航速度，取得了全动力航程、低空稳定巡航飞行的成功。

1988 年，国防科工委任命姚绍福为八号甲反舰导弹的总设计师，全面主持研制工作。为增加舰载导弹的数量，他决策将导弹弹翼和稳定尾翼改为折叠式，以减少导弹在舰艇上占有的空间。采用这种设计方案，在我国反舰导弹研制史

某型低空超声速导弹

八号甲导弹在挂弹车上的状态

八号甲导弹挂机状态

八号甲导弹飞行试验

上，是首开先河。同时决策采用自动化测试技术。1990 年，在该型导弹鉴定飞行试验失利之后，他提出了提高弹上设备抗振能力，改善导弹发射时的振动冲击环境，加强设计、研制、生产和试验过程中的质量控制等综合措施，并狠抓了组织落实和任务落实。最终该型导弹鉴定飞行试验取得了 3 发直接命中的优异成绩，这种型号被海军列为水面舰艇通用型主战装备。1993 年，此型号获得国家科学技术进步奖三等奖。

1988 年，三院研制八十一号导弹武器系统，主要用于多型机载平台，姚绍福担任此型号的总设计师，负责总体方案、技术状态、试验项目和关键技术审核。在这个型号的研制过程中，为克服歼轰 -7 飞机空中投放机弹干扰问题，他决策由自由投放改为弹射投放的方式，并主持解决了气动干扰、导弹下滑转平飞及提高导弹可靠性以适应机载发射环境等多项关键技术。他亲临现场解决了自控弹低头入水的关键技术问题。1996 年，该型导弹以 5 发 4 中的成绩圆满完成了设计定型飞行试验。实践再一次证明，这些创新措施和决策都是正确的。姚绍福因贡献突出，1996 年荣立国防科工委一等功。

4. 外贸新模式

20 世纪 80 年代，我国开始了改革开放的新征程。为加速国民经济的发展，党的十二大确定从 1981 年至 20 世纪末的这 20 年，我国经济建设总的奋斗目标是：力争使全国工农业的年总产值翻两番，即由 1980 年的 7100 亿元增加到 2000 年的 28000 亿元左右。实现了这个目标，我国国民收入总额和主要工农业产品的产量将居于世界前列，整个国民经济的现代化过程将取得重大进展，城乡人民的收入将成倍增长，人民的物质文化生活可以达到小康水平。

进入 80 年代中期，我国开始由计划经济体制向有计划的商品经济体制转变。在 1985 年军委扩大会议上，邓小平提出了“军队要忍耐”的思想。会议认为“四化”建设总得有先有后，因此号召军队要自觉服从国家的整体安排，照顾国家建设的大局，优先发展国家经济，军队和国防军工战线要忍耐几年，给国家建设大局让路，才能从根本上加强军队装备真正现代化。

在国家要集中力量优先把经济建设搞上去的历史大背景条件下，三院和很多军工单位一样，始终面临着军品指令性任务锐减，军品研制经费不多，人才逐渐流失，同时又要提高单位经济效益和职工生活水平的形势。为此，国家毅然决定实行军品外贸出口，实行“军民结合、平战结合、军品优先、以民养军”的十六字方针。

三院根据国家的有关方针政策，及时做出了“军民贸三足鼎立”的战略性调整，积极落实中央关于军队和国防军工战线“要忍耐几年”的号召，在抓住军品研制生产任务不放松的前提下，一方面大力支持各基层所属单位开发民用产品，一方面开展对外贸易活动。从 1981 年开始，三院的外贸工作走过了探索起步、开拓创新、快速发展的奋斗历程。

1983 年以来，恰逢姚绍福担任三院副院长、院长和科技委主任期间，他锐意进取，勇于开拓，大胆创新，在他和三院领导班子的积极努力与带领下，三院的外贸工作逐渐步入了蓬勃发展、风声水起的兴旺时期，开创了海外市场崭新的局面。多年从事外贸工作的三院外经贸部原部长徐梓茂深有感触地说："姚绍福，是三院外贸发展的大功臣。"

1984年至2000年，姚绍福作为飞航技术的专家和产品宣传大使，先后随国防科工委、总装备部、海军、航天工业部和三院等组织的技术考察团或贸易代表团，迈出国门，多次出访考察十几个国家，促成了一笔笔外贸交易。

在姚绍福的领导下，外贸工作管理模式由零打碎敲逐步走上了规模化、产业化轨道，由初期的被动执行转变为主动策划和推销，由"有什么就卖什么"转变到"要什么就卖什么"的营销模式，由初期的粗放型管理转变为形成一套完整规范的运行机制，由初期的少数几个人转变到形成有专业素质的一支外贸队伍，并最终走上了一条良性健康发展的道路。此举，不仅为国家创了汇，提高了三院的经济效益，也留住了飞航技术的人才，锤炼出一支过硬的队伍，在国际舞台上展示了中国的良好形象。

姚绍福是个善于观察、思考和总结经验的人，他在分析用户提出的需求中发现：我们原有的外贸销售模式是"有什么就卖什么"，把已经定型的现有技术和产品向对方推销出去，即"产品引导市场"，现在必须要改变这种单一的营销模式。既要坚持原有“产品引导市场”的模式，又要根据对方国情和提出的条件，研制出新性能的产品，转变为“要什么就卖什么”的营销模式，即“以市场需求为导向”。只有多条腿走路，满足市场和用户的不同需求，外贸工作才能打开新局面，有更广阔的市场前景。姚绍福把产品系列化的设计思维与改变营销方式紧密结合的经营理念，在实践中收到了立竿见影的显著效果，开创了三院对外贸易的崭新局面。

1985 年 5 月，某国空军副司令来我国考察时，向我方提出了 C601 空舰导弹产品要增加射程的要求。为了满足用户的要求，姚绍福直接与总体设计部的设计人员共同研究，提出了调整发动机参数，减少推进剂消耗量；改变投放角度，增大下滑距离；采用高能发动机推进剂，延长燃烧时间等创新设计方案。某国对姚绍福提出的方案十分满意，便愉快地与中方签订了第一个 C601 和 C611 两型挂机产品过亿美元的贸易合同。

1986 年，当八号导弹定型以后，姚绍福抓住市场商机，又及时组织设计和研制出了 C8 型系列产品，成为三院对外贸易的支柱性产品，体现了他的系统思维和前瞻意识。

继 C801 导弹研制成功之后，面对该型导弹射程较小、不能满足国际市场需求的困扰，在他的积极倡导下，三院领导班子决定自筹资金研制新型 C802 反舰导弹。姚绍福任该型号技术总负责人，他组织领导了该导弹武器系统配套设备的设计与研制工作。在这项工作中，姚绍福积极开动脑筋，大胆解放思想，该系统采用了频率捷变、边搜索边跟踪体制雷达、无线电数传通信系统和微机型指挥仪等多项先进技术。他想方设法，通过在原型基础上把固体发动机换成小型涡喷发动机，使射程达到原型的 3 倍，为拓展国际市场奠定了基石。

1984 年 6 月，是姚绍福担任副院长后首次出访，是随国防科工委军工技术考察团去某国考察。他亲自为该国的空军高级将领和技术专家们介绍了中国

C601 空舰导弹产品的技术性能和用途，使该国专家格外信服，最终签署了合作意向书。

善于抓住市场商机，对市场做出快速反应，是姚绍福在市场上赢得成功的经营之道。1987 年 9 月，某国外一个公司从第三国购进了几发 C801 产品作为靶弹，同时还有意向购买另一种型号作为靶弹。姚绍福了解到这个信息后，立

C801导弹发射瞬间

1990年12月，C802反舰导弹第一发弹飞行试验

即进行沟通协调和洽商，三院通过精密公司与南美洲某国签订了出口合同，之后立即组织总体部研制了这种靶弹，于 12 月将产品发运。从签约到交货不到三个月时间，这是执行外贸合同时间最短、速度最快的一次。

1988 年，中国船舶贸易公司与某国海军签订了几艘 053HT 型产品护卫舰出口合同，该舰需要装载 C801 导弹武器系统。10 月，姚绍福和精密公司一道赴该国，商谈 C801 产品贸易出口的具体事宜。作为 C801 产品武器系统设计总负责人的姚绍福，当即拍板："没问题！"他马上组织协调有关人员进行设计和研制。在他的强力推动下，1990 年 4 月，三院与某国海军签订了 C801 产品及技术阵地设备出口合同，成为三院第一个全武器系统出口的合同。

1993 年，三院老专家和中青年技术人员组成的试验队奔赴该国，协助进行动态精度试验和打靶试验两项准备工作。该国此时的平均气温在 36 摄氏度左右，而试验队队员工作的甲板上，气温达到了 65 摄氏度的高温。试验队队员每天工作都要大汗淋漓，衣服湿透了，拧干了汗水再穿；甲板把双脚烫得疼痛难耐，就用布包在脚上。每当大海发怒时，会把所在舰船掀起好几米高，颠簸中的试验队队员们个个呕吐得一塌糊涂，为了不影响工作，大家就轮流操作、轮流躺在甲板上喘息片刻。

4 月初，靶试的前一天，久旱的地区突然下起倾盆大雨。与靶场气象打了几十年交道的姚绍福和试验队队员们预感到：明天一定是个打靶的好天气；该国人说：这是佛主显灵了！该国一位海军军官，站在船头不停地对天祈祷："佛主保佑，愿中国的 C801 打好，中国成功。"

靶试那天一大早，雨过天晴，碧空万里，靶试的准备工作按照计划展开，忙碌而有序。20 多艘军舰、4 艘护卫舰排成一列，驶入预定海域，几十名海军官兵等待着靶试的号令。该国海军司令这一天格外精神抖擞，对这次打靶充满了信心，他健步走到姚绍福面前，双手紧握着姚绍福的手高兴地说："姚总，我

姚绍福在国外打靶成功后登上靶船测量被击中的尺寸

姚绍福与军贸代表团的试验队队员在被击中的靶船上

有把握认为，C801 一定会成功！它会比‘飞鱼’飞得更远、打得更准！”

10 点 30 分，下达了导弹发射开始的口令。一发发导弹像一支支利剑飞向目标，靶场上不断响起一阵阵盖过浪涛呼啸的欢呼声。这次打靶共发射 6 枚 C801 导弹，百分之百击中目标：船上的 6 个反射体，4 个被炸毁、2 个被打倒。

当日，该国的多家媒体同时发出一则消息：“C801 反舰导弹飞离某型军舰发射平台，射中 32 公里外的靶船。”一时间，C801 产品在海外名声大震。该国海军司令抑制不住内心的喜悦，把中国试验队请到了舰上的大会议室，打开几十瓶香槟美酒，拉着姚绍福的手，振臂高呼：“C801，OK! 中国，OK！”

5. 开拓新市场

姚绍福在主管外贸工作中，主动作为，采取“走出去，请进来”等方式，开辟了广阔的贸易新市场。

为了在某地区建立三院的贸易办事处，1987 年 11 月至 12 月下旬的一个月时间，姚绍福专程去了某地区的三个国家，探索市场前景，准备建立贸易合作关系。他每到一处，除了看地点、选地址以外，还特别注意了解用户需求、市场前景，做到心中有数，并向有关国家大力宣传和推销产品，表达三院的诚意。其中有一国家海军提出了报价问题，一个国家提出准备要装备某型飞机问题，一个国家对 C801 产品产生了浓厚兴趣。通过这次交流，姚绍福对某地区市场有了深入了解。

1990 年，姚绍福与航空航天工业部总工程师梁守槃一起应邀去了某国，与该国商谈“靶弹”出口事宜。姚绍福先后介绍了 C601、C611 和 C301 三型产品改装设计后的方案，对方都很感兴趣。在该国有关方面研究后，确定由中国提供两种型号产品的靶弹，在 10 月份签订了几千万美元的合同。

姚绍福为三院贸易谋发展，百折不挠、锲而不舍的精神感动着“上帝”。1991 年，姚绍福以 C801、C802 产品总设计师的身份，拜访了某国武装卫队参谋长。某国参谋长提出：他们有一种小舰艇，长 15~21 米，排水量是 44 吨，装备重量是 4.5 吨，要求中方为其研制轻型导弹武器系统装备这艘舰艇。姚绍福经过考虑，当即答应了这位参谋长的要求，并说：“我们会很快向你们介绍导弹武器系统的设计方案。”姚绍福回国后，根据该国提出的要求，立即组织技术力量研究了设计方案。1992年年初，该国卫队参谋长一行来华，姚绍福在钓鱼台国宾馆接待了他们，向他们介绍了新研制的小型C701产品技术方案，提供了设计图纸。9月，该国卫队海军司令来华访问，姚绍福与精密公司一起，向海军司令介绍了C701和C704两种小弹产品的技术方案。会议讨论了由三院与该国共同研制一种新型的小弹。1993年，C701产品获得国家进出口主管部门批准。同月，姚绍福又马不停蹄地再次奔赴该国，向该国卫队海军司令详细介绍了C701和C801B产品技术性能和结构等内容，明确说明需要三四年时间才能提供正式产品。

经过多次反复做工作，终于在1995年年底，该国代表与三院签署了正式合同，合同总值几千万美元，但是合同没有生效。1996年，姚绍福在北京

C701导弹飞行试验

C704反舰导弹

与该国国际工业组织负责人进行沟通，又再次介绍了产品技术方案，并提供了C801B产品的建议书。事后三院才知道，原来是该国在不了解情况的条件下，盲目地又找了另一个单位签订了一份合同。同样的项目内容，另一单位的供货数量比三院多，价格上比三院低，并很快生效了。在合同执行期间，该国发射的多发导弹均出现问题，在这种情况下，该国又回过头来找三院。2001年，在该国再次签订了正式合同。三院仅用了20个月的时间，便完成了从设计、研制、试验到批产和交付的全过程，使该国深受感动。为此，在第一个合同兑现后，该国又与三院签订了C704产品贸易合同。

通过这个峰回路转的典型案例说明，这个合同之所以失而复得，正是由于姚绍福“咬定青山不放松”的坚毅、真诚和胸怀，正是由于三院过硬的技术和质量，恪守友谊、诚信与效率的市场道德，才赢得了一个个的市场和用户。

6. 传扬中国名

在姚绍福看来，从事对外贸易工作的人，在对外交往中，不仅代表三院，代表中国航天，更代表中国。因此，凡是他选派出国执行商务交流谈判、技术谈判的人，必须是思想作风过硬、执行能力强、反应敏捷、能应对可能出现的各种复杂外交局面，还必须是精通技术、懂得型号产品技术和性能的明白人，

C 802导弹飞行试验发射瞬间

以保证他管理思想的贯彻和意图的实现。

1990 年，三院曾与某国签订了一份有分量的贸易合同。合同包括三型出口产品、20 个产品发射平台的改装，是 C802 产品第一个出口合同，也是三院第一次改装国外导弹快艇、驱逐舰和飞机，首次实现签约金额过亿美元的贸易记录。

当时，针对这个合同项目多、装载对象复杂、周期短的问题，引起了很大的分歧和争论。有人说，这个项目要如期完成，难度太大；有人说，这个项目风险太大，如果完不成，没法交代。但是姚绍福并不这么看，他认为闯国际市场就要承担一定的风险，如果有七分的把握，就要想方设法化解那三分的风险。于是，他下定决心干成这件事。和他一起共过事的人曾私下称他为“姚大胆”，也有人评价“他认准的事，一定能干成”。该合同于 1992 年正式开始执行，三院各团队制定了详细的专项计划，确保各项目设备硬件按照时间节点完成交货、组织改装、试验和培训等。该贸易合同的顺利实施和兑现，使三院度过了国内军品任务不足那段艰难岁月。

为了谈成这笔合同，1990 年，姚绍福选派了总体设计部时任 C802 产品副总设计师的刘庆楣，作为赴某国考察代表团团长，组员都是经姚绍福一手精心挑选的，其中有黄友仁、李颖、刘思东、王文飞等几位同志。出国前，姚绍福多次召集代表团开会讨论，对出国谈判可能遇到的困难和问题进行了细致的分析，对诸如翻译时如何用口语向合作方正确地表达和传递技术信息等一类的细节问题，都是临行前经过反复研究或演练，或是再三叮嘱才放心，并给考察代表团下了“军令状”。

刘庆楣对那次出国执行任务的情况作了回顾和描述。她说，临行前，因为受到信息所限，我方缺乏资料，也未看过实物，只能以报纸杂志上的一点公开报道作为参考，尽管如此，代表团还是做了详细的方案。到达该国后，代表团立即投入到紧张的工作中，先是考察了“两型”飞机、“三类”舰艇，后又查阅资料，与用户交换意见。晚上，代表团内部讨论方案，准备文件，翻译，校审打印成文，工作非常紧张。期间到该国南方某港口考察时，正好是盛夏时节，气温高达 40 多摄氏度，为了尊重采购国的习惯，女同志要穿上黑色长衫，戴上头巾，衣服汗湿了穿干，干了再汗湿，考察回来，衣服上一道道汗渍，加上停水、停电、蚊虫叮咬，晚上无法入睡。该国的饮食习惯是饭里加盐、菜里不加盐，白煮鸡加西红柿汁，这些生活上的差异和不习惯，给代表团的工作带来很多困扰。但是，大家都非常珍惜这次考察和贸易谈判的机会，都希望三院能走出国门，走向世界，拓展外贸型号，扬中国威名，想方设法克服个人的困难，毫无怨言地努力工作。

代表团陆续在国外工作了两个多月，夜以继日地忙碌。针对该国需求，为他们的“四型”装载对象提供了可供使用的三型产品的建议。中国工程技术人员的实干和敬业，中国人的高度负责和一丝不苟，让该国军方十分感动。

代表团在对装载对象进行细致的考察测量、查阅相关资料，并在认真分析计算的基础上，相信有能力干好。考察期间，院长兼总设计师的姚绍福，抽出时间亲自到该国实地现场做了技术考察，详细听取了代表团研究和论证的一个个有针对性的方案，对代表团前期的工作和所拟定的方案十分满意，给予了充分的肯定，并给予了补充。

事实上，后来除一型飞机因为新政策调整未完成最终的改装试验外，其余三型装载对象全部顺利完成了改装。由于有了这第一个外贸合同，后来三院又先后签了几个总计几亿美元的合同。刘庆楣说："在国外履行合同期间，我们无论是走在大街上，还是在宾馆等公共场所，凡是与当地群众交谈，只要是知道我们是中国人，都会竖起大拇指'你好，中国朋友！'"

刘庆楣还清楚地记得，1997 年，三院和某国签署了出口 C802 产品武器系统的合同。船舶总公司配艇，三院提供型号武器系统。验收试验时，采购方准备了一条旧舰作靶船，准备检验我方型号的实战能力。靶船的体型超出了我方的预料，从头到尾有 100 多米长，从它的一头走到另一头需要好几分钟时间。讨论靶试方案时，该国要求打 1 发大射程，打 1 发小射程。经商定：先打小射程，打完后，掉转发射艇的船头，背向靶船开出几十公里，再打大射程。两发弹发射后，当时就得到信息：双双直接命中！回营地后看录像，第一发命中后，靶船已部分进水，船体明显倾斜。第二天早上，该国告诉我们："那只靶船被炸沉了！"所有参试人员欢呼雀跃。该国还说："这条旧舰即使卖破烂，也能卖 60 万美元左右，我们损失惨重啊。"之后，中国精密公司驻该国办事处的同志转告三院有关同志说："两发弹试验成功后，中国这个名字在这个地区名气大多了。"

1997 年，三院把外贸市场拓展到了某区域，通过中船贸易公司的有关渠道了解到：该区域的某国要在近期购买中国的水上舰艇。姚绍福二话没说，立即决定：抓紧时间与中船贸易公司直接接触，尽快达成协议。经过一番周折，1998 年，三院与这个国家签署了 C802 舰舰型号武器系统的贸易合同。2001 年至 2002 年，该国分别在三条艇上进行了飞行试验，均获得成功，震动了该区域。试验一年之后，该国的海军司令对中国驻该国大使馆的武官说："三发弹打得都

C802导弹飞行试验

很好，特别是第三发，在五级海情下飞了相当长的距离，并直接命中。中国的产品好，优于某国的，我要大量采购。”从此，该国一直是三院贸易的支柱之一。

20 世纪 90 年代，三院向某国出口了 C801 产品武器系统，20 多年后应当进行更新换代，航天主管外贸的公司已向采购方提出了升级为 C802 产品的建议。随着时间推移，有了更为先进的 C802A 型号武器系统可供出口。某国提出想“一次到位”，直接采购 C802A 产品，双方取得共识后各自回去准备。很快，三院按照以往的经验拟定出了一整套改装升级的建议书，并将其翻译出版后，由航天主管外贸的公司中该项目的主管人员送到了采购方手里，对方看后十分感慨地说：“在这么短的时间内，你们公司能够提出这么高质量完整的建议书，足见你们公司的实力。”

实质性的合同讨论开始了。讨论中，某国的海军代表再三追问三院贸易代表团：“舰的改装，你们能不能干？”代表团的刘庆楣副总师当场果断地回答：“我们改装过美国的飞机、英国的军舰，这型舰是中国造的，我们改装不会有任何问题。”后来才知道，是船舶工业总公司的同志告诉他们：“这型舰艇是我们设计制造的，他们公司改不了。”合同签署后，三院如期保质保量地完成了改装任务，改后的武器系统各项验收试验都是一次通过，经过改装的军舰比以前更漂亮，也更先进了。

C801导弹国外靶试场面

由于姚绍福院长带领的三院领导班子解放思想，勇于开拓，高度重视拓展海外市场，开展型号贸易工作，不仅提高了三院对外交往的能力，锻炼出了一支对外商务队伍和培养了商务谈判的能手，更有意义的是在海外展示了中国强大的军工设计和制造实力，结交了天下朋友，增进了国与国之间的友情，在国际贸易市场上打出了“中国航天”的品牌，树立了中国的良好形象。

7. 引进新技术

几十年来，三院一直遵循着国防部五院时期聂荣臻提出的“自力更生为主，力争外援和利用资本主义国家已有的科学成果”的方针。尤其是改革开放以来，为了加速飞航事业的快速发展，在自力更生、艰苦奋斗的基础上，紧跟世界飞航领域前沿技术，走出去，请进来，互动交流，取长补短，努力学习他人的先进技术和经验，充分利用其他国家已有的先进技术成果，消化吸收后，通过“爬楼梯”的方式实现国产化，提高自己的综合能力。这样可以开阔眼界，节省经费，缩短周期，加速自身发展，是一条十分正确而且很必要的途径。

在几次市场摸底和与用户往来的过程中，姚绍福发现只有几十公里射程以下的导弹产品，市场很局限，只有开发研制 100 公里左右射程的飞航技术产品才能适应国际上多数用户的需求。C801 产品只适合一部分用户的“胃口”，而市场和用户的需求则是“萝卜白菜，各有所爱”，多种多样。为了满足市场需求，三院既要有射程在几公里、几十公里的产品，也需要有射程百公里以上的产品；既要有舰载的、艇载的，也要有挂轰炸机和直升机的，这样才能保证用户有多项选择性。

但是，要研制出增程新产品，首先必须解决导弹的动力问题。已有的 C801 产品使用的是固体发动机，固体发动机因其直径小、推进剂有限，只能满足几十公里的射程。这个问题不解决，增程新产品只能是设想。

姚绍福既是飞航技术带头人，也是型号研制过程中科技创新和技术攻关的能手。他充分认识到型号研制必须遵循“总体牵引，动力先行”的原则，“一代发动机决定一代飞航导弹”。为此，他先后解决了小型固体火箭发动机、小型涡喷发动机和涡扇发动机的供需问题。能立足国内解决，就自力更生；暂时不能解决的，就采取技术或是装备引进的办法解决，但是，一定要通过多种方式最后实现国产化。眼下，对技术差距比较大的发动机，只有想方设法，通过各种渠道组织到国外考察，参观学习，并积极组织引进，消化吸收和再创新。小型涡喷发动机和涡扇发动机就是这样解决的，为我国新一代飞航导弹型号立项创造了必要的基础和条件。

姚绍福（左一）和刘永才（右二）等科技人员研究新技术发展规划

有思路才有出路，思想清晰了，办法自然就有了。一个新的想法，悄悄地在姚绍福心头跃然而生。

1985 年的国际航展上，人头攒动。姚绍福伫立在某国展台前，仔细地看着展板上的说明。该国展区一位四十多岁戴着宽边眼镜的高个子负责人，看到眼前这位个子不高的中国人看得如此认真，便热情地上前来与姚绍福打招呼。姚绍福用流利的外语与负责展览的这位负责人交谈起来，他向这位负责人提了几个很专业的发动机问题。这位负责人万万没有想到眼前的这位中国人也会说一口流利的外语，便很愉快地给姚绍福介绍起几款发动机的性能和它们各自的用途。姚绍福听得津津有味，不时询问一些问题。最后，记下了这家公司的名称、联络方式。这次参观航展，姚绍福又有了新的灵感，又获得了意外的收获。

为适应市场和用户的急需，姚绍福把自己的新想法和基本方案，提交到了三院领导班子办公会上，进行讨论和决策。经过研究决定：三院自筹资金引进某国涡喷发动机，自筹资金研制增程新产品，名字就叫 C802。经三院与该国某公司几次商务谈判，引进了某型涡喷发动机作为 C802 产品的动力装置。

1986 年，姚绍福组织三院的设计和研制力量，以原有的 C801 出口产品为基础进行增程改型，研制出 C802 新型外贸产品。1987 年，在组织研制 C802 岸舰型新产品时，姚绍福采取了把行政、技术与经济等几种手段相结合的管理创新方式，与下属的总体设计部和各分系统承制单位，分别签订技术经济承包合同。1989 年，三院召开 C802 岸舰型产品武器系统方案评审会，启动了研制工作。经过三年的努力，完成了设计改型和研制性飞行试验，并获得成功。

1990 年，C802 岸舰型产品当年靶试，当年成功，当年走出国门，签订了过亿美元贸易的合同。后来根据用户需求，在 C802 的基础上，姚绍福又组织了机载型 C802K 和舰载型 C802 的产品设计和研制，进一步丰富了三院对外贸易产品型号图谱。C802 产品出口多个国家，参加过多次靶试和实战演习，成功率达到了 100%，在国际上赢得了良好的声誉。C802 岸舰型产品，1995 年获国家

姚绍福（中）主持 C802K 导弹助推器设计方案审定会

科学技术进步奖二等奖，姚绍福排名第一；获得航天科技进步奖一等奖，姚绍福排名第一。

为了发展我国未来新型飞航式导弹，三院从20世纪80年代的“七五”规划开始，便把小型高效涡轮风扇发动机（以下简称涡扇发动机）列入预研计划。原计划从国外引进该项技术和样机，但一直遭到西方某些国家的封锁和禁运，多次洽谈，几经周折，全部落空。怎么办？三院只有在国内寻求合作伙伴，与有关单位共同合作研制。但是，国内要么是没有合适的单位，要么是技术能力或条件不具备，遇到个别有能力有条件的单位，合作方则开出需要10年研制周期、10亿元研制费用的苛刻条件。

面对重重阻力，三院为了早日实现我国拥有远程打击能力装备的愿望，始终不渝地在寻找机会，创造条件。

机遇总是留给那些有准备的人。20世纪80年代末、90年代初，由于东欧各国国内各方面的矛盾日益突出，以美国为首的西方国家在这些地区推行“和平演变”“绿色革命”等政策，导致了东欧剧变、苏联解体。以此为标志，冷战和两极格局结束，世界格局发生了历史性的变化。

1989年3月至1992年4月底，在东欧一些前社会主义国家开始发生剧变。最先发生在波兰，后来扩展到匈牙利、东德、捷克斯洛伐克、保加利亚、罗马尼亚、阿尔巴尼亚等国家，最后以苏联解体告终。

1991 年 12 月 25 日，苏联最高领导人戈尔巴乔夫宣布辞职，将国家权力移交给俄罗斯总统叶利钦。当晚，苏联国旗从克里姆林宫上空缓缓降下，苏维埃社会主义共和国联盟宣告解体，国际共产主义运动遭受重大挫折。至此，苏联共产党和苏联最高苏维埃自我解散，苏联从现实和法律上不再存在。苏联解体后，分裂出 15 个国家，首都莫斯科成为最大加盟国俄罗斯联邦的首都。

此时的这些国家，经济处于混乱和极度困难时期，国防研制单位经济困难，急于推销产品，寻求提高经济效益的出路。1992 年，时任三院院长的姚绍福抓住有利时机，主动出击，他利用留学苏联与老同学的关系这一有利条件，通过民间贸易的渠道，利用学术交流，经过几个回合的贸易谈判，终于形成了贸易合同草案。

上级机关审时度势，果断决策，迅速批准姚绍福谈成的合同，创造了技术引进项目当月签订、当月批准、当月启动的高效率典范。根据双方引进合同项目和要求，前后仅用一年就完成了小型涡扇发动机硬件和软件引进合同。对方先后派来 18 批 130 人次的技术专家来华解释技术问题，咨询技术、工艺和试验技术问题。三院也先后派出 4 批技术专家到俄罗斯考察，验证产品，参观车间和试验设备。

当军委副主席刘华清参观三院引进的产品时，连声称赞“你们抱了一个金娃娃回来。”

这项引进非常成功。除上级机关重视和支持外，还在于姚绍福把这项技术引进工作作为一项系统工程来管理。三院成立了专门的引进办公室，在国外设立办事处，制定周密计划。和外国专家一起工作时，以礼相待，适度投入感情关心他们，双方建立了朋友式的关系。这样，外国专家主动向我方提供资料和样品，我方用这种方式汲取了大量需长期积累的技术知识。短短一年的时间里

姚绍福赴莫斯科考察留影

取得这样大的成果，为我国飞航事业的长足发展奠定了重要的基础。

引进涡扇发动机技术和样机后，姚绍福又立即组织安排在发动机技术研究所加速国产化工作。他提出：要通过涡扇发动机设计技术和发动机反设计，进一步摸清发动机技术技能和关键部件的性能，将引进的图纸文件和样机及时进行材料、技术和条件“三转换”，真正实现与我国飞航导弹技术接轨。他还特别强调，除了对发动机本体技术的全面消化、吸收和转换外，还要对发动机全套项目的附件进行吸收和研制。他的这些要求，为涡扇发动机的研制指明了方向。在他的领导和强力推动下，涡扇发动机国产化工作得以顺利进行，从而为我国新型飞航式导弹立项、研制、定型和批产提供了前提和保障。

涡扇发动机从 1992 年引进，直到 2005 年设计定型、投入批量生产，共走过了 13 年的研制历程，先后经历了预先研究、型号立项、方案阶段、工程研制、设计定型等环节。

1992 年至 1993 年，进行了涡扇发动机原机分解、装配和发动机试验验收技术交流。1993 年至 1998 年，在对涡扇发动机性能、结构分析的基础上，完成了新材料的研制、关键生产工艺的攻关、润滑系统装弹适应性优化设计技术攻关、点火启动系统设计技术及其火工品研制、控制系统关键技术攻关、发动机总体技术攻关等。

1998年，随着某新型飞航导弹立项，涡扇发动机的研制工作进入方案阶段，开始进行仿制、利用计算机软件建立图库和图形数据库、完善技术条件、完成工艺编制、完成首台模样机的组装和试验。1999年至2000年，完成了初样阶段研制。

2000年年底，涡扇发动机通过了初样阶段研制评审，研制工作转入试样阶段。在此期间，对发动机进行了大量的试验，包括了高空模拟试验、高空低温试验、力学环境试验、吞水试验、湿热试验、高温进气试验、可靠性增长试验、寿命摸底试验、低温储存试验、发动机与导弹上有关系统联合试验、发动机空台带飞试验等。通过这些试验，进一步确定了小型涡扇发动机的技术参数，验证了性能，均符合《涡扇发动机研制技术要求》，可以进行发动机设计定型。

经过了大量试验和技术攻关，涡扇发动机于2005年年末，先后完成了10发定型弹的定型飞行试验，在试验中，小型涡扇发动机全部工作正常。2005年年底通过了设计定型审查，某军兵种定型委员会于2007年批准了某型远程导弹小型涡轮风扇发动机设计定型。

2009年10月1日，装载着小型涡轮风扇发动机的某新型飞航式导弹以其威武夺目的身姿，在国庆60周年的阅兵式上亮相，极大地振奋了民族精神，壮了我国威和军威。

8. 管理新变革

在几十年计划经济体制下，航天系统始终是完全封闭的军品科研生产单位。当时，国家一直把国防工业做为重要部门来建设，科研生产任务和人、财、物分别实行统一计划，统一调拨，统一管理，统一销售。这在当时对于巩固国防、保卫社会主义建设、加快国防工业前进的步伐、促进国防工业发展起到了积极的推动作用。但是，在一定程度上也产生了一些弊端，企业吃国家“大锅饭”，个人端单位“铁饭碗”的现象很严重。为了改革这些弊端，必须要落实按劳分配的原则，通过把责任、权利和利益分配相结合，形成多劳多得、少劳少得、不劳不得的新分配机制，以充分调动科研人员和技术工人的积极性、主动性和创造性，加速我国飞航导弹研制发展步伐，保质保量地完成科研生产任务。改革原有计划经济条件下的管理体制，激发活力，活跃基层，已经成为军工单位改革的必然趋势。

1982年，在国防工业的一次会议上，军委副秘书长张爱萍同志指出：国防工业必须改革，军品的研制市场实行经济合同制。这为国防科研战线吹响了改革军品管理的进军号角。

为了响应军委和国防科工委的号召，在上级机关的支持下，1983年11月，姚绍福代表三院与沪东造船厂签订了《053H2型导弹护卫舰导弹武装系统研制合同任务书》。这是国防工业战线第一个试行在国家计划指导下的技术经济合同，是航天工业经济体制改革带有方向性的试点项目，是国防科研经济管理体制改革的首次探索和实践。

在三院落实合同动员大会上，姚绍福代表三院要求各签订合同单位，要充分认识这项合同的地位和意义。他说：“我们之所以要签订这个合同，绝不是为了几个钱，我们把它不仅仅看成是一项经济合同，更重要的是，要把它当成一项非常光荣的、严肃的政治任务来完成。053H2舰是海军的重要装备，建设海军、为海军现代化多作贡献，一直是三院广大干部职工多年的心愿，是我们义不容辞的光荣任务。”“这是国家批准的改革试点项目，是关系到贯彻中央关于经济体制改革的大事，是检验各级领导干部和党员在政治上、思想上与中央保持一致的大事。”

合同生效后，为了维护合同的严肃性，姚绍福决定将合同的各项技术和经济指标层层分解，层层落实，充分发挥各单位的积极性。他要求计划部门代表甲方和院各单位签订分合同。在这个基础上，各单位又根据各自的实际情况，再一次将各项指标分解落实到研究室和车间，将有关项目逐级落实到责任人。

在三院具体执行这项合同任务中，各单位出现了“立足本职053，放眼四化比贡献”“团结齐奋战，提前完成053”“誓夺053，为海军作贡献”这样热火朝天的生动局面。很多干部职工为了完成任务，顾全大局，把困难留给自己、方便让给别人；有的人克服家庭困难，夜以继日，加班加点抢任务；有的人带病坚守岗位，抢时间、攻难关。

这项合同试点工作完成后，姚绍福在总结暨经验交流会上，认真地作了总结。他说：“由于实行经济合同制，加强了各单位的责任心，调动了各层次各环节的积极性，保证了产品质量，加快了研制进度，收到了良好的效果。053H2护卫舰载导弹武器系统，从1983年5月方案审查至1985年12月舰下水，历时2年零7个月，比同类性质相近的33G潜艇任务，提前一年多完成了研制任务。而053H2舰载导弹武器系统任务项目，远比33G潜艇系统的任务数量和难度要大得多。两年多的实践证明，试点是成功的，初步显示了经济合同制的生命力。”

姚绍福在谈到体会时认为：这项管理改革，增强了基层单位的活力，扩大了基层单位的自主权；初步打破了平均主义“大锅饭”；开始改变了过去主要运用行政手段指挥科研生产的方式，而是学习运用经济杠杆和法律手段，组织

姚绍福（前排右三）、三院党委书记李春风（前排右二）、副院长王礼恒（前排右一）等在会议上

科研生产活动和调节经济运行；在对外经济联系方式上，由过去的纵向封闭型，逐步向横向开放型方向发展；在对外协作上，运用经济调节，处处精打细算，择优选择协作单位，初步走上了专业化协作的宽广大道。

三院的这项管理体制改革试点工作，受到了船舶工业总公司和军方的赞扬，受到航天工业部的充分肯定，认为这是全舰十一个大系统中完成最好的一个系统，是一次卓有成效的改革试点。

在改革试点成功的基础上，姚绍福决定在全院开展试行任务经费承包制。科研单位按百分制对型号任务、质量、单位效益和安全四项内容实行考核。采用季度检查、年度考核的办法进行奖罚，以达到全面完成型号科研生产任务，提高经济效益的目的。

这个办法在实行过程中逐步补充完善。在实践中，全院各单位型号科研生产任务完成率均在95%以上，产品质量、经济效益和安全生产均得到明显改善和提高。三院的这个做法被航天工业部充分肯定，认为：在两年多履行合同期间，三院加快了研制进度、保证了产品质量、提高了管理水平、节约了经费、提高了效益，为航天工业部的科研生产和技术经济管理探索出了一条新路子。

为了适应新的形势，20世纪90年代初，国家组织由航空航天工业部、冶金部、中国国防科技信息中心、大庆石化总厂等单位有关专家联合组成课题组，开展了新时期“大型工程项目管理和方法”课题研究，提出了系统工程概念理

1983年，姚绍福带领广大职工在三院街心公园开展绿化活动

论和方法。

这个研究课题，首先抓好工程前期总体方案论证，全目标控制重点是质量、进度和投资，其次提出了决策智囊团总体的概念、按程序分层次实施管理的基本规律、社会大协作是成功的保证、技术引进消化吸收和队伍建设等一系列管理理论要点和实施方法。依据这些理论和方法，飞航型号管理在已建立总体设计部和“两条指挥线”，以及在型号上坚持“基本型、系列化”发展思路的基础上，姚绍福积极倡导并大力推行了“科研生产一体化”管理体制和强化目标管理、系统管理和动态管理的新办法。这些措施，在型号任务完成、保证质量、提高经济效益等方面，都收到了积极的效果。

1983 年 1 月至 1992 年年底，姚绍福在副院长和院长岗位的 10 年间，不断结合科研生产实际，积极探索科研生产管理和改革的新方法、新路子，促进和保证了三院各项目标的实现，受到了上级的充分肯定和广大干部职工的认可。1993 年年初，航空航天工业部对姚绍福的工作给予了高度评价：“作为院长，在三院军品、民品、贸易方面都保持了持续发展的好势头，起到了关键的领导作用和决策作用。特别是 1992 年，经济指标大幅度增长，完成了繁重的科研生产任务，是建院以来历史上最好的一年。”姚绍福因此获得了 1992 年度航天奖。

姚绍福

姚绍福院士传记

Academician Yao Shaofu's Biography

第九章

喜结连理并蒂花

在婚后的十多年里，为了干好科研工作，姚绍福克服了和爱人两地分居的多重困难。质朴无华的爱人，为了支持他的事业，默默地承担着家庭生活的重负。

1. 鸿雁传真情

大千世界，陌陌红尘，青春勃发的男女，心中总都藏着一份情思，并在茫然中寻找和期待。没有缘由，没有约定，没有时间，没有预兆，没有固定的模式，便在某一个时刻，某一个地点，某一个机遇，良缘悄然而至，羞羞答答地走来，任谁也无法阻挡。

姚绍福和一起留学的同学在异国他乡，为了学而有成，无暇顾及个人问题。虽说还很年轻，虽说机缘还没有到来，但他们也都不是不期盼有一天有一个自己心爱的姑娘，悄然降临到他们的身边。

在留学时，姚绍福有一个同学叫杨伯熙，他们两个人很聊得来，闲暇时总是一起出去散步，或是一起交流思想，一起参加学校的活动。杨伯熙在与姚绍福的交往中，觉得姚绍福虽然不是很高大健硕，但是腰板挺得很直，五官端正，方方正正的脸庞上总挂着柔和的微笑。更让他钦佩的是，姚绍福人品非常好，性情平和，善良敦厚，很有修养，且聪明好学，骨子里有股子坚韧不拔的劲儿。

1959 年的一天，姚绍福下课比较早，也没有什么事情，本想找杨伯熙聊聊功课的事，可是杨伯熙特地把他拉到一个僻静的地方，神神秘秘地从上衣口袋

梳着两条大辫子的李秀娥

里拿出一张照片递给了姚绍福，这让他感到十分意外。杨伯熙在旁边对姚绍福说：“这是我北京一个朋友家的侄女，比你小五岁，是个初中生。”在 20 世纪 80 年代以前的初中生和高中生，就算是有文化的人了。姚绍福边听着，边仔细打量着照片上的姑娘。映入眼帘的是一个清秀的姑娘，梳着两条大辫子，脸上挂着甜美的微笑，一双大眼睛清澈灵动，姚绍福的眼睛顿时一亮，被照片上的姑娘深深地吸引住了。

这张照片上的姑娘，名字叫李秀娥，当时是北京市华北无线电器材厂（798 厂）的一名工人，1937 年 1 月 14 日出生，1960 年 10 月入党。后来姚绍福才知道，这位“搭桥人”杨伯熙，原来是李秀娥姑父冯云家的一个亲戚。

李秀娥出生在山东省范县张正村一个中农家庭。家中有父亲李金贵和母亲李孙氏，共有 5 个兄弟姊妹，她上面有哥哥李月明和姐姐李秀春，下面有弟弟李月亮和妹妹李秀云。在 1946 年土改时，家里共分得 24 亩田地、4 间土房，除了平时度日外，生活还算稍有结余。

杨伯熙俏皮地问姚绍福：“感觉怎么样？”“挺好的。”“年龄也不小了，该考虑考虑个人问题了。”说罢，他递给了姚绍福一张事先就写有女方联系地址的纸条，还提醒姚绍福："别老是关心学习，不把个人问题当回事。如果合适，抓紧时间给人家写封信联络联络。"

姚绍福回到宿舍后，对着照片仔细端详了好久，越看越可心，便趁着宿舍里没人的功夫提笔写了一封信。一支"丘比特之箭"就这样由莫斯科飞向了北京。几十年后，姚绍福的女儿姚晓云曾说："我爸在苏联期间，还特地把我妈的那张照片放大冲印，多少年一直都摆在家里。"由此可见，姚绍福对李秀娥一往情深。

由于姚绍福当时还在留学，所以他们只能靠书信来往，互相了解对方。在异国他乡，每当闲暇下来，姚绍福感觉情感上多少有些孤单的时候，他就会拿出李秀娥的照片来看看。远方的姑娘在信中常常提醒他要注意身体，鼓励他好好学习，将来学业有成，为国家建设出力。姑娘的每一封来信，都像一缕阳光照在他的心田上，给他送来了极大的温暖，给他带来一种无形的激励和力量。

姚绍福也特地在莫斯科一家照相馆照了一张标准头像照片，寄给了北京的姑娘。照片上的小伙子外穿一身笔挺的西装，内穿一件白衬衫，扎着一条暗格黑灰色领带，四方的脸庞，清秀的眉目，线条明晰的嘴型，有些深陷的眼窝里目光炯炯，加上摄像师恰到好处地运用了写实与虚光两种手法相结合的摄影技术，更凸显了姚绍福的年轻英俊，很像一个典型的思想者和严谨的学者。

每当李秀娥收到从遥远的莫斯科飞来的书信时，她便沉浸在幸福的暖流之中。一声声温暖的问候，一段段鼓励她好好学习文化知识的叮嘱，一句句关心她工作和生活的话语，便是她生命里最想听到的心声。

每当她悄悄地捧着远方青年的照片、凝视着眼前这个小伙子的眼神时，一股暖流在心里涌动，似乎有一种力量要把她推向那波澜起伏的大海，带她走进对未来的憧憬之中。

此时的李秀娥居住在北京。李秀娥有个工作在北京的姑姑李淑和姑父冯云。这对夫妇抗日战争时期就投身了革命，解放后都在北京工作。刚解放不久的北京，当时正在响应党和国家的号召，工农商学兵各行各业都在轰轰烈烈地开展“扫除文盲，文化建设”的运动。

李秀娥的文化学习和参加工作问题，还要从头说起。1949 年，毛泽东主席在中国人民政治协商会议第一届全体会议的开幕词中说：“随着经济建设高潮的到来，不可避免地将要出现一个文化建设的高潮。”解放后，在党的领导下，人民翻身当家作了主人，但是，文化上没有翻身，全国还有 80% 的人大字不识几个。1950 年，第一次全国工农教育会议召开，毛泽东亲自到会，会议明确提出“开展识字教育，逐步减少文盲”。20 世纪五六十年代，在国务院的统一部署下，全国开展了热火朝天的扫盲运动。

李秀娥有个表妹叫李秀平，比李秀娥小半岁。李秀平是个很要强、很有主见的女孩子，1952 年的一天，李秀平给在北京的姑姑李淑写了封信，谈了自己想到北京去上学的想法。李淑夫妇毕竟是有文化、有见识的国家干部，对国家开展扫盲运动的目的意义，对公民个人有文化的重要性有着更深刻的理解。姑父姑母经过一番商量，觉得现在新中国建设需要大量有知识、有文化的人才，只有有知识、有文化，将来的人生之路才能越走越宽，才能为推动社会发展多作贡献。于是由姑姑李淑执笔，给老家的亲戚写了封信，同意让几个十几岁的女孩子到北京来学习文化知识，并且主动承应下来：就住在他们夫妇家里，由他们来照顾几个孩子的生活。

1952 年 10 月，李秀娥和自己的妹妹李秀云，以及表妹李秀平三个人结伴来到了北京的姑父姑母家居住下来。

李秀娥的姑母两口子一直膝下无儿无女，便把李秀娥和李秀平留在了自己身边，李秀平后来改随了姑父冯云的姓，叫冯兰英。李秀娥的妹妹李秀云住了一段时间便回老家了。在日常生活中，姑父姑母对她们这两个姊妹视同已出，疼爱有加。

其实，1946 年至 1948 年，李秀娥在老家范县牛楼小学上过近两年的小学，后来因种种原因停学，回家务农和做家务而搁下了学业。在北京安顿下来后，从 1952 年 11 月开始，姑父姑母就把李秀娥和表妹李秀平送进了识字速成班学习文化知识。

事情也很凑巧，1956 年 4 月，北京市华北无线电器材厂招工，李秀娥当时正好在北京朝阳区补习学校学习。她报名后，经过了考核与考试，被北京市华北无线电器材厂录取，当上了一名正式工人，工作岗位是粉末去炭工。

在工厂里，李秀娥积极努力干好本职工作的同时，依然坚持学习文化课来补充自己的文化知识，一直读到初中毕业。就这样，经过学习文化知识，李秀娥可以独立书写和阅读了，为之后与姚绍福的书信往来奠定了基础。

但是，李秀娥在与姚绍福来往的信中，有时还是会出现个别的错别字，每次姚绍福都会在回信时耐心地帮她纠正过来。这些信件，直到几十年后儿女都大了，他们夫妇还保留着。在信件中，姚绍福帮助李秀娥纠正错别字，鼓励李秀娥要努力学习文化知识，积极要求进步、早日加入党组织的话语，还清晰可见；李秀娥关心姚绍福冷暖，提醒他注意身体，一定要把学到的本领报效国家的期望之语，依然还飘着墨香。

随着书信的来往，两人的了解更加深入，情感也在与日俱增。

2. 归来初相识

1960 年 2 月，姚绍福终于学业有成，踏上了回国的旅程，两个心中久久牵挂着的恋人，终于可以结束千里之隔的相思之苦了。

一个星期天的上午，姚绍福独自一人漫步在北京一条青灰石的街道上，缓缓地在人群中走走停停，他不想让两人的第一次见面来得太快。他还没有做好准备，两人虽已鸿雁传书许久，但毕竟只见其字，未听其声，今日可是眼见为

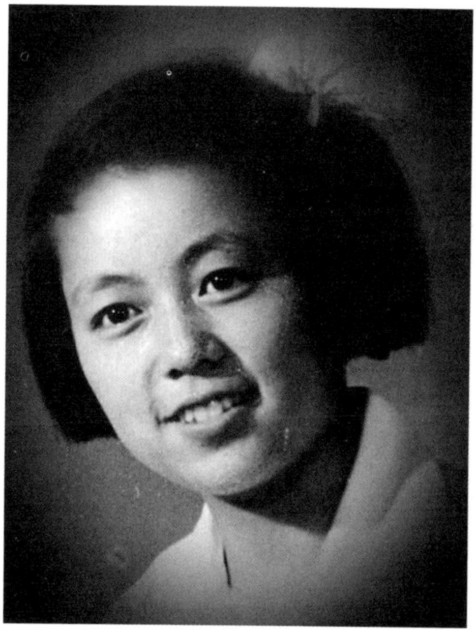

年轻时的李秀娥

实的日子。

阔别祖国多年的他，还不太适应北京这样嘈杂的街市。他的内心即紧张又兴奋，他不知道别的小伙子与姑娘第一次约会是否也会和自己一样，心里总是怦怦在跳，眼神里流露出来的都是喜悦和期盼。

姚绍福和李秀娥今天终于可以见面了。

他默默地站在一家书店前向周围眺望着，第一眼就看见了她，她从远处款款而来。她和照片上大同小异，剪着学生头，乌黑的一头秀发，圆润秀丽的脸庞，尤其是那双美丽灵动的大眼睛，泛着晶莹柔美的光芒，长得俏俏的小嘴唇微微露出一排整齐洁白的牙齿，上身穿着一件小花格棉衣，脖子上围着一条粉红色毛线织成的长围脖，下身穿着一条深蓝色棉裤，人看着干净利索，朴实大方。

他，穿着一身干干净净的藏蓝色制服装，里面是件白衬衣，他和照片上的模样差不多：个头不高，但精明干练，英俊潇洒，四方的脸庞上有一股知识分子的文雅气质，宽宽的额头和深邃有神的双眼里，流露出一种聪颖与睿智的光芒，线条明晰的嘴角有着一种自信的力量。

当两人的目光第一次交汇在一起时，就一眼确认了是未曾相识、今要相识的人，因为两人投向对方的都是一道灼热而投缘的光束。

两个人都是那种实实在在、质朴无华的人。见面后姚绍福微笑着主动上前和姑娘握了手，并互致问好。瞬间，她腼腆的微笑间，那么的秀丽动人，让他顿时感到心里一亮；而他则温文尔雅，彬彬有礼。

第一次走在一起，并肩而行，两人都不知从何说起。

还是姚绍福主动打破了僵局，首先说起了自己的家庭情况，引起了李秀娥的共鸣，两人互相你一句、我一句地聊起了家境，越聊越投缘分，越说越觉得门当户对。

双方的父亲都已经过世。姚绍福在家里排行最小，父亲姚鼎甲格外疼爱这个儿子，在儿子考大学时父母都不愿让他考到外省去，生怕老儿子离家太远没人照顾受委屈，所以姚绍福报考了湖南大学。可没想他在湖南大学学习了两年后，还是走出了湖南，去了远离家乡几千里之外的莫斯科。留苏时，姚鼎甲思念这个儿子，惦记着他的冷暖，时常会跑到铁甲村的山头上向着遥远的北方翘望，时常会偷偷地流下思念的热泪。1954 年，在姚绍福刚赴苏留学后不久，64 岁的老父亲姚鼎甲因积劳成疾，没等到老儿子学成回国就离开了人世。

而李秀娥也是早年丧父，靠母亲李孙氏的辛劳和几个叔伯、姑姑的扶持帮衬，李秀娥兄弟姐妹才长大成人。

更巧的是，双方家里都是五个兄妹、都是两男三女。姚绍福有一个哥哥、三个姐姐，在家里是老小；李秀娥上面有一个哥哥、一个姐姐，下面有一个弟弟、一个妹妹。

双方家庭都是以务农为生，出身又都是中农成分。虽然一个是南方人，一个是北方人，出生地和生活习性南辕北辙，有着很大差异，但是两人都为人本分、诚恳、和善、朴实、正直；思想和工作上都是要求进步、积极向上的那一类型。家庭、境遇、性格和志向方面如此一致或相近，使他们在第一次见面时就产生了许多共同语言，紧张的心情早已跑到了九霄云外。真可谓惺惺相惜，“有缘千里来相会”。

时光飞逝而过。到了中午，他们向一家干净整洁的饭馆走去。大街上的饭馆多数是国营的，生意大多都不是很兴旺，然而当时两个人选择的这一家饭馆味道确实不错。那个年代，一顿像样的饭菜，也不过是三五块钱就吃得蛮好。姚绍福心想：这毕竟是第一次见面的用餐，是别有一番意义的。本想给李秀娥好好改善一顿，可是她总是说，这个太贵了，那个吃不惯。也是，一个南方人，一个北方人，在饮食口味上就有差异，再说都是农家孩子，都是实实在在过日子的人，不是那种追求虚华和奢侈的人，也就没必要再铺张摆谱。在你推我让中，最后还是点了两个炒菜和两个拼盘，姚绍福爱喝茶，就要了一壶茶，两人也就以茶当酒了。就着饭菜和茶水，两人边吃边接着未尽的话题聊了近两个小时。

姚绍福后来回想起来，清楚地记得饭馆的男服务员声音很高很亮：“小菜来了，牛肉来了……”服务员的喊叫声，为这家价廉物美的餐馆增添了几分热闹的气氛。

因为两个人居住地相距很远，一个在北京的东北方向郊区，一个在北京的西南方向郊区，坐公共汽车回到各自的住处还要一段时间，吃完饭，他们沿街头又溜达了一会，便恋恋不舍地分开了。

初次相见的李秀娥，给姚绍福留下了良好的印象。她是那种朴实寡言、不善表达、沉稳文静、腼腆羞涩、实实在在的姑娘，正是合乎自己心意的女人。

流星划过天际的一瞬间，是最美最华丽的，可是毕竟只是一瞬间。姚绍福当时感觉那就是永恒的一瞬间，见了她以后，感觉每天每刻每分每秒都有无数的流星从他的天空里划过。姚绍福默默地鼓励自己："要努力，要加油，争取事业和爱情双丰收。"

第一次见面，让李秀娥心里更有了底，觉得自己的眼力不会错。这个精明干练、质朴可靠、正直善良、稳重内敛、言语不多的小伙子，是个可以依靠的人。

在之后的交往中，他们一起去了北海公园荡舟欣赏湖光山色，一起爬上了八达岭领略万里长城的雄伟气魄和漫山的秋景，也一起去了在北京的姑父姑母家看望两位值得尊敬的长者。

3. 情投意更浓

水到渠成，瓜熟蒂落。在不断的来往和交流中，他们两人共同酿造的感情之酒，越发飘逸出香醇与甘美，两颗年轻的心走得更近了，彼此情投意合，心心相印，便准备牵手步入婚姻的殿堂。

1961年2月13日，在姚绍福和李秀娥的生命年轮里，是个永远难忘的日子。虽是隆冬时节，可是这天却格外受到眷顾，晴晴朗朗，无风无雪，第二天2月14日是阴历腊月二十九，也就是除夕了。

这一年，姚绍福29岁，李秀娥24岁。新的一年，要有新的生活，新的安排，新的气象。这一天，这对经过了一年多恋情的恋人，结成了百年之好。国防部五院空气动力研究所的首长、战友和同学相聚一堂，为姚绍福和李秀娥举行了简朴而喜庆的婚礼。八室的老政委施耀庭代表单位为这对俊男靓女发表了祝词，愿他们互敬互爱，百年好合，努力工作。

婚礼的第二天，姚绍福就带上心爱的新娘子回到了湖南桃源县老家，和家人一起度过了一个欢欢乐乐的春节。

李秀娥上班的工厂在北京东郊的大山子，姚绍福的工作单位在云岗。那时云岗地区的居民住宅楼还没有建起来，所以他们就把家暂时安在了北航。每到周末，李秀娥从北京东北方向的大山子坐公交车到北航，姚绍福从北京西南方

姚绍福与李秀娥新婚照

向的云岗坐公交车到北航，这时两口子才能团聚。

相比较而言，李秀娥到北航的距离更近些，交通也更方便些。20 世纪 60 年代，云岗属于国防重点保密区，不允许通公共汽车，所以姚绍福每次回家团聚，必须从云岗步行四五十分钟左右走到朱家坟，才能坐上公交车，然后再倒三四趟车，2 个半小时左右才能到北航的家。尽管如此的不容易，但那是爱的巢穴，是情缘的归宿，是精神的港湾。每每想到与心爱的人难得的聚首，姚绍福便忘却了这些辛苦和繁琐。当然，在姚绍福工作忙得不可开交的时候，也就只有忍痛割爱了。虽然结婚了，他们依然过着聚少离多的生活，这样两地分居的生活一直持续了十二三年。

多年后，姚绍福上大学时的老同学还对他们夫妇住在北航的那个“家”记忆犹新。每年姚绍福的同学兼同乡都会组织聚会，大家聚在一起谈谈这一年的生活与工作，以及对新一年的期许。正好有一年轮到了在姚绍福的家里聚会，当他们找到北航的宿舍时，姚绍福两口子正在为聚会做着准备。他的老同学王道焕介绍当时的情景时说：“进门后，看到屋子里一片凄凉，新房里什么家具都

姚绍福（左）和老同学何学裘（中）、谢沅清（右）合影

没有，只有几把椅子和一张床。屋子像是没有人住过一样，锅碗瓢盆散落一地。”

同学们看到姚绍福的“家”一副非常简陋的情景，真的有些心疼他们，而姚绍福只是淡然地说：“物质条件虽然艰苦了些，但是精神上却很富足，我们很满足！以后会逐渐好起来的。”尽管在那个年代，人们的居住和生活条件差了些，但是心里并没有觉得生活有多苦，也没有太高的奢望。大家相聚举杯时，依然感到幸福快乐，有滋有味。

是的，虽然小夫妻日子过得清淡些，每一次夫妻相见要走很远的路，但是他们志同道合，都有着共同的志向和美好的追求。对于姚绍福来说，在航天风洞试验岗位上干得很顺利，事业上像竹子拔节——节节高；感情上，有了相亲相爱的妻子。对于李秀娥来说，在单位要求上进，积极工作，受到领导和同事们的尊重，光荣地加入了党组织，被评为先进工作者；感情上，有了一位知冷知热、体贴自己的丈夫，她感到此生足矣。

所以，在他们眼里，吃住行这些物质条件尽管差一些，暂时清苦一些也无所谓，今后是会不断得到改善的，只要两个人情深意重，心里有爱，精神愉悦和富足，那才是真正的生活幸福。

4. 生活贤内助

李秀娥就要临产了，可姚绍福忙得根本没有时间看望她。他在国防部五院空气动力研究所任控制组组长，那个时期，正是我国多种火箭和导弹需要做风洞试验的时候，大量的工作让姚绍福无暇照顾家里。

1963年8月17日，第一个孩子姚晓云在北京酒仙桥医院平安出生。李秀娥躺在医院的床上，心里很不是滋味，看到别的产妇都有家人给送吃的喝的，一家老小像供着有功劳的“公主”似的，前呼后拥地照顾，欢天喜地、暖洋洋的，只有自己的床边见不到丈夫的身影，身边冷冷清清。看到这些，想到这些，李

姚绍福夫妻及女儿

秀娥一阵阵心酸，眼泪往眼眶子上涌。

到了第二天晚上，李秀娥总算把姚绍福盼来了。他到医院的时间已经很晚了，由于晚上还有急事等待他处理，姚绍福看了看孩子，停留了大半个小时，便又急匆匆地赶回单位。李秀娥出院时，姚绍福也没有腾出时间来接，李秀娥只好抱着孩子和别人拼乘一辆车回到家里。多少年后，李秀娥心里还是抹不去生孩子时身边没人照顾的那种凄冷冷的感觉，孩子长大以后，她还和孩子们提及过这段往事。

孩子出生后，带孩子的任务基本就落到了李秀娥一个人身上。56 天的产假期满了，李秀娥也需要上班，孩子又实在是太小，在没有办法的情况下，李秀娥只好把母亲李孙氏从山东老家接过来，帮忙带孩子。

1967 年 11 月 9 日，北京已经有些冷了，天空灰蒙蒙的像是要下雪。李秀娥再一次被推进了产房，虽然没有了生第一胎时的恐惧，但她心里依然还是很紧张。由于姚绍福上次错过了女儿的出生，这一次特意放下手头的工作，赶到医院陪伴李秀娥生产。随着一声有力的啼哭，儿子姚立新降生了。姚绍福抱着这个新生命，满脸都像开了花。

儿子的降生让这个家又增添了新的气氛，也增添了许多忙碌。

因为夫妻俩还是各住东西、两地分居，姚绍福就和李秀娥商量，由他带着女儿去三院单位的幼儿园上全托，儿子由李秀娥来照顾，住在单位的母子宿舍。每个周末，夫妻各自带着一个孩子，一家人团聚一次。那时只有星期日才休息，所以一般是周六晚上，姚绍福带着女儿去公交车站接她们母子俩，星期日一家人在一起可以享受天伦之乐。星期一一大早，李秀娥再带着儿子赶最早的头班车回东郊，中途要换乘三四趟公交车，起码需要两个半小时的时间。

姚绍福处事低调，不善言辞，少言寡语，但是在内心世界，他恰恰是一位懂得生活、感情丰富、心思细腻的人。

在那段夫妇各带一个孩子的日子里，姚绍福带着女儿晓云，既当爸爸，又当妈妈，工作也分不开身。为了解决既要工作好、又要照顾好孩子的矛盾，他想了不少办法。

为了解决早上时间紧张的问题，他就把孩子的头发扎成小辫子，这样可以节省出给孩子梳头的时间，以便于腾出时间处理叠被子、做早饭等家务事。他对孩子说："因为你还小，不会梳头，这样就可以不用每天梳头了。"

曾经在一个冬季，晓云感冒了一周，姚绍福就把晓云从幼儿园接回家来照顾。那段时间正好工作上的事脱不开身，不能请假专门在家照顾孩子，他就在每天上班前，按医嘱要求很细心地把孩子应该吃的几粒药准备好，放在床头。因为孩子太小，又怕孩子自己从暖水瓶倒开水时会被水烫着，他就把温水事先兑好，然后再把水杯放在暖气上保暖，对孩子叮嘱稳妥之后才去上班。

1969年，姚绍福全家合影

有一次晓云对温度计产生了好奇心，便拿着它边看边琢磨起来，一不小心把温度计弄断了，这下可把她吓坏了，她真担心爸爸下班回来会打她。姚绍福下班回到家里，看到被打碎的温度计碎玻璃散落了一地，便问晓云："是谁打坏的？"晓云乖乖地说："是我打的。"姚绍福抚摸着孩子的头说："以后不要玩这个东西了，因为温度计里有水银，水银如果吃到肚子里，或弄到食物里，对人的身体健康有危害。"说罢，姚绍福把地上的玻璃碎片扫起来，然后就去做饭了。后来晓云不解地问爸爸："爸爸，你为什么不打我啊？"姚绍福耐心地抚摸着孩子的头，和蔼地告诉她："只要说实话，承认了错误，就是好孩子。"虽然已经过去了几十年，但晓云至今还清晰地记着这件事，她说："这就是父爱，他在生活中告诉你，什么是是，什么是非，而且必须做一个诚实的人。”

在晓云四五岁时，有一天下午，懂事的晓云从幼儿园出来后回到家，一看爸爸还没有下班，就和姥姥说：“我出去接爸爸下班。”姚绍福下班后，一看晓云不在家，便问老岳母：“晓云去哪儿了？”“晓云说出去接你了。”这下，可把姚绍福急坏了，他急忙出去四处寻找，天将黑的时候，老远看到晓云正从离家不远的社区大操场那边过来。当晓云看到了朝着自己走过来的爸爸时，高兴得不得了，还以为是自己接到了爸爸，从老远处边跑着边喊：“爸爸……爸爸。”她浑然不知是自己走丢了，爸爸正在心急如焚地寻找她呢。姚绍福紧紧地把孩子抱在怀里，那一刻，他第一次深切地感受到了做一个父亲的责任，也感受到了有女儿的那份温暖。多年后，姚绍福给晓云回顾起了这个故事时，依然记忆犹新，感慨万千。

1973 年 3 月，李秀娥通过和姚绍福单位的一个人对调，来到了三院所属的总装厂供应科做库房保管员，终于结束了长期两地分居和跑通勤之苦，实现了一家四口人的团圆。

自从这个家落户到云岗，李秀娥上班离家近了，一家人在一起的时间多了。

1979年，姚绍福全家福

但是两口子一个在三院总体部工作、一个在三院总装厂工作，还是在两个单位上班。

李秀娥遇到的第一个难题，就是要骑自行车上下班。如果上下班步行一个来回，就得一个小时；如果骑自行车上下班，一个来回只需要三四十分钟时间。可是，李秀娥又从来没有学过骑自行车，为节省上下班时间，多腾出时间操持家务，没办法，她必须得学会骑自行车。为了教会李秀娥骑自行车，姚绍福利用每天下班后吃完晚饭的时间或是周日，到足球场等宽敞或是人少的地方，陪李秀娥练骑车。毕竟此时的李秀娥已经三十六七岁，腿脚不那么灵活了，所以经常是身体那股劲儿掌握不好与车子不协调而摔倒，或是在拐弯的地方摔倒，摔得身上青一块紫一块的，最后终于学会了骑自行车。

以前家住北航时，一家人一周见一次面，李秀娥只是偶尔听姚绍福轻描淡写地说到工作忙而已，没有亲眼所见，所以那时没有亲身感受。如今，工作生活在一起了，姚绍福每天干什么都在耳闻目睹之下，李秀娥才有了切身体会。姚绍福事业心强，工作担子重，经常不在家，要么是去外地考察调研，要么是在单位加班加点搞设计，要么就是在开会，要么就是在靶场做试验。

李秀娥作为三院的一名职工，她深知飞航事业在国防建设中的分量和地位，她更知道姚绍福所肩

姚绍福夫妇生活照

负的工作极为重要，她明白自己作为一个妻子的责任，除了干好自己的本职工作之外，就是要把家照顾好，当好姚绍福的后勤，让姚绍福腾出更多的时间和精力干好工作，这就是对飞航事业作出了贡献。所以，家务上的事情，里里外外基本上她全包了下来。

李秀娥理解丈夫，在做好本职工作之余，她几十年如一日任劳任怨、尽职尽力地做好“好帮手”、做好“贤内助”。儿子姚立新两岁时患上严重的支气管哮喘，当孩子犯病时，李秀娥经常一个人带着孩子去医院看病，甚至有时住院也不告诉姚绍福。她说：“老姚工作太忙了，就别让他分心了。”

李秀娥也是很要强的人。她在总装厂库房当保管员，每天的工作量很大，物资管理岗位责任性很强，加上她又是个对待工作非常认真负责的人，每天的工作尽管十分辛苦，但她积极努力，严谨细致地做好每一项工作，受到了单位同事和领导的好评。总装厂在一次党员评议活动中，曾这样评价李秀娥：“该同志工作认真，积极肯干，任劳任怨，服从分配，责任心强，胜任本职工作，发挥了一个共产党员的模范作用。”

1985 年，总装厂在评比先进职工时，李秀娥的事迹材料中这样评价她：“在多年的库房保管工作中，以高度的责任心，做到了账、物、卡一致，在历次的

姚绍福、李秀娥夫妇游览照

库房物资管理验收工作中，都受到了上级的好评。”

姚绍福知道李秀娥为这个家，任劳任怨，承担了许多，自己欠爱人的太多。于是他力争多干些家务，让爱人腾出手来休息休息。譬如打扫卫生、洗衣服等一些家务，尤其是后来有了洗衣机，李秀娥不会用，这样大件衣物的洗洗涮涮基本就由姚绍福包了。

姚绍福生活中动手能力很强，在男人里也是少有的心灵手巧。家里买了一个沙发，沙发需要沙发罩，只见姚绍福飞快地踩着缝纫机，线走得也似行云流水，一会儿功夫就把这个沙发罩做好了，家里常用的电视机罩、窗帘等，也是他自己亲手做的。如果不说，外人肯定还以为是哪个裁缝店里师傅的杰作呢。20 世纪 70 年代，姚绍福曾自己设计和动手装配过半导体收音机，80 年代给家里做过小马扎和小板凳等小件家具。在李秀娥和孩子们的印象里，“天下就没有难倒他的事”。

在早期，工作不是很忙的时候，姚绍福也会带着孩子们去动物园，让孩子们熟悉自然界；带着家人去爬长城、游览故宫等北京的名胜。后来随着工作日益繁重，他很少再有机会享受这种浓浓的天伦之乐了。

1997年3月，姚绍福与女儿在慕田峪长城合影

两个孩子从小学到高中，始终在父母身边生活和学习，姚绍福最关心的还是孩子们的学习。从1939年至1959年的这20年，他是伴着煤油灯、啃着书本走过来的人，深知学习关系到孩子的一生，没有文化就不能适应社会发展的需要，没有文化就不可能在未来的社会上立足，也就不可能对社会有所贡献。所以，凡是周末或是节假日，只要有空闲时间，他都会过问孩子的学习情况，看看孩子新学的课程，看看新布置的作业，帮助孩子开拓思路、启发学习方法。两个孩子也知道爸爸是大知识分子，在物理、数学、外语和逻辑思维方面是强项，所以有了疑问或搞不明白的地方，自然会向爸爸请教。两个孩子在姚绍福的帮助辅导和言传身教下，学习都很自觉认真，学习成绩在年级里也都名列前茅。

女儿姚晓云和儿子姚立新还是会时常回忆起那段幸福愉快的儿时时光。小时候，他们最期望的是父亲进城出差，因为父亲进城回来时，总会给他们带一些好吃的，主要是稻香村的各式糕点。一年中，他们除了喜欢过春节，再就是盼望自己过生日那天了。姚绍福和李秀娥每逢儿女们过生日，总要给孩子们煮一碗长寿面条，再在面条里卧个鸡蛋。孩子们大了，生活条件也改善了一些，姚绍福便在儿女过生日那天，送给孩子们一些纪念性礼物或实用的礼品，女儿

1991年，姚绍福一家四口合影

晓云手上至今仍戴着的戒指，就是当年姚绍福去泰国出差时，事先为她买好的25岁的生日礼物，“我父亲心特别细，他给我戒指时告诉我‘你中指的尺寸就是我小指的尺寸’，所以他给我买来以后戴着大小正合适”。即使是晓云在国外期间，姚绍福每年也会给女儿寄一张生日卡。

20世纪80年代，这一对儿女先后都考上了大学，参加了工作。女儿姚晓云，1981年考上了中国人民大学，后来到广播电视部国际台工作，1991年赴英在语言学校进修英语，1994年考上伦敦大学亚非学院攻读硕士研究生，获得了硕士学位。儿子姚立新，1985年考上了北京工业大学，毕业后也加入了航天队伍。随着年龄的增长，儿女对于父亲为了飞航事业不停歇地忙碌，也更多了几分理解和敬意。

1995年，姚绍福（前排左一）带女儿回桃源县与亲属合影

1996年，姚绍福在英国爱丁堡与女儿合影

5. 此情暖人间

20 世纪末，正是国家开展维护祖国统一大业，反“台独”、反分裂斗争形势比较紧张的时期。1994 年之后的几年里，姚绍福负责的“强国弹”研制处于最繁忙的阶段，由于姚绍福忙于工作，家里的事情主要是李秀娥来张罗。

正是在这段时间里，李秀娥开始感觉到肩膀酸疼，后来逐渐疼得厉害，被诊断为肩周炎，一个胳膊肌肉逐渐萎缩，她就以吃药为主来治疗。姚绍福因为工作太忙，也没有顾得过来，总认为人岁数大了，难免有些小毛病。

有一次，李秀娥在吃治疗肩周炎的药时吐了，这才去医院做了 X 光检查，结果被诊断为结肠癌。1995 年大年初六，春节过后上班的第一天，李秀娥便到医院做了检查，并住进了医院，2 月份进行了手术治疗。医生开刀后，发现癌细胞已经转移。医生很生气地对姚绍福说："没有像你们这么晚才来医院的，结肠癌发现早的话，是可以治疗的。你们怎么会拖这么晚才来治疗呢？"

李秀娥住院后，姚绍福守候在重症病房里，听着医生的责备无言以对，心情十分沉重。他内心久久无法平静，如果不是自己只顾着工作，就不会对老伴疏于照顾，也不会让老伴错过了最佳治疗期。此时的姚绍福内心充满了愧疚，他想起了从结婚到现在，她没有过过几天轻省的日子。1987 年年底她退休后，因为闲不下来，又在街道办事处找了份差事，每天都是早早地高兴出门，干得还挺开心，没想到这种自由自在的日子还没过几天，她就病倒了。

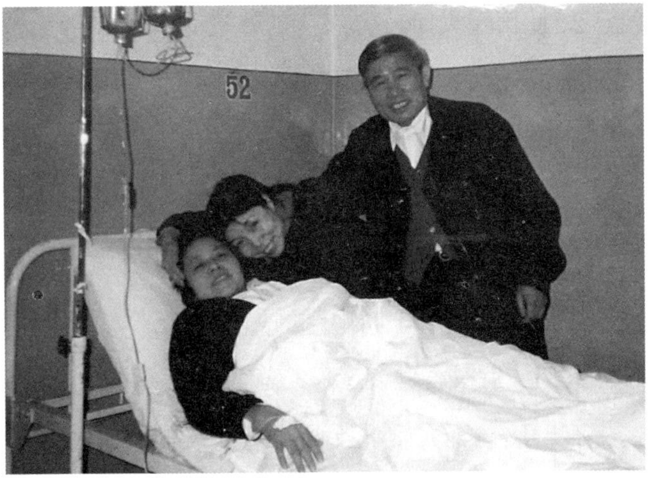

姚绍福悉心照料病中的爱人

医生建议回家疗养，姚绍福怕李秀娥有心理压力不利于养病，所以就一直瞒着她，没有把病情真相告诉她。可是身体是她的，她已经察觉到了，一次她问姚绍福：“为什么别人动手术后都好起来了，我怎么反而有些加重了呢。”姚绍福听着她的问话，强忍着不让眼泪落下来，安慰她：“别着急，每个人的体质不同，生病就要好好养着，不要瞎想，很快就会好起来的。”

随着李秀娥病情的发展，她的身体变得越来越虚弱，姚绍福就把李秀娥的外甥女接来，帮助他一起轮流昼夜值班在家照顾李秀娥。一天半夜，他们都累得睡着了，李秀娥要起夜，又不忍惊动别人，便自己硬撑着下了床，没想到因浑身无力摔倒在了地上，腿也磕青了。姚绍福惊醒后，把李秀娥从地上抱起的那一刻，看到和自己风风雨雨几十年的爱人病成这副弱不禁风的样子，心里如刀绞一般，眼泪情不自禁地噗噜噜掉了下来。他对李秀娥说：“你为什么不叫醒我们啊！”为了不再发生这种事情，姚绍福特地在李秀娥的床头拴上一条线，线的另一头挂了个铃铛，拴在了姚绍福的床头。这样李秀娥有事或是起夜时，只要一拉她床头的线绳，姚绍福那边的铃铛就会发出“铛铛”的信号声，这样就能随时叫醒他。李秀娥去世时，她的腿上那次摔的淤青还没消下去。姚绍福对孩子们说：“看着你妈腿上的淤青，就觉得对不起她啊。”点滴之间，无不流露出他们之间的伉俪情深。

李秀娥在治疗中，每天需要喝一种煎熬的中药，煎熬方法很讲究，服药量控制也很讲究。姚绍福生怕别人因为粗心大意造成不良后果，于是他就亲自煎熬。在每次喂药前，姚绍福都要亲口尝一下温度是否合适，然后再亲自一口口地喂她。有一次姚绍福在给李秀娥喂药时，恰巧表妹李秀平在病床前，她羡慕地说：“秀娥，在一万个男人当中挑出一个最好的男人，就让你碰上了，你这辈子真有福气。”李秀娥听着，用含情脉脉的眼神，深情地望了一眼陪着她走过了几十年人生之路的姚绍福，会心而知足地笑了。

可是，毕竟李秀娥的病在晚期才发现，病情发展得很快，癌细胞在她体内就像蝗虫一样成倍地增长，每时每刻都在疯狂地吞噬着她的生命，她的身体越来越虚弱，无论如何都已经无力回天。1995 年 6 月 14 日，天空飘着靡靡细雨，李秀娥在北京病逝，享年 58 岁。

姚绍福在办完老伴的后事后，继续投身到了"强国弹"的研制工作中。老伴去世时，他一滴眼泪也没有流，其实内心充满了痛苦、自责与愧疚。他并没有表现出来，如果不是看到他那瘦弱和孤寂的背影，很难知道他正经历丧偶之痛。

从莫斯科到北京的鸿雁传情，从第一次的约会午餐到婚礼上大家的祝福，从婚后的十几年两地分居到爱人患上不治之症，李秀娥这 35 年的日日夜夜，这 35 年的风风雨雨，这 35 年的一桩桩一件件，在姚绍福的脑海里像放电影一样，历历在目。

一个成功的男人，背后一定有一个伟大的女性。李秀娥以她宽广博大的胸襟，用她柔弱的身躯和孱弱的肩膀，扛起了这个家。她几十年忍辱负重，默默地站在丈夫身边，为丈夫疲惫的身心驱逐劳累，为丈夫的点滴进步而高兴，为丈夫取得的一个个成就鼓掌加油，支持丈夫在飞航事业的道路上不断地走向辉煌。她与丈夫相伴而行，同苦同乐，无怨无悔。为了孩子，为了这个家，付出了青春，付出了心血，付出了一切，付出了真挚的爱。她是一个站在姚绍福背后、让他久久怀念的女性！

山无棱，天地合，才敢与君绝。35年的风雨同舟，往事历历在目，想到这些，无不让已是白发苍苍的姚绍福心如刀绞，潸然泪下。戴遐新主任看到身心疲惫而又痛苦不堪的姚绍福，就劝他："姚老总，您想哭就哭出来吧，哭出来就痛快了。"他在一个单间房里，淋漓尽致地大哭了一场。

歌曲和音乐，是人类在劳动和生活中发现和创造的一种表达心境和心声的一种艺术形式。

李秀娥离开后的日子里，姚绍福时常想起他和李秀娥在一起时的一桩桩、一件件往事，他们夫妻最爱看的是电视剧《渴望》，最爱听的是电视剧里的插曲《好人一生平安》。这首歌道出了他们夫妻几十年相濡以沫的恩爱和苦乐，也道出了一个60多岁老人此时此刻埋藏在心底的最深沉的情怀。在离开李秀娥的几年里，姚绍福不仅在家里常备了《好人一生平安》这首歌，在一个人孤独时会放着听一听，有时即使是在外出参加飞行试验的靶场宿舍里，休息的时候他也会放出来听一听，可见他对这段爱情和婚姻的无限眷恋。

有过多少往事，仿佛就在昨天；有过多少朋友，仿佛还在身边；谁能与我同醉，相知年年岁岁；咫尺天涯皆有缘，此情温暖人间……

姚绍福

姚绍福院士传记

Academician Yao Shaofu's Biography

第十章

一片丹心献飞航

姚绍福作为飞航事业的亲历者、奠基者和贡献者，不断超越自我，取得了累累硕果，把智慧和心血都献给了我国的飞航事业和中华民族的伟大复兴事业。

1. **超越自我**

战舰疾驰，四海翻腾云水怒；雄鹰凌霄，五洲震荡风雷激。

一枚枚飞航长剑，大国利器，筑起了中华民族新的钢铁长城，捍卫着祖国的碧海蓝天，为人民生活的和平安宁，提供了有力的安全保障。

历经半个多世纪的发展，我国飞航导弹事业走过了一条“基本型、系列化”的发展道路，已经从无到有，从弱到强，从一粒幼嫩的种子成长为一棵参天大树，从一枝独秀培育成为了一个具有多品种、多系列、多层次、多平台载体的百花园。

姚绍福作为这个百花园的亲历者、奠基者、开拓者和卓著贡献者，几十年来矢志不移，奋斗不止，像一个辛勤的园丁，正如他自己所说：“埋头于这项全新的事业，原来的梦想虽然破灭了，但飞航事业又为我插上了理想的翅膀。”

斗转星移，白驹过隙。在飞航事业历史的倏忽之间，他从一名普通的设计人员，成长为这支队伍不可多得的专家；从单一型号的总设计师，成长为飞航导弹系列型号大家族的技术带头人，从一个不知道导弹为何物的外行，成为了一名飞航导弹事业的科学家和决策者，实现了“忠诚于党和人民事业”“技术报

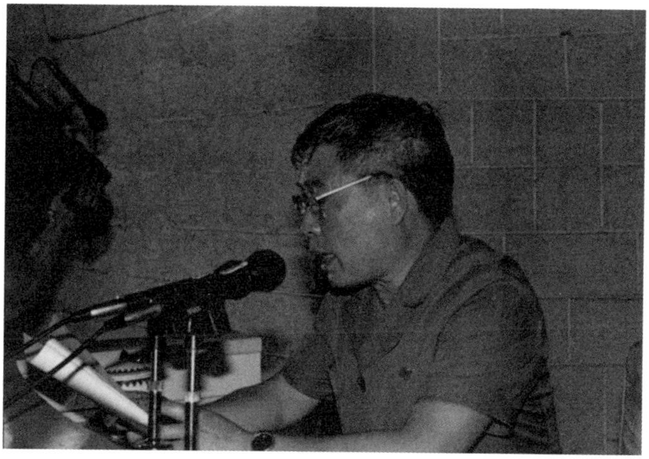

姚绍福在三院工作会上作年度工作报告

姚绍福与原北京市市长焦若愚握手

国”的宏伟夙愿。

姚绍福加入航天队伍之时，正是我国的航天事业之船扬帆起航的时代。他始终用“惟希望也，故进取”来勉励自己；以“少年强则国强，少年独立则国独立”“少年雄于地球则国雄于地球”为座右铭。他不断自勉、自励和自强，以一颗真挚的心祈望新中国之崛起，对新兴的中国航天事业充满了激情和希望，并身体力行。

姚绍福为自己生在“灿若群星，辉映神州”的湖南而感到自豪。他自小就崇拜湖湘历史上那些“以天下兴亡为己任”，为国为民忘我奋斗的贤达与仁人志士。他用一生的实际行动，践行了一个科技工作者对祖国的热爱和忠诚，做到了既“仰望星空”，又“脚踏实地”。在铸造中国飞航事业走向辉煌的征途上，他是一个善于适应工作需要，不断自觉调整自己、充实和完善自己的有心人。在他的人生旅途上，做到了不断超越自我，实现了“三级跳”。

姚绍福在湖南大学和莫斯科动力学院学的都是电气专业，在国家创建航天事业的呼唤下，20 世纪 60 年代初，作为一名共产党员，他做到了坚决服从国家建设大局需要，服从党的召唤，服从组织安排，在风洞试验的测试控制岗位上，脚踏实地学习和实践，从原来想成为“一名电气工程师”的人生目标，转换为实现“航天报国”的理想追求。

从 1960 年至 1965 年的几年间，姚绍福结合空气动力测量控制岗位技术业务需要，抓紧学习，补充新知识和新技术，不仅能比较早地独立胜任本职工作，还成为了空气动力研究所八室控制组组长和非标准设计部控制测量研究室技术副主任，获得了单位首长和战友们的赞许和认可。他将自己的理想与祖国航天事业发展的兴衰成败命运紧紧地融合在了一起，从电气专业转向空气动力专业和非标准设计专业，实现了进一步丰富自己、增长才干的第一次华丽转身。1965 年，他 33 岁。

从 1965 年 8 月至 20 世纪 80 年代初期，姚绍福被调到三院总体部，从非标准设计改行从事飞航型号的研究、设计和研制工作，再一次面临新岗位、新专业、新事业的考验。

导弹总体部设计工作岗位，所需要的知识具有全面性、系统性和综合性。这个时间段，姚绍福的两个孩子先后出生，家务负担繁重，而此时的二号导弹研制工作也正处于起步、紧张和繁忙的时期。公私两副担子，他只能以大局为重，

姚绍福（右一）与航空航天工业部原部长林宗棠交谈

事业第一，舍小家顾国家。

为了尽快适应新岗位工作的需要，他用“为社会主义工业化而忠诚服务，忠诚于党和人民事业”的信念不断勉励自己，放弃了大量休息时间，在火箭与导弹专业技术的新领域，更加勤奋地学习，拓展自己的业务理论，边学边干，边实践边总结，把学到的理论与科研生产实践相结合，不断丰富壮大自己，提高自己的业务能力和组织协调能力，完成型号设计和研制任务。

自从 1965 年转行 20 年来，他用自己的实际行动践行了一个科技工作者的目标追求，使自己专业技术能力转向飞航技术更宽阔的领域，从一名总体室的主任，走到了总体部副主任，直至三院副院长的岗位。从原来干飞航型号单一控制系统专业，走上了担当六号导弹副总设计师和八号导弹总设计师重任的位置。

1984 年年初，在航天工业部组织的奖励工作中，三院党委积极推荐了姚绍福，并在《奖励登记表》中，对他第二次转行以后的专业技术水平和解决实际问题的能力给予了这样的评价：“二十年来，姚绍福一直在科研一线从事技术业务工作。他担任了低空超声速导弹副总设计师，他首先提出了解决助推矛盾的技术措施，试验证明，措施有效。他担任六号导弹副总设计师，在海军某靶场夜以继日地辛勤工作8个月，取得了挂机首次研制性飞行试验3发3中的优异成绩。1983年年初，他担任八号导弹总设计师，在靶场和全体参试人员一起奋战数月，使八号导弹在24艇的飞行试验取得4发3中的好成绩。多年的实践证明：姚绍福同志的技术指挥是正确的，他提出的方案、决策也是正确的。他为三院飞航导弹的研制、定型、装备部队，作出了较重要的贡献。”

实践告诉人们，姚绍福以“壮心欲填海，苦胆为忧天”的顽强毅力和不懈努力，厚积而薄发，完成了一个个的重大型号研制任务，再一次实现了向人生转行的第二次跨越。1983年，他51岁。

20世纪80年代中期至90年代初，姚绍福走上了海防型号副总设计师和多种型号总设计师的更大舞台，并成为飞航导弹大家族的掌舵人。他曾先后担任过我国低空超声速导弹副总设计师、六号空舰导弹副总设计师、八号小型多用途导弹总设计师、八号甲导弹总设计师兼总指挥、八十一号空射型反舰导弹武器系统总设计师和行政指挥、“强国弹”反舰导弹总设计师等重任；1992年任三院科技委主任；1999年任中国航天机电集团公司（现中国航天科工集团公司）科技委副主任；担任某型远程导弹发展战略研究组组长等，涉及飞航事业发展全局和航天

八号甲导弹双发齐射

事业更高层次的大任。

此时，他要具备的岗位专业技术知识水平、组织协调能力、思维能力和统御全局的能力，都将是全局性、整体性和系统性的。姚绍福以他几十年积累的深厚而融会贯通的飞航技术知识底蕴、丰富娴熟的实践经验、对飞航型号发展规律的准确把握，以及他善于而又勇于创新的时代精神，均以优异的成绩，保质保量地完成了祖国和人民交给的各项神圣使命，达到了一个个新的高度，向党和人民交出了一份份合格的答卷。

1997 年，姚绍福被评为中国工程院院士。他的飞航导弹专业技术水平和具有的综合能力，对中国飞航事业发展所作的卓著贡献，受到了党和国家的充分肯定。这是他人生化茧为蝶过程中的精彩升华，是他人生道路上的第三次飞跃。1997 年，他 65 岁。

2. 根深叶茂

姚绍福之所以取得如此丰硕的成果，能把自己熔炼成为一名中国飞航事业中功底深厚、根深叶茂、不可多得的领军人物，主要是源于他把深厚的理论功底付诸于科研生产的实践需要，把理论与实际工作紧密地结合了起来。

姚绍福具有深厚的理论基础。他从湖南大学学习开始到留苏毕业，前后共学习了八年的大学课程，这就比一般大学毕业的人要多储备许多基础知识。这些基础知识，为他一生从事工业工程岗位的工作奠定了重要基础。同时，姚绍福参加工作后几十年如一日，结合不同工作岗位需要，对专业技术知识孜孜以求，干一行、爱一行、学一行、钻一行，一心一意扑在事业上。

姚绍福业精于勤，勤于学习，又善于学习。他勤于刻苦钻研，每到一个新岗位、从事一个新专业、接受一项新任务，都会根据新任务的需要，勤于耕耘，下功夫抓紧时间学习相关的基础知识，使自己的业务深度、宽度与厚度都得到了不断的积淀和

姚绍福在宿舍里用业余时间用老计算尺计算某导弹数据

姚绍福（前排左三）当选三院党委委员

升华。

在姚绍福的一生中，曾多次认真学习和研读过毛泽东主席的《实践论》和《矛盾论》两篇重要的哲学著作。姚绍福在一篇书面材料中曾说过："毛主席'两论'的哲学著作我读过多遍，他的哲学思想使我深受教益。"

姚绍福始终坚持和笃行"两论"思想。毛泽东在《实践论》曾说过的："马克思主义看重理论，正是，也仅仅是因为它能够指导行动。如果有了正确的理论，只是把它空谈一阵子，束之高阁，并不实行，那么，这种理论再好也是没有意义的。认识从实践开始，经过实践得到了理论的认识，还须再回到实践去。""人们要想得到工作的胜利即得到预想的结果，一定要使自己的思想合于客观外界的规律性，如果不合，就会在实践中失败。"姚绍福在几十年的工作中，正是深刻理解并应用了毛泽东的这一哲学思想。

姚绍福经常深入到科研生产一线，他善于把学到的专业基础理论和科研生产实践中遇到的难题紧密结合起来，坚持把自己学到的专业理论应用到科研生产实践中去，理论指导实践，实践又进一步验证和丰富自己的理性认识，知与行两者互相融汇，形成了对飞航导弹系统运行机理、型号设计与研制之间普遍规律的科学认识和把握，因此他能科学、准确地解决设计、研制和飞行试验中

姚绍福（前排左）与原航天工业部部长张钧（前排右）一起交流

的多种难点问题。

姚绍福之所以能把他所从事的事业不断推向新高峰，是因为他是个很有思想、很有追求的人。虽然他为人很低调、不善言谈，但他勤于思考，更善于独立思考，不断追求新的更高的目标。他一生积极进取，从不懈怠，自我加压，从未停止过对飞航技术本身和相关最新技术的关注，总是高标准、严要求，向更高的目标看齐。他始终坚持目标导向，从世界军事战争中研究最新战法、最新装备和最前沿技术的动态。他喜欢在学习交流中汲取精华，喜欢迈开双脚走出去学习借鉴，喜欢在悠扬的乐曲声中放飞畅想，喜欢在静谧中独立思考一些飞航技术未解之难题。根据我国飞航技术的实际，找准位置，确立我国飞航技术未来的前景和发展方向，做到了“嘴里吃着一个，手里拿着一个，心里想着一个”。

他善于在科研生产实践中发扬技术民主，交流互动，取长补短，积累经验，日积月累，便“集腋成裘，聚沙成塔”。系统的理论知识和深入实践所积累的丰富经验的完美结合，筑牢了姚绍福扎实而深厚的专业技术功底，并磨砺出他对飞航技术的高度敏感性、预见性和战略思维与决策能力。

3. 勇于担当

姚绍福在飞航事业的职业生涯中，锤炼出了不惧挫折、敢于担当，且从不诿过的品格，这是很多与他共事过的人的共识。在布满荆棘的科研攀登之路上，姚绍福经历了太多、太多，他深知，由于导弹技术复杂、技术新、难度大，研制免不了受到失利的困扰，任何新型号的成功，都是“承受过了一次次失利的痛苦，饱尝过了酸甜苦辣的煎熬”。因此，姚绍福面对失败和挫折，总是那么坦然，那么自信。

有一年，某型号靶试没打好，姚绍福接到报告后，立即启程坐上汽车去了靶场。在试验队开会时，他说：“我是这个型号的总师，大家要埋怨就埋怨我，要批评就批评我。”他主动把责任揽了过来。在靶场，他和试验队队员一样，经常跟班到凌晨才回宿舍休息。

1983 年开始，他负责全院型号的预研和研制技术工作，同时任八号导弹总设计师，针对 1982 年研制性飞行试验和 1984 年定型飞行试验受挫的问题，他深入到几个主要部件研制厂所，与主管的总师、技术人员和工人一起梳理、分析故障原因。无论走到哪个单位，他都主动承担试验失败的责任，给分系统的责任单位减轻了压力，鼓励大家总结经验，采取积极的措施，以利再战。

有一次，姚绍福出国考察，回来后有人来告另一位所领导的状。姚绍福耐心地听完了述说后，和蔼地对这位同志说：“你说的这些，都是我临行前要求你们领导这么做的，他是代行我的职责，替我把关，有意见也是我的责任，如果

姚绍福（前排右三）与三院党委书记许祖凯（前排右五）为院庆30周年剪彩

有错我可以作自我批评。”后来这位所领导听说姚绍福主动为他承担责任，非常感动，工作更有积极性了。

由于姚绍福经常深入基层，没有架子，与广大科研技术人员打成一片，善于集智攻关，及时解决多种型号研制工作中大量棘手的难点问题，又敢于承担责任，在干部职工中树立了很高的威信，也受到了组织上的高度评价，在1995年获得航天工业总公司突出贡献一等奖的申报登记表里，组织上对姚绍福兢兢业业、勇挑重担、敢于负责、深入科研生产实际的表现给予了高度评价：“姚绍福分别担任多种型号总设计师；担任C801、C802和C802K技术总负责人；还担任052号舰、051G3号舰、歼轰-7飞机副总设计师。在工作中，他一丝不苟，任劳任怨，经常深入基层和科技人员一同解决技术难题，做到了及时发现问题，及时协调解决问题。”

4. 人格如金

有人曾说，姚绍福对待科研技术和行政管理，集中体现了他求真务实，不唯上、不唯书、只唯实、只唯群的品格。

确实，自从在湖南大学第一次听老师讲“实事求是”开始，到他认真研读了毛泽东的《实践论》和《矛盾论》之后，他的世界观、人生观和价值观都发生了很大变化。他认为，客观事物纷繁复杂，但真理是客观的，只有坚持实事求是，才能接近事物的本质和真相，所以他认定了一个“实”字。他常在不同场合说：“搞科研工作要科学求实，对待技术业务要求真务实，为人处世要实在本色，实践才是检验真理的唯一标准，实践才能验证方案和措施是否正确。”

姚绍福一贯认为，搞科研的技术人员和领导干部，深入基层、深入实际、深入到科研生产一线，是一项必不可少的基本功。这一点是他多年从事技术工作和行政领导实践经验的总结，也是他眼界宽广、高人一筹、百战不殆、获得成功的秘诀。

姚绍福参与过多种型号的设计和研制，无论是当总体部总体室主任、总体部副主任，还是出任型号总设计师或院行政领导，直至1992年之后开始任院科

姚绍福（前右一）与三院机关人员参加植树绿化劳动

技委主任，在处理技术问题或行政领导问题时，他认定了一条基本的技术工作原则：就是技术问题是科学，不能用主观武断代替科学。每当遇到问题，他都会很虚心地听取方方面面的呼声和意见，即便是别人讲的不合适也从来不会指责，而是以理服人。自从他踏上飞航技术这个岗位，直至他担任院长，只要有时间，就会迈开双腿走下去，深入到设计人员和工人中去，到研制现场查看实际情况，跟设计人员、研制队伍和试验队队员一起摸爬滚打，与职工一起现场分析研究零部件生产工艺问题。他时常说："一个人无论搞技术工作，还是从事行政领导，可以在一两个专业是行家，但不可能是'百事通'，坚持群众路线，实行技术民主，走走现场，听听各方面意见，可以取长补短，拓宽思路，对提高判断问题的准确性、管理决策的合理性很有益处。"

重点型号的飞行试验，姚绍福历来都高度重视，更是愿意深入其中，这样他才感到胸中有数。在他看来：一个型号的研制经过了那么多年的艰辛才走到这一步，飞行试验就像一个学生去参加高考一样，也像打仗最后决战的时候，前面做了那么多年的付出，到了大考的关键时刻，这个时候常常是问题暴露最多、最集中，情况最复杂、最具有综合性的时候。这个时候总师在现场，很多问题解决就容易一些，效率就高一些。所以，一般情况下他如果没有特殊工作，都会亲临靶场掌握第一手情况，以便于及时预防、及时发现、及时协调、及时决策指挥。在某型号飞行试验过程中，他曾经去靶场 20 多次。

1981 年前后，在进行我国第一代空舰导弹带飞试验和全武器系统的研制性飞行试验时，时任总体部副主任的姚绍福，在东北海军某靶场与试验队队员在一起度过了春来暑往、秋风冬寒的几百个日日夜夜，及时解决了试验中暴露出的技术难点问题，实现了全武器系统的研制性飞行试验的成功。三院总体部党委在上报 1982 年度姚绍福立功受奖事迹时的评价是："该同志工作认真，发扬技术民主，指导解决了型号中的技术难点问题，他领导的空舰型号飞行试验 3 发

3 中，为我国空舰型号的发展作出了贡献……他经常深入工厂，及时解决生产中出现的技术问题和质量问题，受到工厂领导和工人群众的好评。工作中勤恳，把全部精力扑在型号研制上，带病坚持工作，在靶场 9 个月中，几乎天天加班，以模范的行动和细致的思想政治工作，受到了参试人员的高度评价。”

担任院领导后，姚绍福不需要任何领导陪同，自己经常深入到下属厂所的一线车间，转一转，看一看，和工艺员、工人们聊会儿天，问问生产情况，收入情况等。工人们觉得院长很和善、很亲切，愿意和他讲实情、说真话。凡是普通职工到他的办公室请示或汇报工作，他从不拒之门外，而是热情接待，倒上一杯水，让职工慢慢喝、慢慢说，他会耐心倾听，然后再实事求是地谈出自己的看法或意见，或做说服疏导解释工作。即使没解决问题，也让职工心里感觉暖暖的，让人心悦服诚地离开。

姚绍福在几十年的生命旅程中阅人无数，但他胸中自有大格局，总是善于换位思考，并从点滴之处尊重人、团结人和关心人。在众多与他相识相交过的各类人员中，无论同学还是部队官兵，无论是一起工作的同事还是普通职工，无论是同辈人还是年少的后生，都对姚绍福的为人处事赞不绝口。觉得他没有“官腔”“官味”和“官架子”，也没有总师那种“居高临下”或是“盛气凌人”，

姚绍福（右）和原三院领导王建民在某靶场

反倒是很平易近人，善解人意，很和气，很尊重人、理解人。让人愿意和他在一起共事，感觉和他在一起很舒服，有一种浓浓的暖意和人格魅力。

三院是海防型号起家的技术研究院。三院的服务对象主要是海军，海军的装备建设离不开三院，它几十年的发展历史，就是一部与海军发展休戚与共、同苦同乐的历史，有人形象地比喻为是一种“鱼与水”的关系。

在海军装备系统、海军航空兵系统或是多个海军试验基地，即使是时至今日，只要提到姚绍福的名字，没人不投以敬佩之情。这其中的奥秘，海军装备技术兵器部原部长霍玲少将给出了答案，她说：“很多海军方面的人员，包括将军、基地司令、军代表，与姚总打交道的较多的海军同志，都有一个一致的看法：他这个人总是站在提高海军装备建设的大局看问题、想事情，很善于换位思考，军方之所以和他有很多共同语言，是因为他精通导弹技术，有他在，你心里就有底，而且他主动急军方装备建设所急，为军方着想，可以说，他为海军装备技术的发展殚精竭虑，作出了突出的贡献。”

姚绍福的言传身教，也影响着身边的家人。他女儿姚晓云曾说过：“父亲这一生对我最大的影响是为人正派，对人诚恳，尊重别人，工作敬业，肯于付出。”

姚绍福虽然平时少言寡语，但凡遇到他认识的人时，都会彬彬有礼地主动打招呼，曾有的同事形象地评价他“既有平民的情怀，又有绅士的风度”。他在试验队和职工们在一起时，常常会主动到试验队队员住的宿舍里，与职工聊天，谈工作，叙家常，嘘寒问暖，还会把自己带来的水果和食物分给队员们吃。

姚绍福在人们的印象里，是个忘我工作的人。有数年时间，他既是三院行政一把手，又担任型号总设计师，工作多而纷繁。因为工作繁忙，他经常是一日三餐无定数，睡眠更是少之又少，故而伴随他的是肠胃不适和上火牙疼。有道是牙疼不算病，疼起来真要命。在试验基地执行任务，有时半夜三更被牙疼疼醒，三黄片是他终年离不开的药，每次去外地出差或去基地，他都要备足三黄片。是药三分毒，吃多了，吃久了，会产生抗药性，他就多喝水排毒。正因为他离不开水，被同事们戏称为“水仙花”。

1983 年 4 月，设计部的技术员戴遐新被调到三院院办当秘书，他第一次见到姚副院长时说：“我是搞技术的，文笔不好，也不懂怎么当秘书。”姚绍福听后很诚恳地对戴秘书说：“我这个人很简单，也不会使用秘书，为了工作，咱们两人就商量着一起干吧。”恰巧戴秘书上任的第一天晚上，正好赶上下大雨，有个重要文件要送到姚副院长手里。于是戴秘书就骑上自行车，顶着大雨把文件送到了姚绍福家里。看着被淋了一身雨的戴秘书，姚绍福赶紧找了条毛巾让他擦干净，之后心疼地对他说：“今后可别这样了，紧急的文件，第二天早上给我就可以。”

在东北某海军基地打靶期间，起床号响起，戴秘书正在叠毛毯，姚绍福看到后，爱惜地对他说：“你怎么又盖毛毯睡觉？小心感冒了。”这已经是他第二次提醒戴秘书了。当天开会讨论某型号试验中出现的问题时，一直讨论到晚上 11 点多，姚绍福和有关人员还在兴致勃勃地讨论个没完，最后在戴秘书的几次暗示下终于才各自回宿舍了。简单的洗漱后，戴秘书正在铺被子，姚绍福嘱咐他：

“你晚上到里屋来上厕所，不要到外面去了，以免着凉。”天气虽然有些凉，可是戴秘书的心里却感到很温暖。

姚绍福和秘书戴遐新共事了几年，戴秘书兢兢业业，任劳任怨，两人工作配合得挺默契。为了表达谢意，有一年姚绍福出国考察，特意为秘书戴遐新买了一件夹克。当时我国的物资还不是很丰富，能有这么一件夹克已经算是非常时尚了，那件夹克至今还穿在已经77岁的戴遐新身上。戴遐新说：“每到天气寒冷时，穿上这件衣裳，总能让人感受到姚院长带来的温暖，让人怀念这位老领导。”

姚绍福一生公私分明，廉洁自律。每年年初，他们湖南大学的同学或留苏的同学都要轮流“做东”聚会一次。每次进城与同学聚会，他都是自己花钱坐公交车或是打出租车去。20世纪90年代初的时候，姚绍福已经是六十多岁的人了，有一次是个大雪天，他进城和同学聚会后，坐公交车回家。在汽车上正好遇到了院机关的同事。这个同事把姚绍福坐公交车进城的事反映到了院办，出于好意地说：“姚院长那么大岁数了，摔着怎么办？你们给他要辆车接送一下多好。”事后，院办就和姚绍福商量，让他以后出门由院办派车，姚绍福一口回绝：“我这是私事，不能因为自己有权力、有地位就花公家的钱，不管什么时候都要公私分明，才能心安。”后来，院办又想了个办法，想帮他用公款打一张公用月票，有一天院办向姚绍福说明了想法，姚绍福说："公用月票你们就不要打了，那是损公肥私，但个人私用的月票由我自己出钱，可以打。"

有一段时间，姚绍福在海军某试验基地组织飞行试验，由于别人疏忽，使他下车时右大腿肌肉拉伤，行走困难，即使这样，他依然忍着疼痛坚持工作，往返于技术阵地和发射阵地之间。有一次他从靶场回北京向院里汇报工作，返回基地时坐的列车没有买到下铺，上车时秘书特地找了列车员，想给姚绍福换一个下铺，他立即坚决地阻止了秘书，不容许秘书这样做。"你的右腿走路都困难，怎么能爬中铺呢？""只有几个阶梯，有什么不能？！"就这样，他拖着疼痛的右腿艰难地爬上了中铺。秘书这样评价姚绍福："姚绍福每天呈现在大家面前的永远是一张笑眯眯而且极其慈祥的面孔，其实他是个很严于律己的人，对自己要求很严格，内心很坚强，从来不允许别人为他搞特殊化。"

5. 自有雅兴

姚绍福有着多方面的雅兴和广泛的爱好。上初中时，他学会了游泳，每到夏季，他都会和同学找地方去游一游，他很喜欢蛙泳、自由泳和仰泳，一口气能游上千米；在留苏时，每天临睡前，在校园的 400 米跑道上，都会看到他矫健的身影；姚绍福和很多男子汉一样，还是一位喜欢射击的"神枪手"，在小口径步枪射击中，曾经创下 10 发子弹打出 97 环的佳绩。

姚绍福不仅会做一手干净利索的缝纫机活，还懂得电器，家里的洗衣机都是他使用，收音机、电视机坏了，他自己修理几下就好了。不仅如此，他还会做木匠活，家里的小板凳、小桌子都是他利用业余时间自己制作的。

他还喜欢养花，从巴西回来后，把当地华侨送的巴西木栽培得很好，后来三院很多人都有他的巴西木分出来的根。工作还没那么繁忙时，他还养了几年金鱼。

姚绍福生活上很俭朴，从不追求奢华和铺张。他的衣着都穿戴了多年还不舍得扔掉，很多衣服磨破了，他就自己动手补一补，总是收拾得干干净净、整整齐齐。在郑重场合穿的西装，他过段时间就会拿出来亲自熨烫平整，再挂起来。

姚绍福几十年始终保留着桃源人自己做米酒的习俗，每次家里来了客人，他总是拿出自己酿的米酒招待客人。

姚绍福喜欢中国的古典文学。20世纪70年代末期，刚刚改革开放，中国的“四大古典”名著允许出版发行了，他就买了一套。那时收入不高，文学名著是件奢侈品，后来他又买了些别的书。买了书之后，姚绍福悄悄告诉女儿晓云：“不许和你妈说，免得她又唠叨，说我乱花没用的钱。”那段时间的业余生活主要是看书。悲悲切切的《红楼梦》他不爱看，他更喜欢看《西游记》里灵巧机智的孙悟空，爱看壮怀激烈的《三国演义》和《水浒传》。他尤其喜欢看《水浒传》，投降后的宋江他很不喜欢，他偏爱那些英雄豪杰们敢于坚持真理、敢于拍板决策、勇于承担责任的气概，这也正是与姚绍福的相通之处，这种内在的人格魅力与执着且耿直的大将风度，不断激发着姚绍福获得某种力量。

姚绍福喜欢看电视剧《渴望》《射雕英雄传》，

英国的谍战片《007》等影视作品。他喜欢那些带有生活气息的故事片，也喜欢剧中巧妙的情节安排，更想通过看这些影视作品，启发自己的灵感。他喜欢看近现代战争题材的片子，从中研究世界战争的战法和武器装备的最新技术，也喜欢看历史题材的片子。有些片子在家看了，到试验靶场还会买来看，既成为一种休闲消遣的方式，又可以开阔自己的视野，或许还能触发某些与飞航导弹技术有关的奇思妙想。也许，他的很多技术创新“金点子”就是源于这些地方。

20 世纪 60 年代以前的苏联歌曲，是陪伴姚绍福一生的挚爱。他的家里常会有《莫斯科郊外的晚上》《红莓花儿开》《喀秋莎》和《山楂树》等歌曲光盘。听着这些歌曲，会让他联想起“恰同学少年”的青春岁月，会把他带回那遥远的地方，使他缓解疲倦的身心，进入到另一种境界。每年同学聚会，他都会与同学共同引吭高歌《莫斯科郊外的晚上》。

姚绍福酷爱摄影和照片冲扩技术。在留学时，他特地用平时省吃俭用节省下来的卢布买了一台照相机。有了孩子以后，周末他就会骑上自行车，带着孩子去天安门或是动物园等景点去游玩、长见识，并给他们穿上新衣服照相。回到家里后，他把厕所封闭起来当暗室，自己配药冲扩洗印照片。姚晓云说：“我母亲的几张大照片，都是父亲在苏联时，冲扩放大的，家里很多照片都是父亲自己照完以后，趁天黑在家里自己冲扩的。”

与姚绍福共事的科技人员，都很佩服他渊博的知识和超强的记忆力。他几十年如一日，从没有放弃对俄语、英语和法语的学习。他精通俄语，法语能直接对话，曾在他身边工作多年的秘书戴遐新说：“每次我陪姚绍福去靶场，或者是外出开会，他总是利用旅行途中的时间，学习英文或者是看法语书籍。”

1964 年 8 月至 1965 年 8 月，还是在非标准设备设计部三室（测量控制室）任技术副主任的时候，姚绍福参加了国防科委组织的为期一年的法语培训。经过一年时间的刻苦学习，他取得了非常好的学习成绩：基础课考试 99 分，平时测验成绩90分，期中考试100分，结业考试95分，并在结业时被评为“四好学员”。一次去法国考察，住旅馆时他用熟练的口语与服务生砍价，居然三绕两绕把这位地道的法国人弄糊涂了，住宿和接送一天节省了百余美元。

6. 晚霞如虹

在飞航技术领域工作了几十年，姚绍福不仅领衔飞航技术科研生产的实践，是大家公认的技术权威，而且在导弹理论研究、高技术条件下局部战争的模式特点研究、宣传飞航导弹知识和战略地位及探索未来发展方向等方面，也投入了大量精力，取得了实际成果。

他主持编写了《导弹与航天丛书：飞航导弹系列》《导弹、火箭、卫星手册——飞航导弹篇》《世界导弹大全》和《飞航导弹发展动态综述》等著作，撰写了10多篇论文。被聘任为哈尔滨工业大学、华中理工大学、北京航空航天大学等高等院校兼职教授和博士生导师。

由于姚绍福以坚定的信念、顽强的毅力、高度的责任感，全身心致力于不断推动和提升我国飞航导弹技术的发展，1986年被航天工业部评为优秀共产党

姚绍福参加新型飞航导弹技术发展规划研讨会时留影

员，1989年被国家人事部批准为1988年度有突出贡献的中青年专家，1989年被评为全国先进工作者，1990年享受国务院颁发的政府特殊津贴。由于他的突出贡献，1992年获得航空航天工业部颁发的航天奖，1995年获得中国航天工业总公司突出贡献一等奖等荣誉。

姚绍福参与主持了三院“七五发展规划”和“八五发展规划”的编制工作。1992年，他担任三院科技委主任后，主持飞航导弹型号发展战略研究与规划，既立足于当前的研制，又着眼于三院型号的长远发展。围绕着三院科研生产，跟踪世界先进导弹技术，积极开展国内外学术交流、技术合作，取得显著成绩。他参与组织编写了《2000年中国飞航导弹武器技术发展战略研究报告》，该报告1989年获得了航空航天工业部科技进步奖二等奖。

1994年，姚绍福参加了国防科工委组织的国防科技发展战略研究，决策和指导了我国新型飞航式导弹的技术跟踪研究和关键技术预研攻关论证工作，担任新型飞航式导弹发展战略研究组组长，完成了论证报告，并通过了由国防科工委组织的专家评审。精确制导导弹技术的研究，涉及到三院在21世纪的发展，涉及到我国国防建设在新世纪能否提高到新的水平，所以在整个关键技术的调研和论证过程中，他倾尽全力，为我国精确制导武器装备的发展作出

参加国庆60周年阅兵式的新型飞航式导弹方阵

了重要贡献。

1998年，姚绍福发现自己身体不适后，还依然奔波忙碌于科研工作。1999年8月，他担任中国航天机电集团公司（现中国航天科工集团公司）科技委副主任，参与了集团公司大量的科研项目研究和指导工作，为航天科技发展决策提供了依据。

7. 冬日余晖

20世纪90年代末，在东北的海军某试验基地，当时设有两个靶场，同时进行两个型号靶试。姚绍福若白天在甲靶场，晚饭后去乙靶场，常常是往返于两地之间，睡觉时间很少，也特别劳累。

有一天下午从甲靶场回来，晚饭后戴秘书看他脸色很难看，显出少有的疲倦，就问他："姚总，不舒服吗？"他说："头有点疼，全身乏力。""去看看医生？""不用，又不发烧！我睡一会儿就好了。""那你现在就睡吧。"戴秘书出于好意，想让姚绍福好好休息一下，等姚绍福睡下后熄了灯，离开了房间。为了避免打扰，戴秘书反锁了房门，去了后面试验队队员的驻地。

等戴秘书开门回到房间时，姚绍福立即向他大发雷霆，责问："为什么要反锁门？！总装厂的胡厂长（胡宗寅）有事要同我商量，却进不来！"看着姚绍福脸都气红了，戴秘书既内疚，又心疼，含着泪道歉说："对不起，姚院长，我看您太累了，想让您安心休息一会儿，想不到……""好了，你把胡厂长请来。"戴秘书说"太晚了"，姚绍福不容置疑地说："再晚也要请来！"就这样，姚绍福挺着疲惫不堪的身体听取胡厂长关于某型号有关问题的汇报，直到第二天凌晨一点多才谈完。

戴秘书跟姚绍福工作已经数年了，彼此配合默契，每天早上上班，首先把收到的文件分轻重缓急依次排好放在文件夹里送到姚绍福面前，有些特急的文件当时就拿出来请他速阅，同时姚绍福也把已批阅的文件交给戴遐新，有急办的事他也详细交待。

戴秘书和姚绍福的办公室是内外小套间，姚绍福在里间，戴秘书在外间。有一天，戴秘书发现姚绍福的脸色不对，问他是否不舒服，他说："没事，你去办事吧！"戴秘书退出姚绍福的办公室，回到自己的办公桌前把急需办的文件拿出来，到有关科室落实姚绍福的批示去了。

姚绍福（左）、戴遐新（右）与姚晓云（中）在法国航展不期而遇

等戴秘书回来，发现姚绍福不在办公室。戴秘书心想：“按计划今天没有安排他的会，他会去哪儿呢？”戴秘书突然想起了什么，急忙奔下楼，骑上自行车直奔731医院二门诊保健室，果然，姚绍福躺在病床上，保健医生正在为他做输液前的准备工作。“他都烧到39度了”，医生告诉戴秘书。

戴秘书说：“我也没有办法，他为了三院型号的发展，担任多个型号的总设计师、副总设计师，还负责全院的行政工作，整天忙得不可开交，睡得很少，三顿饭都很少准时，胃也不好，好多医生都劝他好好检查一下身体，都因为工作太忙，被他婉言拒绝了。今天请大夫好好帮着检查一下！”就这样，姚绍福输了三天液，每天输完液，他又直接回到办公室，继续工作。

1998年，姚绍福身上某处皮肤上出现两个小红点，起初很痒，他就自己抹点达克宁来对付。时间久了，总也不见好，小红点长成了脓包，把脓挤出来后会缓解一些，但过段时间又生成新脓包。有一天，他去了靶场驻地的兴城医院，医生看了后说：“这个东西不太好，回北京好好检查吧。”

2000年年初年度体检时，姚绍福在航天中心医院做了病理检验，诊断是皮肤癌，随即在航天中心医院做了手术。在第一次手术后，通过活检证明已经扩散。相隔了四五天，便又请了北京肿瘤医院的专家接着做了第二次手术。之后，在307医院做放疗治疗。

在手术和住院治疗过程中，他一直以积极的心态配合。在放疗和康复期间，由于手术位置透气性不好，伤口不易愈合，就用扇子扇，增加空气流通，稍有了些起色。后来买了一个小电风扇，既好用又方便，使伤口很快愈合，康复得比较快。

姚绍福是个以事业为重、心系飞航的人。出院后，他并没有在家安心养病，而是像正常人一样上班。2000年7、8月，他又去了西北某靶场，参加了某型导弹的试验性飞行试验。首飞成功，达到了预期目的，他特别高兴。

姚绍福庆贺某型号飞行试验成功，在点燃鞭炮

根据某预研型号总体研制及其相关技术攻关需要，10 月中旬，由总装备部军兵种装备部组织赴俄罗斯技术考察团，姚绍福和三院总体部的两位同志为考察团成员，就某个项目进行会谈和实地考察。在 10 多天的调研考察过程中，姚绍福忘却了病痛，与正常人一样，所有代表团成员都没察觉到他是做了两次手术、刚出院不久的癌症患者。他怕影响孩子的工作，直到 10 月才告诉在大洋彼岸的女儿，自己患上了癌症，并做了手术和放疗。

2000 年年底，姚绍福和很多职工一样，搬到了云岗南区一套新住宅楼房里。2001 年 1 月，春节期间，已经退了休的老秘书戴遐新去家里给他拜年。他对戴秘书说："最近身体健康状况感觉不太好，腰疼得厉害，全身也都有点痛，浑身老是没劲儿。"戴秘书说："您手术出院后，根本就没有很好地休息，与正常人一样上班，或是出差出国，或是参加靶试，另外新房装修、搬家也是很累的，整天忙忙碌碌，终年劳累而导致抵抗力下降。节后去医院好好查查，不会有问题！"姚绍福点点头，然后领着戴秘书欣赏了他新家的布局，并详细介绍了几个房间的布置。看得出，姚绍福对新房特别满意，也很兴奋，暂时忘却了病痛。

2001年春节后，在中国航天机电集团公司领导及三院领导的积极努力下，姚绍福被送到了北京医院。医院做了同位素检查，发现不正常，又到协和医院拍了片子，经检查：癌细胞已经扩散了。院方派了最好的医生、最好的医疗条件为他积极治疗。

有一天上午，戴遐新去医院探望，姚绍福坐在床边正在看《参考消息》，见戴遐新进来，他立即抬起头来，脸上露出灿烂的微笑。“小戴你看，美国总统克林顿也是皮肤癌，同我一样。”戴秘书仔细看了报道的内容后说：“嗯，是一样的！现在医疗条件那么好，配合医生好好治疗，你的病会很快治好的。”“我会配合的，争取早日出院，某新型飞航式导弹的总体方案还有些问题需要进行深入研究……”此时，姚绍福哪里知道，他患的是皮肤腺癌，腺癌是癌症中最难治疗、最可怕的。

3月份，女儿姚晓云回来了，姚绍福看到自己的女儿，感到十分欣慰，病情也有些稳定。

后来，随着时间的推移，他的癌细胞开始向骨骼转移。据医生介绍说，他的肋骨已经像蚂蚁啃过样，骨头里开始出现了一些稀疏的小孔洞，骨头慢慢地就会越来越缺乏支撑力了。

姚绍福的病情越来越重，身体越来越虚弱。整个治疗过程中，医生护士竭尽全力，用最好的药物治疗。姚绍福也以巨大的毅力控制着自己，强忍着巨大的疼痛，时常是全身大汗淋漓，但他从不呻吟或者是喊叫。有时止痛药也止不住疼痛，为了防止他在床上乱滚，医生只得用胶带把他绑在病床上，以防骨折。

8月17日，是女儿姚晓云的生日。姚绍福在迷离中，时常梦到38年前的那个夏天，杨树上和柳树上成群的蝉，不知疲倦地“知了、知了……”地唱着。就在那一天，他看到一个白白胖胖的小生命诞生了。从此这个女娃给他的生活增添了许多的快乐。想着，他拿起了电话，向女儿致以生日的祝福，并解释说：“晓云，爸爸因为住院出不去，买不了生日卡送给你，以后等爸爸病好了，给你补上。”听到老父亲的这番话，女儿想起此情彼景，感动的热泪情不自禁瞬间涌流出来。其实，尽管父亲在病榻之中没有像往常那样送她生日卡，但这份不舍的亲情，这份牵挂，却是千金不换啊！

躺在病床上的姚绍福，越发觉得浑身疼痛，时常全身冒虚汗。此时，他对亲人的那份牵挂和思念越发强烈。9月的一天，女儿姚晓云突然接到了父亲给她打来的电话，电话里传来了微弱的声音：“晓云，我情况不好，你回来吧。”后来，据当时在场的同志告诉她，姚绍福打电话时还没说完话，电话就从他无力的手上滑了下去。

与病魔抗争中的姚绍福，心里时刻牵挂着与他相依相伴了几十年的飞航事业。每当上级领导、用户或同事来看望他时，姚绍福总是念念不忘那些型号。尤其是他始终关注着正处于关键时期的新型飞航式导弹的研制情况，每当有关同志来看他时，他都会问长问短，了解进程。他期望着自己能早日康复，尽早痊愈，为新型飞航式导弹的腾飞，出一把力。

当有的同志和他说起某型号研制工作或试验有了新进展时，他总是由衷地感到高兴，并对他们说：“你们辛苦了，不过某个技术问题，你们还是要再做些深入研究。真想和你们一起参加研制，可惜身体不争气啊。”

三院副院长于世元来到姚绍福的病床前看望他，告诉他“某型号某个技术问题解决了，某型号试验又成功了”时，他高兴地指着病室的墙说：“小于啊，你看，咱的导弹在那儿飞着呢！飞得多远啊！看它在飞行时尾部喷出的橘红色火焰多美啊……”

同志们来看望姚绍福时，会顺便带来以往一起出差的合影照片，他都会认真仔细地看。这些照片，把历史定格在了那一瞬间，把故事凝固在了那一时刻，也把姚绍福带入了对往事的美好回忆：那些曾经的调研论证、曾经的研讨交流、曾经的靶场试验，曾经的痛苦煎熬，曾经的举杯同庆……他还清晰地记得，并讲起那些曾经发生的故事。

此时此刻的姚绍福，期盼的就是自己的病能好起来，和同事们一起去参加红红火火的导弹设计、研制、试验飞行，去看那些曾经沥尽心血亲手研制出来的一枚枚导弹，像蛟龙出海在呼啸，像雄鹰长空在搏击，像猛虎下山在呼吼，像战马驰骋在嘶鸣……为强大的国防建设，研制出最好的中国飞航导弹，是他一生为之不舍的挚爱，是他一生不懈的追逐，是他一生最有兴致的畅想，是他至今心中依然未竟的事业。

2001 年 10 月 13 日，是姚绍福 69 岁的生日。这一天，他的精神状态似乎比往常好了些。起床后，护理人员搀扶着他，慢慢地挪步到了窗前。他时而

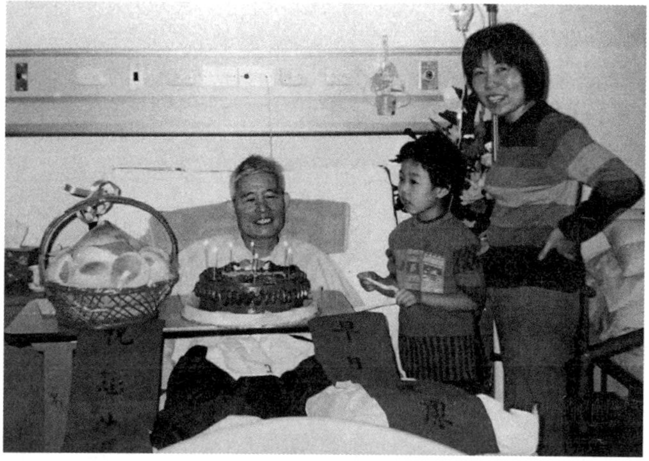

姚绍福69岁生日照

看着天上飘动的白云，时而看着路上川流不息的行人和车辆，时而看着在空中自由飞翔的小鸟，他的心似乎也飞出了病室，如果自己也像空中的鸟儿一样，自由自在的多好……

姚绍福正默默畅想着的时候，让他惊喜的是，老秘书戴遐新一家人走进了病室。戴遐新特地穿上了当年姚绍福给他买的那件夹克，带着儿子、儿媳妇这对新婚夫妇和其他家人，准备了丰盛的生日礼物和生日蛋糕，来到了他的病室，给姚绍福庆贺69岁生日。姚绍福和自己的一双儿女以及戴秘书一家人，兴高采烈地品尝着精心制作的生日蛋糕，向这对新婚夫妇致以新婚祝福，并赠送了纪念品。

看着戴秘书身上的那件夹克，姚绍福想起了与戴秘书18年交往中的一幕幕往事。从相识到相知，他既把戴秘书当同志和战友，也当成了真挚的朋友，无论是工作上还是生活上，戴秘书都竭尽全力。多好的同志啊！姚绍福感慨地对眼前的戴遐新说："老戴，真诚地感谢你这些年对我的帮助和关心！"姚绍福过了一个别开生面的69岁生日。

病重的姚绍福曾经和守护在身边的女儿姚晓云说："我这一辈子，问心无愧，没什么可后悔的。"他还说："我心头最大的遗憾是，1962年你奶奶病重时没见上她最后一面，因为那时是军队管理，又是在国防保密单位，探亲假的审批也很麻烦；加上那时的火车速度也很慢，路上走了好几天才赶到桃源老家，等到家时你奶奶已经离开了人世。”50年代姚绍福正在留学期间，父亲去世就没能见上最后一面，这已经成为了他一生的憾事。对他特别疼爱的母亲病重，他也没能和母亲说上最后几句话，没有陪她老人家走完人生的最后一程，这更是他一生都无法弥补的缺憾。尽管父母亲已去世多年，但在他的感情世界里，儿子欠着对父母的孝敬之道，没有尽到对父母的养老送终之情。此事，他深深地埋在心底，其内疚和自责时常缠绕着他，挥之不去，无法释怀。自古忠孝难两全啊！

“病日臻，既弥留”之际的姚绍福，开始进入间断性的昏迷。第一次昏迷期间，他说了许多胡话，内容依旧是他近几年为之倾尽心血的型号，清醒时，同志们去看望他，也总离不开这些话题。有时昏迷，他会断断续续说出某型号研制的片段，会说出工作中一些曾经的事，会呼唤同学的名字，会呼喊自己的姐姐……有时疼痛难熬时，他会去拔插在鼻子里的食物引流管。几次在医生的全力抢救下，他终于又苏醒过来。

11月，姚绍福进入了病危时刻：疼痛，昏迷。疼痛时只能是用止疼药；昏迷了，医生也不敢做心脏复苏抢救，因为他的胸腔肋骨都已经酥了，经不起挤压和撞击。最后一次昏迷后醒来时，他用颤弱无力的声音对晓云说：“我感觉不好。”晓云马上跑到街上，赶紧买来了父亲爱吃的油炸菜团，姚绍福像个孩子一样快快地吃了下去，连声说：“好吃，好吃。”

2001年11月17日1时23分，这位与病魔抗争了近三年的勇士，中国共产党的优秀党员，忠诚的共产主义战士，中国工程院机械与运载工程学部院士，我国飞航导弹武器系统总体设计专家，中国航天科工集团公司第三研究院院长，科技工作的优秀组织者和卓越领导者，一个真正的中国飞航事业的突出贡献者，姚绍福，走完了他最后一段的人生路程，不幸与世长辞！

身为我国反舰导弹家族“族长”的姚绍福，是这个家族从无到有、从小到大的开拓者、贡献者和历史见证人。正如他在自传中所言：“也许是前世注定的缘分，把我与飞航导弹事业紧紧地联系在一起。”他一生“胸怀鹰击长空志，一片丹心系飞航”，把智慧和心血都献给了他钟爱的飞航事业，献给了航天事业，献给了中华民族复兴的伟大事业，献给了共产主义事业。

司机蔡玉强师傅和姚绍福的家人，特地把装有姚绍福骨灰的车开到了他生前仅居住了一个月的新楼下，缓缓地绕行一周，并在楼门口停留了片刻。这时蔡玉强师傅下了车，双手合十，面对着楼门口哽咽着：“春节时，我接姚老总出这个楼时还是活生生的，而现在送回来的却是他的骨灰，人去楼空，真让人接受不了啊，姚总，您累了，好好休息吧！”

中国飞航事业的灿烂星空中，一颗耀眼的巨匠虽然已经陨落，但他永志不灭的精神却永远留在人们的心中。姚绍福的一生，是锐意进取的一生，是科学求实的一生，是敢于担当的一生，是精益严谨的一生，是奋斗不息的一生。

姚绍福从事航天事业 42 年，为完成党和国家交付的重任，呕心沥血、孜孜以求、兢兢业业、任劳任怨、鞠躬尽瘁。他以潜心学习、勇于实践的作风，严谨务实、励精图治的工作态度，为中国飞航战线的科技工作者树立了光辉典范，为后人树立了榜样。与他共事几十年的一名老科技工作者在回忆姚绍福时，以十分钦佩的口气说：“姚绍福是一个埋头苦干、老老实实的科学家，他无论是当技术员，还是当领导干部，他的学识、专业和能力都是一流的，他的人品更是无可挑剔。”

姚绍福遗体告别仪式上，来参加的有国防科工委、解放军总装备部、海军、空军、二炮、中国航天科工集团公司、中国航天科技集团公司、三院等机关单位的首长、老领导、老专家，有同事和朋友，有同学和好友，有家乡桃源县的父老乡亲等，近千人都怀着敬重、仰慕、感谢、缅怀之情，为这位曾为祖国飞航事业跨越发展、为祖国国防事业作出了无私奉献的总设计师、院士、楷模，致以三鞠躬。

姚绍福走了，却为祖国的碧海、蓝天和大地，留下了用他的知识、智慧和心血浇铸出来的一件件不朽的飞航导弹作品；在祖国大江南北，镌刻下了他一串串不知疲倦的脚印。他在天地之间，塑造了一个真正大写的人。

历经岁月磨砺，当年风华正茂的年轻学子，如今已韶华不再，当人们回忆起他留苏的激情岁月，一些曾经的画面已经渐渐淡去，但是祖国航天事业的嘱托与呼唤，却让他忘我地战斗了一生。

当人们回想起姚绍福院士的音容笑貌时，便想起了保尔·柯察金那段曾经激励了无数人成长的名言："人最宝贵的东西是生命。生命对于我们只有一次。一个人的一生应该这样度过：当回首往事的时候，他不因虚度年华而悔恨，也不因碌碌无为而羞愧……"这段话，曾是那个年代中国青年的集体座右铭，更像是对姚绍福院士一生为实现中华民族伟大复兴、为实现强国强军伟大梦想奋斗终生的真实写照。

姚绍福大事年表

1932 年

10 月 13 日，出生于湖南省桃源县。

1939 年　7 岁

1 月，在湖南省桃源县黄甲铺乡姚氏宗祠小学学习。

1943 年　11 岁

9 月，在湖南省桃源县灵岩中心小学学习。

1945 年　13 岁

9 月，在湖南省桃源县平阳中学学习。

1948 年　16 岁

9 月，在湖南省立第四中学学习。

1950 年　18 岁

1 月，在湖南省立第四中学加入中国新民主主义青年团。

1951 年　19 岁

9 月，在湖南大学电机系学习。

12 月，在湖南省慈利县土改工作队工作。

1953 年　21 岁

9 月，在北京俄文专修学校留苏预备部学习。

1954 年　22 岁

9 月，在莫斯科动力学院动力系自动化专业学习。

1956 年　24 岁

11 月，加入中国共产党，成为预备党员。

1957 年　25 岁

11 月，转为中国共产党正式党员。

1958 年　26 岁

1 月，任莫斯科动力学院党总支组织干事。

1959 年　27 岁

12 月，从莫斯科动力学院毕业，获优等生毕业证书，被授予电气工程师学位。

1960 年　28 岁

2 月，在北京外国语学院学习。

3 月，任归国学生总支第四支部党小组长。

5 月，任国防部五院空气动力研究所八室控制组组长。

7 月，经国防部五院空气动力研究所批准入伍，被授予上尉军衔。

1961 年　29 岁

1 月，荣立国防部五院三分院空气动力研究所三等功。

2 月 13 日，与李秀娥结婚。

10 月，被国防部五院授予副连级军衔，技术等级 20 级。

1962 年　30 岁

1 月，被中国人民解放军 0683 部队授予技术中尉军衔。

1963 年　31 岁

1 月，被国防部五院三分院空气动力研究所三等功。

6 月，在国防部五院三分院空气动力研究所八室副主任。

1964 年　32 岁

6 月，任国防部五院三分院非标准设计部测量控制研究室技术副主任。

12 月，任国防部五院三分院技术上尉。

1965 年　33 岁

6 月，集体转业。

8 月，被中国人民解放军 749 部队授予“四好学员”称号。

8 月，任七机部三院总体部三室技术副主任。

1966 年　34 岁

5 月，任七机部三院总体部新三室主任。

1971 年　39 岁

8 月，任三院总体部二室主任。

1978 年　46 岁

1 月，被评为三院总体部 1977 年度学大庆先进工作者。

4 月，任三院总体部副主任。

10 月，任三院总体部科技委副主任。

11 月，被聘任为工程师。

1979 年　47 岁

1 月，被评为三院总体部 1978 年度学大庆先进工作者。

1981 年　49 岁

10 月，被聘任为高级工程师。

1982 年　50 岁

3 月，任 YJ-1、YJ-6 导弹型号副总设计师。

1983 年　51 岁

1 月，荣立三院三等功。

1 月，任三院副院长。

3 月，被任命为海防武器系统副总设计师，八号导弹总设计师。

4 月，任轰 -7 飞机武器系统副总设计师。

1984 年　52 岁

4 月，任北京市丰台区人民代表大会常委会副主任。

12月，荣立三院一等功。

1985年　53岁

2月，荣立航天工业部一等功。

12月，获航天工业部科学技术进步奖二等奖。

1986年　54岁

7月，被评为三院及航天工业部优秀共产党员。

8月，任052驱逐舰导弹武器系统副总设计师。

1987年　55岁

5月，被聘任为研究员。

12月，获国家科学技术进步奖一等奖。

1988年　56岁

6月，任某舰舰导弹武器系统总设计师。

7月，被评为三院优秀共产党员。

12月，任航空航天工业部第三研究院院长。

12月，获国家科学技术进步奖特等奖，排名第一。

1989年　57岁

7月，被国家人事部批准为1988年度有突出贡献的中青年专家。

7月，任某导弹武器系统总设计师兼行政总指挥。

8月，荣立三院一等功。

9月，荣获全国先进工作者称号。

11月，荣获首都绿化美化积极分子称号。

1990年　58岁

5月，被评为三院优秀共产党员。

8月，被任命为YJ-8甲导弹武器系统总设计师兼行政总指挥。

享受国务院颁发的政府特殊津贴。

1992 年　60 岁

11 月，任航空航天工业部第三研究院科技委主任。

12 月，获航空航天工业部颁发的航天奖。

1993 年　61 岁

12 月，获航天工业总公司科技进步奖一等奖。

1994 年　62 岁

1 月，获国家科学技术进步奖三等奖两项。

3 月，任“强国弹”导弹武器系统总设计师。

1995 年　63 岁

10 月，获中国航天工业总公司突出贡献一等奖。

12 月，获三院 1994 年度院级奖励一等奖。

12 月，获国家科学技术进步奖二等奖，排名第一。

1996 年　64 岁

10 月，任飞航导弹型号系列总设计师。

荣立国防科工委一等功。

1997 年　65 岁

11 月，当选为中国工程院机械与运载工程学部院士。

1999 年　67 岁

8 月，被聘为中国航天机电集团公司第一届科学技术委员会副主任。

10 月，获“9910 工程”嘉奖。

2001 年　69 岁

1 月，获国家科学技术进步奖一等奖，排名第一。

11 月，荣立国防科技工业武器装备型号研制个人一等功。

11 月 17 日，因病逝世。

姚绍福主要论著目录

[1] 导弹与航天丛书编辑委员会（姚绍福任飞航导弹系列编辑委员会副主任）. 导弹与航天丛书：飞航导弹系列（24 册）[M]. 北京：宇航出版社，1991.

[2] 易生，姚绍福，刘永才，等 .2000 年中国飞航导弹武器系统发展战略[C]// 国防科工委“2000 年的中国国防科学技术”研究报告文集 .1988.

[3] 姚绍福 . 飞航之路，鹏程万里 [C]// 科学技术与科技管理论文集 .1991.

[4] 姚绍福（编委会副主任）. 科学的决策与创新 [C]// 海鹰一号系列与 051 舰上导弹武器系统文集 . 北京：航空工业出版社，1990.

[5] 姚绍福（编委会主任）. 导弹、火箭、卫星手册：飞航导弹篇 [M].

[6] 姚绍福 . 浅谈飞航导弹的发展 [C]// 科学技术与管理论文集 .1996.

[7] 姚绍福“适应未来局部战争的巡航导弹发展研究”课题组长 . 深化国防科技发展战略研究报告 [C]. 国防科学技术工业委员会，1995.

[8] 姚绍福，毕士冠，等 . 飞航导弹动态研究综述 [C]//1996 世界航天发展动态与研究报告汇编 .1997.

[9] 姚绍福（修订委员会主任）. 世界导弹大全 [M]. 北京：军事科学出版社，1998.

参考文献

[1]《当代中国》丛书编辑部．当代中国的航天事业[M]．北京：中国社会科学出版社，1986.

[2]航天工业部．航天事业三十年1956—1986（科技经验篇）[M]．北京：宇航出版社，1988.

[3]余超志．导弹概论[M]．北京：北京工业学院出版社，1986.

[4]中国海鹰机电技术研究院．世界导弹精粹[M]．北京：军事科学出版社．

[5]张国瑞．海湾战争中的现代武器[M]．北京：宇航出版社，1991.

[6]谭邦治．任新民院士传记[M]．北京：中国宇航出版社，2014.

[7]航天工业总公司第三研究院．飞航35年回忆录.1996.

[8]中国航天科工集团公司三院．感受飞航—献给中国飞航45周年.2006.

[9]中国航天科工集团公司三院．中国飞航50年——纪念中国航天三院五十周年征文集.2011.

后 记

在姚绍福院士逝世14周年和诞辰83周年之际，承蒙中国航天科工集团公司和中国航天科技集团公司《中国航天院士传记丛书》编委会和三院分卷编委会的信任，第一作者曲臣和第二作者徐春雁承担了《姚绍福院士传记》的采写和编著重任。

曲臣作为本传记主执笔人，从2015年5月底接到撰写任务后至12月中旬，承担了采写编撰和全书的梳理统稿工作，并负责了对各章节内容的全面修订、核实补充、完善润色，以及本书辅助性文稿撰写工作。徐春雁承担了部分内容的素材收集工作。期间的几个月里，作者四易其稿，最终以17万多字的规模落笔结稿。

第一稿是8月25日前，两位作者各自完成素材初稿内容（合计近10万字），由《中国航天院士传记丛书》编委会和三院分卷编委会进行初审。

第二稿是9月15日至10月8日，由《中国航天院士传记丛书》编委会和三院分卷编委会研究，明确曲臣由原来的第二作者调整为第一作者，负责全书的统稿。第一作者初步完成了全书统一梳理、修订和补充工作（合计13万字）。

第三稿是10月22日至11月17日。《中国航天院士传记丛书》编委会和三院分卷编委会于10月22日组织了对全书的评审，会后组织了院级保密审查。根据这次评审会和院级保密审查意见，第一作者再次深入做了补充性采访和相关史实的核实、增补了新的章节、完善了重要内容、做了脱密处理、做了文字精修等工作（合计16万字）后，上报中国航天科工集团公司有关部门进行保密审查和综合性审核，同时三院组织部分专家审核了新增章节和有关修改内容，直至12月17日各方面反馈了审核意见。

第四稿是12月18日至12月23日，结合中国航天科工集团公司有关部门和三院部分专家提出的审核意见，第一作者再次对全书做了系统的进一步修订完善工作，最终形成了17.5万字的文稿。

在编撰过程中，通过多种渠道收集了大量有关姚绍福工作和生活的照片，为编辑此书提供了150幅照片。

面对这项繁重的任务，作为作者既感到十分荣幸，也感到时间短、采写量大、传主不在世而信息源短缺、责任重的压力。

所庆幸的是，中国航天科工集团公司科技委、中国宇航出版有限责任公司、分卷编委会和三院党委书记于世元给予作者以巨大支持，院办、院党群工作部、院情报所、院总体部、院行政部等部门给予鼎力协助，各位受访者无私地提供了姚绍福生前的大量信息素材，才使得我们作者能变压力为动力，做了大量采访和研究工作，只争朝夕，奋笔疾书，终于不辱使命，在时间如此之短的情况下，保证了《姚绍福院士传记》的编著工作得以如期完成。

更感荣幸的是，这是一次悉心研究和走近姚绍福成长历程的机会，是一次学习和熟悉飞航事业发展历史的机会，也从中学习和体会了“航天三大精神”的真正内涵。

自古就有“文章天下事，得失寸心知”之说。文章是流传后世的精神产品，是承载历史的依据，作为反映一个不平凡的人的传记的编著者，我们本着对传主高度负责，对历史高度负责的态度，在研究和写作中秉持了实事求是和精细严谨的原则，在收集的各种原始资料和调研采访的信息中，首先认真研究和梳理了史实的来龙去脉，然后去粗取精，去伪存真，由此及彼，由表及里。在写作过程中，紧扣传主在几十年的成长、奋斗过程中“技术报国”“航天强国”这个主线，尽可能地采用那些有史实价值、又能体现传主本质的内容，来展现传主的思想、品质和精神风貌。在这一点上，我们作者是尽其所能，还原传主与事件的本来面貌，以保证历史的真实性和准确性。

在编撰过程中，为了尽可能多地采用与姚绍福成长、工作和生活有关的信息，保证姚院士生平历史的完整性、史实的典型性和全文脉络的内在统一性，我们广泛收集并研读了中国航天史、三院院史、三院大事记、三院总体部大事记、三院院庆印制的出版物等，收集和研究了有关姚绍福的媒体报道、姚绍福个人档案和他的部分论文或论著等有关资料，采访了部分曾与他共过事的老同志、老同学和工作人员，以及部分亲属。

全书架构与谋篇布局，采用了常规人物传记按照从出生到离世纵向安排的方法，在每一局部表述时采取了横断面适当展开的方式。所以本书写作中有史实，有背景交代，也有影响因素分析；有的事件夹叙夹议，也有他人或组织的评价作为佐证；有极个别环节采用了文学描写的笔法。在具体写作过程中，我们尽可能写得有血有肉，写“活”，写出“味”来，以增强传记的文学性和可读性。

通过编撰《姚绍福院士传记》，我们深深地感受到了老一代航天人的精神追求和内心世界。

时代呼唤创造了历史机遇，航天事业锻造了杰出人物，杰出人物助推了航天事业的跨越发展。在20世纪五六十年代，我国面对西方帝国主义政治打压和武力威胁，前苏联撕毁中苏合同、撤走专家，国家急需建立强大国防的历史背景条件下，一大批爱国学者和热血青年，投入到了如火如荼的中国航天事业洪流中来。姚绍福就是在60年代那个流金岁月，在留苏毕业后响应党的召唤和国家的安排，加入到我国航天队伍中的一员。

在他42年飞航事业的职业生涯中，为了反对和抵御帝国主义的侵略，为了建设一个强大繁荣的新中国，为了让人民有一个安宁幸福的生活环境，他始终以爱国为国、建军强军为己任，以为国造剑为使命，以壮我军威为自豪。正是有了这种崇高的信念，他才能够保持始终不渝的强大精神动力和生命创造活力，并向着我国飞航科技领域的高峰不断攀登。

他既胸怀大局，又脚踏实地，一步一个脚印地、坚韧不拔地在事业的道路上前行。从一名电气专业毕业的学生转行并渐变为具有飞航型号综合知识、设计能力和统御全局能力的领军人物；从一名普通的设计员嬗变为先后担任多型关键飞航型号的总设计师、中国工程院院士和我国飞航型号大家族的掌舵人。他把毕生学识、智慧、心血和力量不遗余力地挥洒在了我国飞航事业这片热土上，推动了我国飞航技术在比较短的时间内缩短了与世界发达国家的差距，在有些技术领域甚至赶超了世界发达国家的水平。

通过研究他的一生，我们深刻地感受到了姚院士具有的一些独特品质。在信念上，一旦确立了理想信念，他就心无旁骛，百折不挠，勇往直前地为之奋斗；在作风上，注重坚持群众路线，发扬技术民主，虚怀若谷，取长补短；在承担的重大型号研制攻关的艰难岁月，经得起折腾和挫折，经得起磨难，敢于担责，善于取胜；在学识上，勤学笃行，博采众长，善于把理论、实践和经验紧密结合，集型号设计技术之大成；人格上，严于律己，宽厚待人，心静如水，质朴无华，不为名利所驱，具有很强的亲和力；在风格上，目标明确，始终如一，精益严谨，明察善断。

我们也深深体会到：姚院士既是一个“长存清辉凌云志，胸怀天下济世情”的理想主义杰出代表，又是一个具有“终身精进不停步，虚怀若谷儒将风”特点的一代学者和飞航科技战线上的现实主义实干家的典范。正是这两者的和谐结合，成就了姚绍福不平凡的人生。

在本书编著过程中，蔡淑华、刘庆楣、霍玲、戴遐新、于崇虎、路史光、徐梓茂、支同生、张福田、丁振宗、程汉杰、李颖、何学裘、王道焕、杨树谦、周志忠、马恒华、蔡玉强等人，积极配合作者的采访，有的同志还多次接受采访，他们不厌其烦地提供了大量有益的历史信息和生动的史实故事。尤其是海军装备技术兵器部原部长霍玲将军，在百忙之中接受了我们的采访，提供了姚绍福生前的宝贵信息，对第二稿提出了非常有价值的建议。老总师蔡淑华和刘庆楣、老主任戴退新和丁振宗、老部长徐梓茂等人，给予了作者很多专业上的指教和帮助，蔡淑华、刘庆楣和戴退新为了使本书编撰得更精彩，倾囊提供了姚绍福生前的近30幅工作照片。对采访过程中给予作者大力支持、无私指导和帮助的受访者，在此一并表示真挚的感谢。

姚绍福的亲属，包括女儿姚晓云、儿子姚立新、妻子的表妹李秀平，积极配合作者的编撰工作，给予了作者极大的信任和鼓励，多次不厌其烦地接受作者电信或微信采访，回顾了很多曾经的家庭生活往事，提供了30幅家人的生活照，在此表示诚挚的谢意。

在这项工作中，承担组织协调或配合工作的王黎、岳铮、刘志强、刘铭、刘航、刘子豪、王威、刘丹、南静河、王华、范皆、刘一丹、杨静、李柏生和安宁等同志，尤其是三院办公室在收集有关历史素材、照片和具体的协调沟通工作中，积极、主动、耐心和周到，付出了很大的努力，三院办公室的屈光续秘书在直接负责《姚绍福院士传记》一书的组织协调工作中，积极主动地做了大量协调和保障工作，做到了尽职尽责、认真负责、及时到位、配合有力，此书如今成卷，功不可没。在此一并深表谢意。

由于作者的思想认识水平有限，飞航导弹技术的专业知识疏浅，个人写作素养及长篇著作写作能力不足，以及受传主姚绍福一些历史细节信息天然不足等因素影响，很多感人故事和体现优秀品格的事迹，我们理解还不够深刻，写得还不够精彩，表现力还不够突出，在最有说服力的故事内容方面还有可能挂一漏万，致使此书还存有些许的缺憾。敬请读者批评与赐教。

作者：曲臣

2015年12月于北京